给无价的孩子定价

|变迁中的儿童社会价值|

PRICING
THE
PRICELESS
CHILD
The
Changing
Social
Value
of
Children

(美)维维安娜·泽利泽 著 王水雄 等 译

VIVIANA
A. ZELIZER

华东师范大学出版社
·上海·

PRICING THE PRICELESS CHILD: The Changing Social Value of Children
By Viviana A. Zelizer
Copyright © 1985 by Basic Books
Simplified Chinese translation copyright © 2018 by East China Normal University Press Ltd
Published by arrangement with Basic Books, a Member of Perseus Books Group through Bardon-Chinese Media Agency.

ALL RIGHTS RESERVED.

上海市版权局著作权合同登记　图字：09-2013-646 号

献给伯纳德·巴伯（Bernard Barber），我的良师益友

目　录

前　言

致　谢

导　言_001

儿童的价格和价值：一个社会学的视角_005 / 检验市场的局限：儿童的个案 013

1　从愤怒到纪念：儿童生命的神圣化_027

儿童的死：从无奈到义愤 025 / 拯救儿童的生命 028 / 案例：意外死亡 033 / 儿童受害者：特殊的公开侮辱 037 / 儿童生命：道德上的优先事项 045 / 从街道到游戏室：对"神圣"儿童的驯化 051

2　从有用到无用：童工上的道德冲突_059

有用的儿童：从家庭资产到社会问题 063 / 童工之争 068 / 有用儿童的防御仗 071 / 无用儿童的保卫战 074

3 从童工到儿童工作：重新定义经济世界的儿童_79

非法儿童劳动还是"好工作"？寻找新的分界线 082 / 在合法性的边界线上：儿童演员的例子 092 / 儿童表演作为非法儿童劳动 096 / 儿童表演作为合法的儿童工作 099 / 家务杂事和每周贴补：无用儿童的经济世界 104

4 从正式的埋葬到恰当的教育：儿童保险的情况_121

营销儿童保险：一个简要的背景 125 / 反对：儿童救助者对阵儿童保险者 127 / 防卫：儿童保险者作为儿童救助者 135 / 为神圣的儿童投保：从体面的棺材到养老基金 142

5 从意外死亡到意外生育：对儿童的法律权衡的改变_149

用金钱来赔偿死亡：简短的概述 153 / 19世纪儿童的定价 155 / 转折点："一美分"儿童死亡案件 159 / 新的考虑：给"无用"的孩子定价 165 / 儿童死亡赔偿：特殊的金钱 174 / 结语：记入借方的儿童生命 179

6 从育婴所到婴儿黑市：儿童市场的变迁_183

劳动之家和育婴所：19世纪的代养方法 187 / 神圣儿童的合适的家：对认养合同的修改 191 / 膳宿之家：无用孩子有争议的"嫁妆" 201 / 蓝眼睛的宝贝和金色鬈发的小姑娘：无价孩子的情感价值 205 / 黑市中

的小孩：无价儿童的价格 212 / 对无价的定价：儿童的特别市场 217

7　从有用到无用再回到有用？儿童估价的呈现模式_225

从有用的劳动者到神圣的儿童 228 / 市场的局限 230 / 从神圣的儿童到有价值的"家务儿童"？ 232

注释

第一版译后记

再校后记

前　言

本书是我穿越经济生活广袤平原之旅程的第二站。该旅程奔向的是可社会性地变动的市场模型——探讨社会关系和文化形塑人们经济活动和制度秩序的多种方式。它发端于对人寿保险市场的研究，然后是对儿童市场的研究，现在则研究货币的多种社会用途。在《道德与市场：美国人寿保险的发展》(*Morals and Markets: The Development of Life Insurance in the United States*)（1979）中，我对经济生活的研究理路尚在初步阶段，证明的是非经济因素在美国主要经济制度发展中的作用。我选择人寿保险是因为它强有力地代表了货币利润与神圣关怀的交叉点。人寿保险企业家是如何成功地为生命和死亡确立起货币等价性的呢？人寿保险的历史进而也成为对经济行为的非经济维度进行研究的一个案例。

《道德与市场》强调的是对人寿保险的文化反应，考察了对人类生命进行货币衡量的不断转变的态度，以及对风险和投机的文化定义的变动所带来的影响。它还包括了结构因素的效应，比如说，考察了扶助逝者亲属的社会交换由馈赠性体制向市场体制的转变中的张力。人寿保险不仅仅革新了死亡的意义，也革新了对其进行的治理。朋友、邻里和亲戚，这些在18世纪将寡妇从经济困顿中解脱出来的社会关系，被牟利的官僚机构所替代。

《给无价的孩子定价》(*Pricing the Priceless Child*)继续了《道德与市场》所开启的路径，更直接地考察了经济和非经济因素之间的互动，特别是市场或价格（在此定义为经济价值）与人的价值及道德价值之间的互动。该书追踪了1870–1930年间美国经济上"无用"但情感上"无价"的儿童的社会建构过程。它考察了直接关涉儿童生命的经济和情感价值衡量的三大制度：儿童保险、儿童意外死亡的赔偿，以及儿童的领养和买卖。在每一个情形中，都出现了独特的，受到转变中的儿童评价方式影响的市场。

和《道德与市场》一样，《给无价的孩子定价》考察文化因素对美国儿童价值重新定义所起的作用；但是它并非单单是一种文化分析。我还注意考察了阶级和变动的家庭经济是如何与儿童的价格和价值相互作用的。正如布鲁斯·贝林汉姆（Bruce Bellingham）在其颇有洞见的对儿童史近期著作的评论中所指出的，《给无价的孩子定价》将变动的"儿童"观念处理成"特定社会关系的文化产物"。贝林汉姆还说："[其]儿童'神圣化'的描述，强调了在工业革命中职业和家庭结构的中层改变"（1988：pp. 356，351）。

不限于仅仅分析非经济因素如何约束、局限和模式化不同的市场，这两本书挑战了一直以来市场经济必然导致某些社会效应的假设。人寿保险和孩子定价的案例表明，世界的理性化和商品化过程，并不像经典思想家所预测的那样，有着横扫一切的同质化和不可避免的腐蚀性后果。市场无法逃避地、持续地、多姿多彩地受到人类意义系统和可变的社会关系的塑造。

该旅程在继续着。《金钱的社会意义》(*The Social Meaning of Money*)(1994),是我的第三、也是最近的一站,它甚至深入地推进到了经济学的势力范围之中——通过表明所有的经济推论事实上都是社会性的,明确地打破了市场和超经济的社会文化因素间的传统对立。问题已经不再是对万能、自发和强大市场之入侵的局部抵抗,而是所有的市场都是一束束关系,涉及确立于不同文化和社会设置之上的消费、生产以及交换。与这种多重市场的观点相一致,我提出了多重货币的模型,表明人们为其众多、复杂通常还是微妙的社会关系,指定了不同的现金流。

自从我完成《给无价的孩子定价》之后,一些新的开拓者来到了我走过的这片曾经是一片荒芜的平原。在过去的十年里,本书所触及的知识场域——经济学、经济社会学和儿童社会学——有了一些重要的创见。在经济学里,制度分析的繁荣不仅在价格和价值的狭窄的市场演算中增加了交易成本和范围经济之类要素,而且将社会关系的创立和维持看作是其所探求的非常重要的领域(参看 North,1991;Coase,1992)。最近环境过度使用的所谓条件价值分析(估计环境灾害的成本,比如石油泄露或者野生动物灭绝带给人类的、并非由该问题所直接导致的间接成本)在经济学家中引发了激烈的争论,一些重要的学者主张条件价值研究能够产出足够可信的评估,能够成为损害评估的司法程序的起点。(*New York Times*,Sept. 6,1993)。

在社会学里,市场的修正主义者正忙于建构理查德·斯韦德伯格（Richard Swedberg）所谓的"新经济社会学"，利用深奥微妙的理论探讨和详尽的经验案例研究，来证明市场是社会现象。值得高兴的是，社会学家现在越来越少抱怨新古典市场分析的局限，而是花更多的精力来处理一些必要任务，以发展有关经济制度和过程的替代性理论（参看 Swedberg，1983；Smelser and Swedberg，1994）。

同时，我归纳为"令人吃惊的未得到充分发展的专业"（见本书第 5 页）——儿童社会学正在迅速地展开。美国社会学会在 1992 年成立了儿童社会学分会。社会学家终于对儿童的生活进行了系统的关注，观察儿童，正如巴里·索思（Barrie Thorne）所指出的那样，不能将之仅当作"下一代的成人"，还应该视之为"完全的社会行动者，他们在形塑其日常经验中扮演着积极的角色"（1993：pp.3, 12）。我们了解了更多有关儿童的事情，比如：他们的家庭贡献（Goldsheider and White; Chapman，1992）；他们在小学和少年棒球联合会球队中的社会关系（Thorne，1993；Fine, 1987）；他们在公共设施（比如，在购物市场、公园、宾馆、自助洗衣店，以及城市街道；Cahill，1987）中的行为；以及离家出走儿童的经历（Rovento-Bar，1993）。

但是，一些尚待开垦的领域依然空旷。许多作品仍然在探索本书所提出的一些问题。比如说，持续存在的令人困惑的矛盾现象：对我们自己孩子的私人情感化和对别人孩子的集体性冷漠。4–12 周岁的孩子的个人年收入，包括零用钱、父母和亲戚赠送的礼物、通过家务劳动和其他零活儿得到的报酬等，合计有近 50 亿美元，这些钱大多由孩子自己支配；*（注：按照购买力计算，1987年50亿美元约等于2017年的109亿美元。）与之相对的是，在缓解全美1/4儿童的贫困问题上，公共的经济来源少得可怜（McNeal，1987，p. 32）。中产阶级父母为他们的孩子投人寿保险作为教育基金；而贫困的父母却——如同1900年代早期的贫困父母一样——挣扎着留出一部分钱来购买丧葬保证金，以应对孩子因为疾病或者（当前的）暴力活动而可能的死亡（Edin，1991，pp. 464—65；Kotlowitz，1991，p. 17）。

我们需要更多地了解变动的"儿童"观念是如何影响社会政策的。正如女权主义学者通过指出性别在政策建构中的影响改写福利史一样，我们也必须考察儿童群体中日益增长的贫困集中化。儿童的个人经济世界也必须被更好地了解——站在儿童自己的角度来看。我们有关儿童经济行为的记录仍然十分混乱，按照阶级、性别、种族、族群或者宗教等特征细分的数据也非常零散。儿童是怎样挣钱的？他们如何花费、攒钱和给予？父母和孩子之间，兄弟姐妹之间以及孩子和朋友们之间的社会关系如何形塑他们的经济交易。很大程度上仍停留在传统经济学的研究领域之中（比如企业或其他经济制度的结构）的经济社会学家，需要更为大胆地进入家庭的世界，最终突破维多利亚时代小说所做出的将私人生活神圣地分离出来的虚构。

---

* 本前言从我的文章"Beyond the Polemics on the Market: Establishing a Theoretical and Empirical Agenda," *Sociological Forum* 3 (1988)：614—634页中借用了一些句子。

致　　谢

完成一本书让人感觉痛快的事情之一便是，终于可以将个人的感激之情转化为公开的致谢。我要感谢伯纳德·巴伯（Bernard Barber），这本书便是献给他的，他给了我无价的建议，用其自身学识的卓越激励着我，让我受益良多。其他的朋友和同事提供了持续的鼓励和重要的观点。虽然我并不总是遵循他们的建议，但我总是从他们的评议中获益。非常感谢哈利·C·布雷德迈尔（Harry C. Bredemeier）、乔纳森·科尔（Jonathan Cole）、西格蒙德·戴蒙德（Sigmund Diamond）、小格伦·H·埃尔德（Glen H. Elder, Jr.）、欧文·路易斯·霍洛维茨（Irving Louis Horowitz）、雅各布·明瑟（Jacob Mincer）以及大卫·J·罗思曼（David J. Rothman）。芭芭拉·拉斯利特（Barbara Laslett）给了我睿智而深刻的批评，促使我将我的材料解释得更圆满。迈克尔·B·卡茨（Michael B. Katz）提供给我许多重要的洞见，而萨朗·斯彭斯·布科克（Sarane Spence Boocock）向我展示了许多思考儿童和研究儿童的新途径。马丁·凯斯勒（Martin Kessler），我的编辑，贡献了他专业的引导和有价值的观点。我特别受惠于我的研究助理，马克·莫姆吉安（Mark Momjian），他真的是给了很大的帮助，即便是在他法学院非常繁忙的第一个学年期间，也是如此。

本书的研究得到巴纳德（Barnard）学院和洛克菲勒人文学科研究基金的慷慨资助。我同样感谢国家人文科学捐赠基金在1983年夏为另一个项目——"金钱和社会价值"提供的资助，该项目的主题和本书及其研究有所重合。

如果没有妈妈给予的爱和独一无二的友谊，本书可能永远无法写出。我同样感激我的丈夫杰瑞（Jerry）和我的儿子朱利安（Julian），他们很好地理解和共享了本书写作中的乐趣和考验。朱利安是一个耐心的文字处理指导者。伊丽莎白·麦格雷戈（Elizabeth McGregor）热情地帮助了我们。

导　　言

　　本书探讨的是 1870 年代到 1930 年代之间孩子（14 岁或者更小）的经济价值和情感价值的深远转变。这一经济上"无用"而情感上"无价"的孩子的出现，创设了当前儿童状况的核心条件。

　　从严格的经济学意义上看，孩子如今对他们的父母而言是"无用"的。同时，他们太贵了。养一个孩子的总成本（包括直接的抚养成本和间接的机会成本）在 1980 年估计平均在 10 万美元到 14 万美元之间[1]。作为这些花费的回报，一个孩子被期待提供爱、笑容和情绪上的满足，但是不会提供钱和劳动力。一项针对 1976 年纽约州雪城内 1300 户白人双亲家庭的全面时间预算研究发现，6 岁到 11 岁的孩子在每周的家务劳动中平均只贡献了三个半小时，而他们的母亲则花费了大约 50 个小时。[2] 即便是孩子们干的少量家务事，也多被判定为对他们自身有益的教育性体验，而不是期待中的、对家务劳动分工的贡献。一项研究中，研究者问道，"你为什么叫你的孩子工作？"来自内布拉斯加（Nebraska）的 790 户家庭有 3/4 的父母将孩子干家务活解释为一种品格培养。只有 22 对父母表示，"我需要这一帮助"。[3] 挣钱的孩子，如儿童演员和模特，在我们这个社会中被认为是令人不舒服的例外；他们的父母通常被怀疑是冷漠而贪婪的人。

但是，儿童期望获得一份定期收入。当一些孩子通过在家帮助四处干活"挣取"他们的零用钱时，许多儿童获得这份收入，正如《父母》(*Parents*)杂志解释的那样，不过因为"对这样一个事实的认可：他们是家庭完整的一员"。[4]毕竟，在孩子们开始挣他们自己的钱之前，必须尽早学习如何花父母的钱。广告商很了解这一点。正如一个著名的市场研究公司所指出的那样，"在6岁到14岁之间的儿童群体有3700万，他们所消费的物品和服务每年有数十亿美元之多"。[5]父母们甚至不能指望在抚养这些昂贵的小消费者时，能获取有力的公共支持。在所有其他主要的工业国家，家庭贴补体系至少是赋予了孩子们部分的金钱价值；但在美国，收入转移项目的缺乏恶名远扬，且多局限在一定收入水平线下的、女性单亲家庭之中。另一方面，对儿童的免税，则主要有利于高收入家庭。[6]

在最近出版的《孩子的成本》(*Costs of Children*)一书中，经济学家劳伦斯·奥尔森（Lawrence Olson）总结道："这么多的年轻夫妇仍然决定拥有小孩，证明他们企盼从他们的后裔中获取金钱之外的好处。"毕竟，正如他指出的那样，"在纯粹金钱的意义上，夫妻把他们的钱放在银行作为养老之用，会是更好的选择"。[7]一个全美性的有关生养小孩的心理动机调查，证明孩子的价值主要是在情感方面。在被问到"拥有孩子的优势和好处"时，最为通常的回答是对爱和情感的渴望，以及成为一个家的感觉。[8]简而言之，孩子不再需要是"有用的"。更明显的是，许多涉及家务劳动不平等分工的研究和文章都会考察丈夫和妻子的角色，而孩子们的角色通常会被忽略掉。

与当前的观念极不相同的是,在18世纪的美国乡下,孩子的出生被视作未来劳动力的到来以及父母晚年生活的保障而被欢庆。人类学家已经很好地记述了农民家庭孩子的经济价值。在许多社会文化中,5岁到7岁的孩子担负多种不同的家庭责任——照看弟妹,协助家务劳动,或喂养家畜。比如,在当今中国的乡下,研究者发现五六岁的小孩就已经在帮助家里喂鸡鸭、打扫屋子、做饭了。9

到19世纪中期,"经济上无用的儿童"的建构已经在美国城市中产阶层中大部分完成。在此,注意力转移到孩子的教育上,这是未来市场价值的决定性因素。与养儿防老大不相同的是,中产阶级的父亲开始为他们自己的生命投保,并采用其他金融措施,如信托以及基金等,来保护他们还不能赚钱的孩子。正如一个富有的父亲在1904年的《哈珀周刊》(*Harper's Weekly*)中所解释的那样,"我们为孩子而工作,为他们计划,为他们花钱,为让他们受益而买寿险,我们中的有些人甚至为他们而节衣缩食。这最后一点贡献是至为感人的……在孩子开启其生命旅程时,我们的节俭和储蓄……是严肃的自我否定的明证。根源必是已经爱到深处,才会导致一个人节省下来钱让其他人花……"10

但是在19世纪,劳工阶级儿童的经济价值是上升了,而不是下降了。1860年代之后的迅速工业化给贫困儿童提供了新的工作机会,根据1870年的人口普查,每8个儿童中就有1个被雇用。城市的劳工阶级家庭在19世纪的后期一定程度上依靠着年长孩子的工资和年幼孩子在家务劳动中的帮忙。然而,儿童劳动法和义务教育却逐渐摧毁了这一阶级差距。到1930年代，下层阶级的孩子们加入到了他们中产阶级家庭的伙伴的行列，成为非生产性儿童世界的新成员，在这个世界里，儿童的神圣性和情感价值使得儿童劳动成为禁忌。1905年，费利克斯·阿德勒（Felix Adler）宣称，从儿童身上获取利润，就是"亵渎神圣"。[11] 可以确定，儿童劳动并未变戏法般完全消失。在1920年代和1930年代，一些14岁以下的儿童仍然在乡村中劳作或在街道兜售东西。更有甚者，大萧条暂时地导致儿童参加家务劳动的需求的复活，即便是在一些中产阶级家庭中亦复如此。但是总体的趋势则是毫无疑问的。在20世纪的头三个十年，经济上有用的儿童，无论是在数量上还是在文化上都成为一种例外。虽然在这一时期最为急剧的变化发生在劳工阶级身上，但儿童生命的情感化，即便是在业已"无用"的中产阶级儿童那里，也在进一步加剧。

在这样一个相对较短的时期里，为何儿童的社会评价如此急剧地发生变动呢？为什么儿童生命的情感价值增长之日，恰恰是其对家庭的贡献消失之时？用什么来解释这个奇妙的悖论：经济上无用的儿童的市场价格远远超过了19世纪经济上有用的儿童？比如说，在1930年代，一些无子的夫妇花高价从黑市购买婴儿？在意外死亡的案件中，法院开始将越来越高的补偿判给那些失去孩子的父母？

儿童的价格和价值：一个社会学的视角

虽然儿童的价值从"效用品"转向情感品已是无需争议的了，但历史学者约瑟夫·F·凯特（Joseph F. Kett）注意到，"这一转变的精确的特征仍然是一个谜"。[12] 其中社会学的影响从未被系统地考察过。的确，自 1930 年代以来，对儿童的研究主要是心理学取向的。儿童社会学令人吃惊地并未专业化地发展起来。典型地，最新版《国际社会科学百科全书》（*The International Encyclopedia of the Social Sciences*）只有两个编目关注儿童：儿童发展学和儿童精神病学。儿童价值的研究被心理学家、经济学家和人口学家主导，他们都不约而同地关注父母生养孩子的动机，以及它与生育模式和人口政策的关系。比如说，有一项最近完成的儿童价值国际比较研究项目，访谈了七个国家 40 岁之下的妇女以及她们的丈夫，以便确定已感知到的心理满意度以及拥有孩子的成本。在一个研究参与者看来，该项研究"对于预测生育模式的变动，以及对影响生育动机而言都是重要的"。[13] 不过，虽然这些研究有助于理解儿童的价值，但是它们仍然局限在根本属于个体主义和功利主义的框架之中，而且不具有历史的视野。它们提供了儿童成本和好处的有条理的清单，但是很大程度上忽略了这种国际性清单编制的文化的和社会的决定因素。[14]

关于生育的微观经济学理论同样专注于"理性的、效用最大化的父母"的决策过程。从这一视角来看，对孩子的需求主要受制于父母的收入和孩子的相对价格。据此，只要孩子从经济投资的角度来看已不能获益，人口生产就会下降，孩子成为昂贵的消费品；他们变动的价格决定了他们新的价值。受过教育的孩子被父母所感知到的效用，其重要性甚于孩子的直接利益对家庭收入所做的贡献。这样，在经济学的模型中，问题的关键是，个体就自己各种可能选项的成本收益进行估计，作出自己的选择。和心理学理论一样，在此，影响个体决策的文化和社会背景的改变并未被仔细考察。

美国的历史学家，多数而言，对作为社会创造物的青春的兴趣，更甚于对年幼的前青春期儿童变动的境况的兴趣。现有对童年的历史学解释更多地是心理学导向的，或者就是主要关注结构变化的影响，特别是经济体制的变化带来的影响。从这一视角来看，在19世纪与20世纪之交，随着工业资本主义的成功，工业资本主义需要有技术、受过教育的劳动力，儿童的生产性价值消失了。[15]

家庭的变化同样与儿童价值的转变相连。在其先驱性的研究《儿童的世纪》(Centuries of Childhood)中，菲力浦·阿利埃斯（Philippe Aries）指出，在16、17世纪的欧洲，童年作为生命的独立阶段的"发现"，是对日益增加的家庭生活重要性的一种测度："家庭的概念……不可与童年这一概念相分离。童年获致的利益……不过是一种表达形式，是一种对更一般性概念——家庭利益的特别表达形式"。[16] 在19世纪的美国，日益增加的经济生产与家庭之间的分化，转变了家庭凝聚力的基础。

随着工具性纽带的弱化,所有家庭成员(包括孩子)的情感价值达到了新的辉煌。[17] 特别地,儿童的情感化与其母亲转变的世界密切地勾连起来。19 世纪中产阶级妇女的日益家庭化,如卡尔·戴格勒(Carl Degler)在《争执》(*At Odds*)一书中所说的那样,"与孩子是珍贵的这一新概念携手并进"。戴格勒指出,孩子价值的变动为妇女的利益提供了帮助:"孩子的提升与妇女家庭角色的提升是一致的;每一方都推进了另一方,而两者共同将家庭内部的家庭生活的名望提升到了一个新的、更高的水平"。[18] 在世纪之交,妇女专门化为一个全职太太的步伐越来越快,并且,(如果在实践中并不总是,则至少在理念上是)扩散到了劳工阶级群体之中。在 20 世纪初期,家庭工资(一种能支持男性挣钱者及依靠他的家庭的薪水)的创造,部分初衷在于推进"真母亲文化"和"真"童年在劳工阶级中的贯彻。女性主义者的分析表明,在这个过程中存在着资本主义和父权制的协作:

> 无论是现在还是将来,资本主义需要一支健康、纪律良好和训练有素的劳动队伍。在(19 世纪后期的)市场中,个体家庭中的男人需要减少来自大量妇女和孩子的工作竞争;他们同时还需要一些人来打理他们家庭的需求,特别是照看孩子。家庭工资有助于确保妇女继续承担这些家庭责任。[19]

然而,妇女和儿童的经济角色的变迁之间的关系的准确特性,仍然是不清楚的,很多都没有事实证明。比如,一个历史学家说道，在 1920–1940 年之间，童工数量的下降推动着母亲们进入劳动力市场："很有可能，妻子和母亲们进入到劳动力市场，乃是对孩子们从中退出的无意识的反应"。[20] 这样，在许多劳工阶级和下层中产阶级家庭，呈现出来的现象不是对家庭生活的共同享受，而是第二工资挣取者的替代。只是，母亲们的确接过了孩子们的工作责任，却并未放弃她们先前的家庭义务。

历史学家克里斯托弗·拉斯奇（Christopher Lasch）对家庭和儿童生命的变化作出了十分不同的、更具争议性的解释。他将儿童从劳动力市场中的移出视作是进步的改革者总体性努力中的一部分，即试图消除家庭、特别是移民家庭对孩子的影响。公共政策不是为家庭内部纽带的情感化贡献力量，而是导致了它的退化；特别是通过一些新的"社会化再生产的机构"（教育者、精神病医师、社会工作者、刑罚学家）替代了父母的功能。拉斯奇声称，改革者"寻求将儿童从他们家庭（它们同时也被指责剥削儿童劳动力）的影响中移出，并将这些年轻人放置在政府和学校的良性影响之下"。[21] 孩子的神圣化，实际上是他们同家庭的异化。它标志着家庭开始不再作为"无情世界中的避难所"。

另一方面，人口统计学理论则主张儿童的新情感价值能够很好地被 20 世纪出生率和死亡率的下降所解释。菲力浦·阿利埃斯和劳伦斯·斯通（Lawrence Stone）在对英国家庭里程碑式的研究中，指出在高死亡率的阶段，面对孩子的死亡，为了避免过度的情感伤害，他们让自己保持着情感上的冷漠。从这一观点来看，"对如此短暂的生命存在，投注过多的情感资本是愚蠢的"。[22] 这样一来，早期死亡率的下降，可以看作是一个自变量，它推进了父母与孩子之间"情感联结的日益深化"。[23] 相似的成本—收益核算解释了为什么出生率下降和家庭小型化增大了每一个孩子的情感价值。比如说，在 19 世纪中期到 1915 年之间，美国白人的年出生率几乎下降了 40%，每 1000 人生育数从 42.8 人下降到 26.2 人。较少的孩子使得每一个孩子都分外宝贵。但是，正如下文第一章将说明的那样，将寿命或稀缺性与价值相连的经济学公式是很冒风险的。比如说，蒂莫斯（Demos）提出，在 17 世纪的普利茅斯，高的死亡率可能导致了对婴儿的特别的关注与照顾。[24]

本书关注的是研究者甚少留心的一种社会学的维度：在美国，文化因素的独立作用重新界定了儿童的价值。[25] 我将说明，在 19 与 20 世纪之交，儿童从"现金关系"中的剔除，虽然明显受到经济、职业和家庭结构深层变化的影响，但同时也是儿童生命"神圣化"这一文化进程的一部分。术语"神圣化"意味着对一个客体灌注以情感或宗教意义。在 19 世纪的时候，儿童的市场价值在文化上是可以接受的，但随后，视儿童为情感或表现性专用资产的规则理念排除了工具性或财务性的考虑。在一个日益商业化的世界，儿童进入了一个单列的非商业化领域——非交易物。儿童的经济价值和情感价值也就此被宣布彻底势不两立。只有那些唯利是图或者冷漠的父母会触犯两者的边界，去挣取有用儿童的工资和劳动力的贡献。正常的可爱的儿童，无论是在什么社会阶级，都属于生活化的非生产性世界，在此他们上学、游戏，并从家里拿钱。这并不是一个简单的过程。每一步，劳工阶级和中产阶级的"有用儿童"的支持者都在对抗经济上"无用"的儿童的社会建构。

本书前三章探讨的是儿童经济价值和情感价值的急剧改变。第一章关注对待儿童死亡的态度的改变，视其为对儿童生命的新神圣性价值的一个度量。在19与20世纪之交，随着对儿童生命和健康的保护成为国家优先事项，儿童的死亡逐渐成了一个国家的耻辱。特别地，我关注在20世纪的最初几十年里，对儿童事故性死亡如被车子撞死的公众反应。为什么儿童的死亡比起情况相近的成人的死亡能够激起不同的、更强烈而有组织的反应呢？作为许多拯救和保护之努力的结果，儿童的生命是如何改变的？集体性夸大对儿童的哀悼和儿童情感价值的提升之间是什么关系？

将神圣的儿童排除在工作世界之外是特别困难而有争议的一个过程。第二章转而关注在1870年代到1930年代之间有关儿童劳工立法的漫长斗争。争论的是什么？为什么对有用孩子的辩护如此激烈？对儿童经济角色的重新界定成了一个错综复杂的任务。即便是最坚定的儿童劳工立法的支持者，也不愿意宣称所有形式的儿童劳动都是非法的，或者在道义上是不合理的。第三章考察了不可接受的童工形式与"好"的儿童工作逐渐分化的过程。为什么一些特定的工作，如递送报纸，会豁免于儿童劳工立法管制？特别地，怎么解释如此令人吃惊的悖论——许多反对童工的领军人物转而成为儿童演员的热情支持者？除了入校，在他们停止工作之后，原先有用的儿童都去做些什么？随着儿童的职业世界发生改变，他们同金钱的关系也改变了。儿童停止工作的同时，消费主义和大众广告的崛起诱发了急剧膨胀的新的花钱机会。父母，无论他们是否能够承担得起，都被期望将他们的孩子训练成为一个熟练的消费者。一系列的问题出来了：孩子们应该接受贴补吗？他们应该通过家务劳动来"挣取"这个贴补，还是拥有不劳而获的权利？父母们应该规范他们孩子的收支吗？

第四、五和六章关注直接涉及儿童生命的经济和情感价值的三种主要制度：儿童保险、儿童意外死亡的赔偿，以及儿童的收养和买卖。在20世纪早期，其他一些新的重要制度对儿童的生命有着深刻的影响，比如说少年法庭制度，但是我的重点高度专注于儿童的价格与其情感价值之间正在转变的相互作用模式。[26] 在这一背景下，"价格"一词（它有着许多不同的技术定义和世俗意义）区别于价值的非经济决定因素，代表经济价值。基于法律、商业和社会福利的标准，这里所选的每一项制度都为儿童的生命或者死亡标上了价格标签。在19世纪与20世纪之交，所有这三者的细账都因"文化上对儿童的身份的再定义"而被革新。那么，"无价"的孩子是如何定价的？

第四章考察的是儿童人寿保险的问题。19世纪末期，在城市劳工阶级那里，儿童保险单获得了重大的商业成功。但是儿童救助人（child-savers）和他们的许多支持者领导了80多全美范围的运动，宣称儿童保险非法。该论战与财政问题关系甚微。这是一种由儿童价格与价值之间关系的转变所导致的道德论辩。如果"新"的儿童在经济上是无价值的，但是在情感上却是无价的，那么保险公司如何决定他或她的生命价值呢？反对者谴责保险，视其为童工的商业延伸；但是它的支持者则视其为神圣的开支而向其致敬。孩子的情感化与儿童人寿保险之间究竟是什么关系？保险行业是如何成功地营销其有争议的产品的？

第五章考察的是美国法院针对儿童事故死亡对其父母进行赔偿的标准的改变。19世纪民事法庭的赔偿，遵循的是实用主义的货币等价原则，无论受害人的年龄和性别。就儿童的情形而言，对损失的测量是他们的服务价值减去抚养的成本。一旦儿童丧失了经济价值，他们的死亡也就带来了法律的窘境：如果价格已经消失，价值如何确定？经济性的法律原则和儿童情感化观念的碰撞，导致了法庭的混乱和公众的义愤。给"无价"的孩子定价成为一种独一无二的情感簿记的独特形式。

第六章探讨的是儿童"交换"价值的转型。在19世纪放外寄养的体制中，领养父母用对孩子的照看来换取儿童劳动力。"无价"儿童的创造是如何影响代养照看安排的呢？比如说，年龄大些的男孩在19世纪的家庭寄养中有着非常大的需求，但是在1920年代之后，领养孩子的父母所感兴趣的只是（并愿意等几年以得到）一个蓝眼睛的宝宝或者一个漂亮的两岁鬈发小女孩。是什么导致了20世纪婴儿黑市的繁荣？比如说，为什么19世纪的母亲不得不支付钱财以放弃孩子，但是到了1930年代，不想要的孩子却能够卖出1000美元的价格甚至更多？

本书将指出，儿童经济和情感价值关系的改变，在美国导致了儿童生命价值衡量的独特模式。19世纪经济的标准同时决定了儿童死亡时"放弃"的价值，以及"交换"价值，但是20世纪儿童的价格则专门地由其情感价值来设定。儿童道义上的

"无价性"影响了他们经济上的价格。儿童的保险单、赔偿金以及领养儿童的价格成了一个非常规的市场,由非经济标准来规制。我将表明,这一专门的情感衡量将导致深刻的矛盾性和尖锐性后果:孩子生命日益增长的货币化和商业化。如今,丧子的父母获取的是现金以弥补"孩子的爱与陪伴"的丧失;领养孩子的父母愿意支付高达 40000 美元的价格购买宝宝的微笑和亲热。这样,美元的价值惯常性地分派给了喜爱与痛苦,将市场推进到了本应不可计量的情感之域。但是这一情感的货币化从来不是一般性的商业交易。它非同寻常的特征(本书对此进行了考察)证明了"给无价的孩子定价"的独一无二性。

检验市场的局限:儿童的个案

这一研究所强调的更为广阔的社会学问题是,社会生活中的经济和非经济性因素之间,价格和价值之间关系的一般性特征是什么?市场如何处置社会中那些由情感和价值而非价格所规制的领域?在这个问题上,经济学家和社会学家的对话受限并受制于占据优势地位的经济意识形态,该意识形态很大程度上对"决定个体和群体如何行为的非经济变量"的重要性不闻不问。在 19 世纪,理性效用最大化模型预设了一个为个体对自我利益的独立追求所调节的社会。马克思历史唯物主义认定经济力量是所有社会变革的关键动因。在 19 世纪与 20 世纪之交,两名社会学家,埃米尔·涂尔干和马克斯·韦伯,通过经验性地反驳市场决定论，发动了一场知识上的革命。在他的《新教伦理与资本主义精神》一书中，韦伯描绘了宗教理念、价值观和态度对经济行为的独立影响。涂尔干的著作论证说，市场不能够概念化为简单的自私自利，也包含了契约的"制度"。"非契约的因素"控制了社会认可的契约的类型，也在他们自身利益的影响之外规制了契约各方的预期行为。作为盛行的经济学理念的一种反抗，涂尔干和韦伯强调非功利主义、非物质主义社会力量的重要角色。他们的研究是整合社会生活的经济和非经济维度的一项重要尝试。

但是，正如两个后继社会学思想的开拓者帕森斯和斯梅尔瑟半个世纪之后在《经济与社会》一书中所认识到的那样，经济学和社会学理路的潜在整合从未成为现实。事实上，随着技术和不同理论模型的改进，经济学思想"征服"了当代的研究。"市场的绝对化"，根据伯纳德·巴伯的说法，其维持有赖于两点：其一，大多数经济学家长期以来不愿意系统地看待市场与社会中非经济特质之间的相互依赖；其二，他们不愿意修改已经确立起来的行为假设。[27]肯尼思·博尔丁（Kenneth Boulding），一名经济学家，承认"在人类知识史上一个未被问及的最有趣的问题是，经济科学是如何……几乎完全缺乏任何文化背景，变成了一门抽象学科的"。在《危险的趋势》（Dangerous Currents）一书中，莱斯特·瑟罗（Lester Thurow）对传统的经济学理论作了尖锐的批评，他认识到，"经济事件从来不具有社会性后果，而社会事件也从来不具经济学意涵"是非常"荒谬"的观念。在瑟罗看来，经济学家忠贞不移坚持的"个体是理性效用最大化行为者"的观点,是智力盲点的一种形式:"相反的行为证据很少影响经济学,因为,作为世界'应'如何行为的一种理论,经济学家可以拒绝任何表明个体并非理性效用最大化者的证据。非理性最大化的行为是存在的,但是它们却被贴上'市场不完全性'的标签,而'应'被消除。"[28]

但是,尽管存在这样的批评,经济学的范式继续存在着,只是偶尔有几个例外,比如卡尔·波兰尼(Karl Polanyi)的《大转型》(*The Great Transformation*),让经济学的"局内人"们检验了其范式的边界。与之相反的是,经济学的边界已经扩展到了包括传统社会学领域的境地。自从1950年代后期以来,一群微观经济学家发展了一些社会经济学的新领域,对生育、犯罪与惩罚、教育、健康、结婚和离婚等问题提出了一种不同的研究思路。[29] 不幸的是,这种学科间重归于好的新可能性很大程度上被挥霍了。经济学家实践了某种知识上的帝国主义,通过拓展新疆域来测验他们范式的分析范围。然而,社会学家也并不是毫无过失的知识上的受害者。一个社会学家深有感触地写道:"社会学家……一般而言对经济学的了解并不会比经济学家对社会学的了解清晰多少。他们假定这两个学科是在零和博弈之中,如果经济学的主张是有效的,他们就会丧失市场,没有饭吃。"[30] 讽刺的是,当一些人排斥经济学模型的时候,其他社会学家(以及一群心理学家、政治学家以及人类学家)则进一步支持了市场模型的主导地位——他们通常在自身研究的领域里采纳经济学的分析工具。

在新的经济学范式中,非经济因素适合放在什么位置?

最为卓越和雄辩的社会经济学的代表者加里·贝克尔（Gary Becker）解释说，其思路的"核心"是一个简明分析的三重奏，即这样三个假设：（1）个体效用最大化行为；（2）市场均衡——这意味着，市场是个体和群体行为的首要协调者；（3）偏好的稳定性。这些关键的概念能够很好地预测人们对于市场和非市场物品的反应，无论是对鸡蛋的供求还是对儿童的供求，都能够很好地加以解释。在这一背景下，价值和规范、"偏好"，都被假定为"并不随着时间而发生实质性的改变；无论对于富人还是对于穷人，或甚至是在不同社会和文化的人之间，都无太多的不同"。[31] 虽然贝克尔承认非经济因素将会影响人类行为，但是社会经济学从未精确地回答（或者询问）这是如何发生的。

本书提供了经济学范式的一个对应物。它关照经济因素和非经济因素（特别是在市场或价格［如早先所界定的那样］与人格或道德价值）之间的交互关系。同时我们还将关注社会结构因素，比如说阶层和家庭结构，如何与价格和价值交互作用。许多经济学家和社学家关注现代社会中市场非常明显的无限扩张，对该问题抱有明显的好奇心，但是很少人用经验材料来验证它。三个背后的假设形塑了大多数对这种"市场和非市场的人格价值之间的"关系特质的观察。第一，价格和价值被看作完全是两类事物；第二，经济考虑持续地、不可避免地被放大；第三，价格转化（通常是降格和侵蚀）价值的威力是毫无疑问的，反过来价值对价格的转化却很少被概念化。

对该问题独一无二的，至为深邃而广泛的分析见于1900年格奥尔格·齐美尔的《货币哲学》，该书追踪了货币和人格价值在历史中的分离。齐美尔,社会学最富创造力的思想家之一,将这两极化现象归因于人格价值和货币价值剧烈的共同转变。早先人类生命的相对主义概念使得它能被合法合理地(货币)数量化,基督教则神圣化了人类的存在,视生命高于任何金钱考虑。悖反的是,货币日益增长的不足,也是其日益增长的重要性的后果。古代,货币被攒下来,服务于专门特定的、通常是神圣的目的;而在现代,货币则成了"没有色彩而冷漠"的东西,是万物以及任何事物的等价物。货币成功地将万事万物转化,等同于一定数量的现金,从而也在现金与人类价值独特性的现代信念之间建立了等同关系。

这样,齐美尔指出在货币经济和人格价值之间存在着剧烈的矛盾和必要的张力,这种矛盾与张力最初阻止了市场的扩展,使之成为特定的交换领域。但是,对人类价值的"保护"仍然是不可靠的,并且持续地受到"现金关系"入侵的威胁:"货币对利益的掌控越多,越是驱动着人和物,被生产出来以挣取钱财的物品越多,或者用货币来衡量价值的对象越多,那么人和物的价值区分也就越难被意识到……"不可避免地,齐美尔说道,定价将"平庸化"或者摧毁价值:"无论何时,只要真正的人格价值不得不被赋予货币……,就会发现'个体生命本质的松懈甚至丧失'的苗头"。比如卖淫、金钱婚姻、收受贿赂,当价格和价值非常直接地相交,货币化将导致"可怕的价值观的堕落"。这样,非市场性物品的出售是现代世界市场最后的战利品。[32]

马克思对贪婪的"现金关系"去人性化的效应也表示了同

样的关注。当人格价值开始变得可以收买的时候,"各种不可能性之间联姻"的堕落,在资本主义社会开始产生:"作为现存的和起作用的价值概念,货币能与一切事物交换,从而混淆它们……混淆和替换一切自然和人类的品质"。[33] 有关价格与价值关系的更为近期的探讨遵循着马克思和齐美尔设定的总体性视角。比如说,在《增长的社会限制》(Social Limits to Growth)一书中,英国经济学家弗瑞德·赫希(Fred Hirsch)描述了资本主义和社会主义市场中存在的"商品偏爱"给社会施加的压力。更为确切地,赫希明确了一种"商业化效应",它通过商业化地提供产品或者行为,弱化了这些产品和行为的特质。卖淫便是价值(性的关系—情感关照)被价格否定的重要一例。相似地,社会学家彼得·布劳,虽然主要持社会行为的"市场"模型的观点,却仍然坚持认为,给某物定价会不可避免地侵蚀掉不可触摸的价值。"通过在市场中以某个价格提供从道德标准上看是无价的物品,个体自身堕落了,并且摧毁了他们所提供的物品的核心价值。"[34]

即便是对利他主义价值坚信不移的人,看起来也在调整自身以适应强有力的市场法则。理查德·蒂特马斯(Richard Titmuss)的《礼物关系》(The Gift Relationship)是一部富有想象力的跨文化研究,他比较了志愿献血机制和血液输送的商业性机制,提供了独特的经验文本。蒂特马斯对那些不具交换价值的"过程、关系或者事物"的市场化的社会后果极为关注。他的研究结论指出,商业化的血液市场,不仅在经济学意义上是低效率的,而且更为重要的是,会带来伦理和社会的腐化。

蒂特马斯说道，将血液转化为商品，意味着人们很快将变得"能从道德上接受人类的其他无数行动和关系亦可用来换取美元和英镑"。再一次，定价势必摧毁价值；市场无限制的势力范围甚至会被它最严厉的批评者所接受。[35]

问题的一环被错过了。"商业化效应"有其确切的对应之物——一个倒过来的"神圣化"过程，通过这个过程，价值形塑了价格，将社会、宗教或者情感的意义投注在了价格之中。那么市场是如何被这些文化和社会因素所形塑的呢？在19世纪与20世纪之交，经济上"无用"、情感上"无价"的儿童的社会建构，提供了独一无二的背景，让我们能够去检验价格与价值的历史关系，检验它们之间的独立性和相依性。市场的威力被高估了。本书尝试用经验证据来说明市场存在的某些局限。[36]

1 从愤怒到纪念：儿童生命的神圣化

儿童的死：从无奈到义愤

拯救儿童的生命

案例：意外死亡

儿童受害者：特殊的公开侮辱

儿童生命：道德上的优先事项

从街道到游戏室：对"神圣"儿童的驯化

1 从愤怒到纪念：儿童生命的神圣化

还有什么比孩子的生命更为神圣的呢？
——费利克斯·阿德勒（Felix Adler），1908

杰克吉尔上小坡
买些牛奶为母亲
一路彼此多告诫
相互照应要细心

杰克高呼横马路
巴士喇叭作提醒
回过神来已太迟
身在路上魂叹息

——《安全教育：小学计划书》
（*Safety Education: A Plan Book for the Elementary School*），1923

1903年7月，五岁的女孩马莉·米勒，在包厘街（Bowery）和她的一些朋友在其父的宾馆附近玩耍时，被一辆第三大道的电车撞死。电车司机从一班"暴怒人群的毒打之手中死里逃生，这伙人据警察的估计大约有三千之众"。媒体描述女孩的父亲

"因悲伤而如此地暴怒,是在强迫之下才放弃了要电车司机的小命的疯狂之举"。二十余年之后,在 1926 年的"五一"节(一个全美宣布的儿童"无事故日"),纪念活动在纽约市两个纪念碑的揭幕仪式中举行。群众庄严地缅怀在过去的一年里死于交通事故的七千名男孩和女孩。[1]

在 20 世纪的最初几个十年,因为汽车以及其他交通事故造成的儿童意外死亡已经成为一个新的值得人们警醒的社会问题,公众对于受害儿童的反应相对于相似的成人死亡而言更为强烈和有组织。首先,愤怒的左邻右舍会自发地显示对丧子父母之悲伤的同情,严惩导致孩子死亡的凶手。在 1920 年代中期,这种集体感受正式化为一种公共悼念的公共行为。全美性的安全活动也推广开来,以保护年幼孩子的生命。

为什么受害儿童激发了这样的群体关切的表达?是什么创造了专注儿童的特别纪念的需求?本章将指出,在 20 世纪,儿童悼念活动的扩大是儿童时期文化意义转变(特别是儿童情感价值的新提升)的一个测度。如果儿童的生命是神圣的,那么儿童的死亡就成了一个无法容忍的亵渎,不仅会激起父母的悲哀,而且会导致社会性的丧亲之痛。这种对意外死亡的反应,只不过是 19 世纪末开始的、对儿童生命公共关注宏大浪潮的表现之一。因为疾病和营养不良导致的"儿童生命的浪费"(这在穷困的城市工人阶级家庭尤其明显),在一个致力于儿童福利的社会,成了一个可见的令人尴尬的时代错误。[2] 这样,降低婴儿和儿童的死亡率迅速地成了国家优先考虑的问题。1880 年代,儿科作为一个独立的医疗专业被建立起来;1921 年,联邦谢泼德—陶尔法案（Sheppard Towner Act）（提供联邦基金保护婴儿和母亲的健康）获得了通过。在此期间，此类保护儿童生命的活动遍及个人和组织。正如一个领头的改革者所说的那样："健康不再是纯粹的个人事务；它成了社区关照的对象。本可预防却又发生的婴儿死亡是一种社会罪恶。"³

当汽车开始让大量在城市街道上玩耍的孩子失去生命时，美国人还面对着不同类型的儿童死亡。对儿童意外死亡的反应的分析，作为一种测度，可以帮助我们看清楚儿童生命的"神圣化"问题。

儿童的死：从无奈到义愤

在18世纪以前的英格兰和欧洲，一个婴儿和一个年幼孩子的死亡都是一件小事，对此的态度通常混杂着不关心和对事实的无奈接受。正如蒙田提及的那样，"我有两三个孩子在婴儿时期就死了，不无遗憾，但没有过度的悲痛。"劳伦斯·斯通在其对英国家庭的调查中发现，在16、17世纪以及18世纪的早期，当非常年幼的孩子死亡之时，没有证据表明人们会花钱办悼念会，甚至也不会戴黑纱。父母很少参加他们孩子的葬礼。⁴根据菲利普·阿利埃斯的说法，在法国的一些地方，如果孩子死得"太早"，很可能就被直接埋在后院里，正如人们今天埋葬猫和狗一样。死亡之后，即便是富人家庭的孩子也会被当作是穷人一样来对待，他们的尸体"被缝进粗麻布做的裹尸袋中，扔进巨大的公共墓地"。15 世纪至 17 世纪之间，欧洲的上层阶级是选择埋葬在教堂里的，公墓则提供给那些非常贫穷和非常年幼的死者——无论"他们优雅的资产阶级或者小资产阶级父母，是否已选择教堂作为他们自己和家庭成员的葬身之所"。[5]

社会历史学家们指出，美国殖民地时期的父母尽管从来不会冷漠地对待他们孩子的死亡，但是他们依然在一定程度上保持着对孩子的超然态度和分离状态。比如说，许多 18 世纪的父母，将他们的新生儿指称为"它"或者"小陌生人"。年幼孩子特别是婴儿的死亡，将被哀悼，但却顺从地接受了；对孩子的悼念仪式是冷静而克制的。正如有人在 1776 年所说的那样，"失去一个新生儿，的确是够难受的，但是这是我们必须交的税"。[6] 另一个孩子会被生出来替代失去的孩子；很明显，给新出生的孩子取前一个刚刚去世的哥哥或姐姐的名字，是非常普遍的做法。

但是到了 19 世纪，在悼念孩子的问题上产生了剧烈的变革。在英格兰、欧洲和美国社会上层和中层的家庭中，孩子的死亡成为所有死亡中最令人痛苦和最不能接受的。在其颇有洞见的对美国文化的分析中，安・道格拉斯（Ann Douglas）描述了 1820 年到 1875 年之间"哀悼的扩大"；特别是有孩子过早死亡的中产阶级对该问题的关注浪潮。父母一向克制的传统让位给了悲伤的尽情发泄。丧失孩子的父亲和母亲的情感伤痛成为一个新的大众文学类型——安慰文学——的重要主题。哀悼者指南指导父母如何应对"摇篮空了"的人间惨剧，大量的故事和诗歌非常详细地描绘了丧失孩子的"痛不欲生"的悲伤。一个非常有名的纽约牧师,西尔杜·库易勒(Theodore Cuyler)牧师,发表了纪念作品《空了的婴儿床》,怀念他死去的孩子乔治亚(Georgie);之后,他收到了来自同样丧子的父母的数千封同情信。安·道格拉斯引述了其中的一封:"亲爱的先生,如果你有空去看看阿勒格尼墓地,你将会看到'一朵花'放置在三个小墓穴之前:安娜7岁;塞迪5岁;莉莉3岁。他们都是在六天之内去世的,都是因为猩红热病!有些时候,听到一个来自别处的更深的伤痛,可能会有助于排解我们的伤痛……"到了1850年代中期,为了这些"小家庭圣徒们",特别的棺材被设计出来,它有着舒适的内层,里面还有姓名牌。一把锁和钥匙替代了"冰冷的螺丝钉和起子"。[7]

丧子之痛的这一新情感乃是更大的文化转变的一部分——人们对待死亡的文化反应发生了转变。菲利普·阿利埃斯谈到了19世纪的"情感革命",通过这一"革命","他人的死亡",特别是近亲的死亡被界定为压倒性的悲剧:"面对他人之死时,我们对死亡之可怕的感受,丝毫不亚于自身面对它的时候……"[8]年幼孩子的死亡则是其中最为糟糕的事。劳伦斯·斯通注意到,在19世纪的英格兰,正如在美国一样,"对孩子之死的极度悲痛,……当时既是社会风俗,也是心理事实"。[9]在意大利、法国和美国,大型都市墓场为小孩举办的丧礼迅速成为丧礼艺术中最受关注的项目。法国的父母通过在其孩子的坟墓上竖立精心制作的雕像来颂扬他们的孩子。阿利埃斯说道,"如今我们来看它们的时候,正如我们阅读美国安慰文学的诗歌一样,我们可以意识到,面对这些年幼者的死亡,人们变得多么痛苦。这些长期被忽视的小人儿,被当作像远近闻名的大人物一样来对待了……"[10]

到了19世纪的后期,悼念儿童的革新进一步延展。社会历史学家认为,在那个时候,英格兰和欧洲较低的社会阶层家庭采纳了中产阶级家庭养育孩子的模式,他们对孩子死亡的反应也同样变得情感化了。而这一改变甚至更为深刻和激烈。所有父母在家庭内的丧子之痛,逐渐成为公共关注的对象。通过制作精美的雕像来悼念已然不够;无论贫富,所有儿童的死亡都被看作是无法容忍的社会损失。当维多利亚时代的伤感主义者在颂扬儿童的时候,20世纪初,美国的社会活动者决定尽可能地避免儿童的死亡。正如一个改革者解释的那样:"儿童有权利获取生命的公平机会。如果父母们不尽责,不能够用这些机会装点他们的生活,显然政府就应该有责任介入……人世间最大的痛苦,莫过于粗暴地摧毁一个强健的生命,一个甚至尚未感受到其作为主体而存在的生命……"[11]这样,对死去孩子的浪漫的祭仪,转向了以保存儿童生命为目的的公共行动。

拯救儿童的生命

降低婴儿和儿童死亡率的行动开始于19世纪后期。一个新的医学领域和很多专门的机构被创建起来,以处置儿童疾病,确保孩子身体健康。在1881年,亚伯拉罕·雅各比(Abraham Jacobi)医生组建了美国医学联合会儿科部(The Pediatric

Section of the American Medical Society）。六年之后，美国儿科医学联合会（The American Pediatric Society）组成了，其宗旨是"发展有关婴幼儿的生理学、病理学和治疗学"。在 1890 年代中期，大多数大城市至少有一家儿童医院。在内科医师发现了劣质牛奶和儿童健康之间的关系之后，安全牛奶运动被一些慈善家和市政当局推行开来。牛奶站和供应网点建立了起来，在此一些贫困的母亲可以给她们的孩子以成本价购买（有时甚至是免费获取）巴氏灭菌牛奶。她们同时还可以从受过护理训练的服务人员那里获取儿童护理和卫生学方面的知识。[12]

在 1890 年代，儿童心理健康还成了许多科学兴趣的焦点。G·斯坦利·霍尔（G. Stanley Hall），克拉克大学的心理学家，开创了儿童研究的新领域，改变了流行的有关童年的看法。霍尔的研究通过论证儿童的发展存在不同的阶段，影响了既有的儿童抚养原理。儿童的问题不仅不同于成人的问题，而且在童年内也是随着年龄而变化的。这种新发现的、童年精神的复杂性，要求父母们懂得专门的应对技巧。[13]

恰当的母爱被认为是保护儿童生命和健康的核心因素。较低阶层的母亲被教导对孩子加以正确的照顾，而中产阶级的母亲们则加入关注所有孩子的健康和福利的组织之中。全美母亲联合会，是一个母亲俱乐部的网络，由 2000 名代表于 1897 年组建，其设定的任务是教导全美，特别是妇女们，"认识到儿童至高无上的重要性"。在教育母亲为母之道的目标上，该联合会倡导家庭科学方面的课程，并寻求在大学中设立儿童研究领域的教授职位。截至 1920 年，该联合会从 36 个州吸引了 19 万妇女。[14]

到了 20 世纪，当改革主义者的议程确立了儿童生命的保护在全美政策中的优先权时，有关儿童福利的公共行动扩展开来。婴幼儿的死亡率成了一个判断改革者的项目是否成功的关键性指标。贫民区社会改良团体的工作人员积极地游说建立起独立的市政机构，以处理儿童健康问题。在 1908 年，纽约市建立了全球第一个专门处理儿童健康问题的公共部门。公共健康护士运营着社区婴儿健康站——融合了牛奶站和培训学校（能给租房居住的母亲提供儿童卫生学知识）的功能。到 1919 年，60 所婴儿健康站运行起来了。1926 年，47 个州都有了婴儿卫生局，或者与之类似的部门。美国公共健康护士的数量同样也增长了；从 1907 年的 900 人，变成了 1927 年的大约 11500 人。学校健康运动在 1870 年代获得了一定的进展，到 1890 年代，已积极地加入了婴儿福利运动。学校的医师和护士定期对年幼的学生进行医学检查。[15]

随着 1912 年美国儿童局的建立，官方正式确认儿童生命的保护是国家事务。在两年的时间里，对婴儿死亡率的研究支配了局里贫乏的资金和有限的人员。全美婴儿周和"好婴儿"竞赛受到了赞助，以此来凸显婴儿的健康需求。在 1921 年，改革者获取了一项重大胜利，谢泼德—陶尔法案被国会高票通过。联邦政府提供了大概 700 万美元给州政府，以实施一项先驱性的贴补项目，来提升婴儿和母亲的健康与福利。美国儿童健康联合会组织也进一步投入到了儿童健康的活动之中。[16]

其结果是令人振奋的。在整个 1890 年代，五岁以下儿童的死亡数量平均约占所有死亡总数的40%。到了1920年代，这个数字降到了21.7%。在1915年到1921年之间，婴儿死亡率下降了24%。到了1925年，根据儿童保健局的报告，纽约的学龄儿童中基本消灭了主要的传染性疾病，这主要是由大量地接种白喉和天花疫苗所带来的。[17]

用什么来解释对儿童生命与死亡的这种私人和公共性关注形成的浪潮？是什么引发了19世纪儿童悼念仪式的流行，又是什么导致了20世纪保护儿童生命的运动？基于"理性投资"的假设，一些历史学家提出，是人口结构规制了情感。根据这一观点，传统对孩子死亡的冷漠或者顺从，是对高死亡率的符合逻辑的反应。大卫·斯坦纳德（David Stannard）估计，在17世纪和18世纪早期的新英格兰，一对年轻夫妻可以预料他们的孩子有两个或者三个在10岁之前就会死亡。他指出，清教徒父母对此的情感克制可能是"对这一可能性的直觉判断，是将他们自身与丧子之痛的打击……隔离开来的手段"。[18]从这一视角来看，只有在孩子生活得更长、成了更安全的情感投资对象之时，对孩子的悼念才会更为深切。正如斯通解释的那样，"对于一个以儿童为导向的社会而言，其要想发展……最为核心的是，孩子应该不那么轻易就突然或者过早死亡……"[19]

不过，孩子高死亡率与父母低情感涉入的联系仍存在有待质疑之处。在美国，婴幼儿的死亡率只是在19世纪的后期才降下来的，这是在维多利亚式悼念的流行之后，而不是之前。事实上，安场保吉（Yasukichi Yasuba）的一项重要研究指出，在美国内战之前的几十年里，死亡率实际上是上升的，特别是在十岁以下的城市儿童中。这样，19世纪中期对儿童死亡的关注也就不能够用死亡率的降低来解释。同样，阿利埃斯指出，在欧洲，早期对儿童价值的情感化浪潮，可能要比死亡率的任何下降早一个世纪。对去世孩子进行画像的行为（这表明"孩子不再……被认为是一个不可避免的损失"）早在16世纪就出现了，而这个时期是一个"人口统计缺失的时期"。[20]

在《现代家庭的建构》（*The Making of the Modern Family*）中，爱德华·肖特（Edward Shorter）提供了一个有别于"理性投资"的假说。在展示了欧洲对孩子"情感化浪潮"先于任何死亡率的降低之后，他指出，传统对儿童的冷淡转化为现在对他们的极度关注，本身导致了儿童寿命的延长。根据这一"更爱"假说，母亲对孩子生命和死亡的关注，事实上改变了人口模式。传统的母亲们，肖特说道："并不关心孩子，这是为什么他们的孩子令人吃惊地大量消失的缘故，传统的孩子抚养模式是对无辜孩子的屠杀"。[21]一旦母亲们懂得了如何适当地去爱，孩子的死亡率也就降下来了。

肖特的假设在美国的情形下并不怎么恰当。有充分的证据表明，殖民地（殖民地时期的美国）的父母对他们的孩子并不冷漠。正如大卫·斯坦纳德谈到的那样，在清教徒中"对孩子根深蒂固的爱，是最为普通、正常和应有的态度"。然而当孩子去世的时候，他们的悲伤却是克制的。彼得·格雷格·斯雷特（Peter Gregg Slater）研究了新英格兰从17世纪中期到19世纪中期人们对待孩子死亡的态度转变，指出，虽然清教徒"过去也热烈地爱着他们的孩子"，不过，19世纪的英格兰人可能"更为热切地爱着他们的后代,以至于失去孩子对父母们的心理而言是一个更大的摧毁性打击"。[22]

无论是"理性投资"还是"更爱"理论,其对个体主义和心理学的过分聚焦都是误导性的。19世纪儿童悼念的革新和20世纪儿童生命运动,相较于被看做是个体情感变动(母爱的进步)的测度,更恰当地,应被看做是更广泛的儿童价值文化转型的引人注目的指标。作为孩子,无论他们的社会阶级如何,都被定义为是情感上无价的资产;既然如此,他们的死亡不仅是家庭的不幸,更是集体失败的标志。这种视孩子的生命异常神圣、视孩子的死亡为特别悲惨的文化背景因此也就形塑了个体和群体的反应。[23] 儿童意外死亡的案例为20世纪美国儿童生命的新意义提供了经验性证据。

案例:意外死亡

1908年11月1日,500名纽约市的儿童在素有"死亡大街"之称的十一大街游行。他们的示威针对的是纽约中央铁路(The New York Central Railroad),谋求将这些铁轨从其邻近的街区移走。正如《纽约时报》报道的那样,这些可怜的示威者通常目睹"他们的同伴在货车之下死亡,并且……兄弟姐妹也有以这种方式去世的"。[24] 在行进队伍的最前头,小格瑞德·加里什顶着一个小孩的棺材盖,作为一个象征符号。

示威者展现了出人意料的先见之明。在1910年,意外事故已经成了五到十四岁儿童死亡的首要原因。这是一个可悲的反讽。正在对儿童生命的保护运动取得显著进展的时候,一个不同的死亡威胁出现了。铁路、市内有轨电车、汽车成了比传染性疾病(传染性疾病此时正通过医学研究和提高公共卫生而被迅速地控制着)更为凶狠的儿童杀手。1911年之后,在其他交通事故下降之时,对所有年龄的群体而言汽车导致的死亡却急剧地上升了。[25] 不过在早期,其主要的受害者是孩子。

这是一场空间争夺战。正如一位交通问题评论员认识到的那样,"无论是从必要性和从选择的角度上看,城市的街道都是许多孩子们的运动场。天底下这是唯一多方面开放之所,还是……玩伴们的社会中心和集聚之地。"[26] 一个在1905年参观纽约的英国妇女曾为下列场景而震惊:这么多"穿着入时、来自良好家庭的孩子甚至在天黑之后仍在街上玩耍"。在芝加哥,1912年,青少年保护联合会(the Juvenile Protective Association)估计,在任何一个给定的下午,都有几乎六千名儿童在18或19个街区中玩耍。在一些非常拥挤的租户住宅区,这是最为普遍的:唯一的"儿童空间"就在户外,在街道之中。正如《观点》(Outlook)的一名作者解释的那样,"家庭的住所……是一个公寓,在被分为四五层的出租房中,占了一层的四分之一。它多数情况下拥有3个房间……较大的也不过中等的毯子那么大——10乘12英尺的样子。在这有限的空间里摆了床、火炉、洗衣盆以及其他一些为六口之家或更多人的家庭,可能还会有一两个寄宿者,所必需的家具。还有什么空间留给好动不安份的孩子呢?"[27] 运动场通常是难以到达的,它们离孩子们的住处太远。正如拉塞尔·塞奇基金会（Russell Sage Foundation）在1914年对纽约西部邻里关系的研究发现的那样，"不仅男孩不会去离家太远的野外进行他们的游戏，他们也不能够这样。他通常需要在下课之后待在家里，以便跑跑腿，让自己总体上对家庭有些用处。"[28]

街道对孩子们有着多方面的吸引力，"这边办丧事，那边起了火；人行道上扔骰子；偷乘死亡大街的货运列车；对水果摊搞奇袭；打架、意外、躲猫猫——永远是新鲜的事件，并充满激动……"。春天是玩石弹子的季节，在燃情的秋季则有大篝火，寒冬最好的运动莫过于打雪仗了。男孩还会加入到成人的队伍中去打棒球，或者在所租住房的屋顶玩"鸽子飞"。街头的打架和拳击赛是另外一个受欢迎的邻里消遣项目。拉塞尔·塞奇的报告提到，七八个年轻人之间进行的频繁的街头较量被一大群年轻人围观，"他们对成功的每一击都发出欢呼，鼓励那些斗士们"。[29]街头不仅是一个运动场，而且也是一个工作之所。孩子，特别是男孩，沿街叫卖，做跑腿的差使，或者擦皮鞋，或者售卖报纸或冰激凌。更年轻些的孩子则去"捡垃圾"——收集并出售废品。

孩子们在城市街道中的现身并不是一个新事情。在1850年代，儿童的数量随着德国和爱尔兰移民越来越多地来到纽约市而增加，当地的官员开始警惕起来。的确，最近的一项研究表明，19世纪中期的改革者将贫困儿童在纽约街头的出现看作是城市贫困问题中的一个主要元素。孩子的街头生活被看作是父母忽视的铁证，也无可辩驳地表明了其病态的、较低阶层的家庭环境,这些很可能将孩子们的生活引领到痛苦和犯罪之中去。[30] 在20世纪初,儿童救助者发动了一场新的全美性运动,以有监督的、教育性选项来取代街头生活的道义风险。到了1910年,在成立于1906年的美国游乐场协会的赞助下,上千个户外游乐场提供了出来,让城市孩子进行有组织的游乐活动。这一年,光纽约市就花了121606美元游乐场维修费,并在大概250个游乐场雇佣了差不多1000名工人。[31]

在1850年代,对儿童福利的一些关注可能是对美国城市日益增长的移民的一个反应。游乐场,正如其他针对孩子的革新机构一样,也是"外国孩子美国化"项目的一部分。但是尽管游乐场的运动生机勃勃地推进着,劳工阶级儿童以及移民儿童并不那么容易放弃他们的街头游戏。[32] 但是当汽车将街头变成了一个致命的运动场时,孩子们终于被从其中驱逐了出来。革新者找到了一个意料之外的结盟人。

这一对孩子的驱逐过程是残酷的。在1910年到1913年,超过40%的纽约交通事故受害者不到15岁。在1914年,该比率达到了60%。迟至1927年,一个保险简报提出警示:"大约40%的汽车事故受害者不超过15岁,其中死亡者年龄在5–10岁的尤其多。"[33] 这一年,光在纽约州,就有558个男孩和女孩死亡,15623个受伤。在5–14岁的年龄组中,交通事故死亡数是任意一种疾病所导致的死亡数的3倍。大多数事故发生在孩子住所的一或两个街区之内,死者正在玩耍或者为父母跑腿。做一个孩子,一个观察者总结道,已经成了"世界上最危险的工作"。[34]

但是到了1930年，令人吃惊的转变发生了。当一般的汽车事故伤亡持续上升（在1930年有30200个人因此死亡）之时，其中学龄儿童的比率迅速下降。在1922年，477个孩子死于纽约街头，到了1933年，只有250人。[35]这一趋势估计是从这十年的中期开始的；在1927到1929年间，成人车辆交通事故增加了25%，而学龄儿童车辆交通事故降低了10%。就步行交通事故而言，儿童的特色也很明显，展现了同样的年龄差异；在1925年到1936年间，男孩的事故比率下降了37%，女孩的下降了25%，而成人（年龄在15—64岁之间）的比率男性跳升了77%，女性上升到了18%。[36]儿童事故率的相对下降受到了迅速的赞扬，认为是"汽车风险类型中受到控制的孤例"。这样，在短短的几年之内，儿童交通事故从"一个不祥的威胁"转变成了一个在交通死亡趋势中日渐"足以令人欣慰的事实"。[37]

用什么来解释这一奇怪的年表大事呢？对于有轨电车和汽车对儿童空间突然和残忍的入侵，美国人是如何反应的呢？特别地，在20世纪的头几十年里，面对儿童惨死于城市街头，公众是如何反应的呢？

儿童受害者：特殊的公开侮辱

在1900年到1913年之间，四轮马车、有轨电车以及汽车开始侵袭年幼孩子玩耍的街道。早在1901年，《观点》的一个作者评论道，"一个读过报纸的人会有这样一种印象，很难有一天没有孩子去世……"。³⁸ 这是一件情感色彩强烈的事情，通常让人毛骨悚然。不像死在病床上，死在人来人往的拥挤的街上拥有很高的曝光度。³⁹ 公众的反应如血海深仇一般，迅猛、愤慨和激烈。旁观者等不及通过法律审判来裁定过失。正如《纽约时报》在一个编者按中所说的那样，"［孩子的死］是一个惨剧，由此迅速积聚的人群其同情心是如此有威力，以至于如果肇事司机没有警察保护就可能被暴打。"⁴⁰1911 年 5 月，16 个月大的伯纳德·温歌德被一匹马碾过之时，一大批群众几乎立即就聚集起来。正如许多类似的事件一样，这一特定事件的细节成了首页新闻："杀死他。他杀了一个孩子！……妇女们尖锐的声音高过男人，迫使后者采取报仇行动。"在拿着鞭子的车夫与人群中几个男人的一场血战之后，一个警察赶到了。此时，马车已被暴怒的人群彻底摧毁了。⁴¹

到了 1920 年代，对孩子交通事故死亡的社会反应有了引人注目的转变。一个孩子被汽车杀死不单是一个孤立的邻里悲剧，也不单是一个易让人记住的新闻；孩子交通事故死亡越来越成为"严峻的、根本性的国家问题"。⁴²

有关小孩死亡的最初两条令人担忧的新闻报道出现在 1904 年。认识到"孩子葬身于车轮之下的令人不安的频率……"，《纽约时报》的社论建议单列法律标准，以审判卷入了撞死孩子的交通事故之中的电车司机、汽车司机、马车车夫。⁴³然而，同情归同情，媒体在这样的早期阶段多将谴责扣在父母身上。在坚持现代生活"不能被阻碍，使意识不到危险的孩子无人照看"的同时，父母们通常会因为没有很好地适当照看他们的孩子而遭受谴责。寄给编辑的信附和了这一情感:"父母应该认识到他们应对孩子的生命负责,如果他们听任其在拥挤的街道中玩耍,而孩子不幸离世了,他们该……遭受谴责。"[44]有一些对孩子进行直接控制的建议,"如果谁闯进街道靠近汽车,谁将他们的帽子扔在车轮之下,或者在车子经过的时候用棍棒敲打之,或者站在前面挥舞他们的手臂直到车子几乎顶住他们",就上报这些孩子的名字[45]这样的孩子,美国游乐场协会的秘书亨利·S·柯蒂斯特别提醒说,"也就是将他们自己、他们的父母、小商人以及所有的司机、车夫置于极度的紧张之中,……这当然将被视如以下事项:滥饮,工作能力的削弱,生活乐趣的减少,严重的崩溃,以及下一代的堕落。"[46]

的确,许多规章被通过,将儿童街头游戏视为刑事犯罪。1914年拉塞尔·塞奇基金会对纽约邻里关系的研究观察到"〔男孩〕所做的任何一件事看起来都与法律相悖。如果他玩球,他可能因为'在公共场合玩硬球'而侵害财产权益。如果他玩弹子球或者抛硬币,他可能'阻碍了人行道',……街头打架是'侵犯人身',而如果男孩子不触犯所有这些事情,则必然是'闲荡'"。仅在同一年暑期的一个月中,就有415名纽约孩子被逮捕并带上法庭,"因为他们玩球或者其他游戏,以及因为在街上咆哮和制造噪音"。[47]在确保公共场所安宁和财产权的法案之下,1914年7月1日到1915年6月30日之间,哥伦比亚区有655名孩子以犯罪的名义被逮捕,因为他们在街头玩游戏。这些年轻的违法者已学会了掩盖他们非法的行为。当警察"严肃地昂首迈进业已被非法转变成游乐场的街道时……立即,那些年

轻的玩球者作鸟兽散；猫眼石游戏和捉迷藏的……也立即中断；激越的儿童喧闹声归于宁静"。⁴⁸

车辆交通事故死亡的数量继续冷酷地爬升。每年的平均次数从1913–1917年的6700次，上升到了1918–1922年的12500次。对于5–14岁的儿童来说，相应地从1600次增加到3100次，令这一年龄段的群体成为最容易遭受伤害的人。《纽约时报》指出，交通事故的受害者主要来自"未成年人，未受保护者……恰恰是这些社会阶层，被文明社会鼓吹是其最要保护的"。⁴⁹对这"不休止的屠杀"的日渐加剧的惊恐之意，偶尔在读者的评论中传递，"我必须……通过在你们的栏目中发言，来缓解我惊恐的感觉，每天都看孩子们的生命被摧毁实在是让我感到太恐怖了……"⁵⁰

但是，前述早期民众的愤怒并没有立即得到公共和官方的积极反馈。学校卫生国际代表会议的发言人在1913年称，儿童交通事故是"现代保障人类生命和健康事务中最被忽视的角落"。在该会议中，超过四十个发言中只有两个强调了交通事故的状况。第二个发言人批评学校在儿童健康方面花费"时间、金钱和脑力"，却忽视了本可避免的交通事故带来的"可怕的破坏"。⁵¹的确，儿童福利组织深度参与了儿童身体福利的提升，但专注于疾病而不是交通事故带来的死亡。有组织的安全工作在工业事故和职业疾病控制方面也着力甚多。1907年在纽约组建的美国安全博物馆，就工业安全举办展览，发表大量报告。直到1913年，它都并未涉及街头交通事故。同样地，国家安全委员会在1913年组建之后，过了六年时间，才积极投身于对公共事故的应对中。[52] 迟至 1925 年，大都会人寿保险公司（Metropolitan Life Insurance）仍在鼓动安全运动将注意力转移到汽车交通事故上，"应该像他们在控制职业事故中所投入的那样努力"。年幼儿童遭受的工业伤害同样得到了特别的关注。虽然在数量上远不如街头死亡那样显著，儿童在工作岗位上的死亡，却也给针对童工的斗争提供了强有力的象征弹药。[53]

最初试图降低街头事故的安全努力是由街道铁路公司推动和资助的。在 1913 年布鲁克林运输公司推出了"儿童安全改革运动"。安全教育课程在布鲁克林公共学校中开展起来；安全课的信息通过在学生们中间散发 60 万张安全宣传单和 30 万个徽章而得到进一步宣扬。接下来的一年，在波士顿区，当地的铁路公司对学校开展了同样的活动。在其他策略中，还有就"街上要小心"为题在学生们中间举行最佳诗歌写作比赛。[54] 在 1913 年到 1920 年期间，非常成熟的"安全先行"运动席卷全美主要城市。其显著的特征是强烈地甚至是单独地关注在校儿童。该运动可能缘起于"人们感受到的对屠杀儿童的恐惧"。[55]

安全教育课程迅速地扩展到了广为宣传的安全日、安全周日、安全周的活动之中。逐渐地，运动的领袖说服了有些勉强的学校董事会在其全部的课程中渗透安全关怀。很多儿歌也被改写，以便戏剧性地表现事故的危险性（"小小女孩玛菲，不坐旁边土墩，要坐马路一侧，顺道来辆汽车，很快将其撞上，双脚无处可撤"）。艺术和戏剧课从安全情节中获得了新的启示，甚至一些"新"的算术题目被设计了出来："去年在事故中死亡的孩子的数量是你们学校中孩子数量的百分之多少？如果重伤人数是死亡人数的24倍,那么重伤人数是多少?"[56]

到了1919年,国家安全委员会加入了这一潮流;它确信"迈向消除每年的事故伤亡的……最有效的一步……是对在校儿童的系统教学"。[57] 一个全美性的活动开展起来,确保所有的公共和教区学校都采纳"事故预防教育"(Education on Accident Prevention)大纲。

在1922年的10月9日,15000名纽约儿童在第五街区游行,他们的队伍在中央公园的一个大草地停了下来,在这里,一个儿童纪念碑——悼念那些事故中的儿童受害者——正在竖立起来。这一官方指派的"儿童日"游行,成了城市安全周的情感聚焦点。根据媒体的报道,"所有的目光都投向了"一个特殊队伍,1054名男孩——他们代表相同数量的在1921年死于交通事故的孩子——以及50名紧随其后的失去了孩子的"白孤星"(white-star)母亲。在用牧师的祈祷作了开场白之后,纽约市卫生专员谈到了儿童死亡的非同寻常的悲剧特质:"我们为我们的烈士立碑,为在艺术和科学领域中做出重要贡献的人立碑,但是我们今天在此相聚,是为了履行一项特殊的仪式。我们在此为现代文明的殉难者立碑——为那些无助的小精灵们,他们因现代生活的服务机构而死亡。"[58]

有组织的群体哀悼象征着公众对儿童意外死亡的反应有了新的维度。该问题的统计数量(已很好地被倡导安全的群体所宣扬),现在由于对其道德上的重要性的社会"发现"而变得复杂起来。安全运动被贴上了新的仪式标签:"让我们期待他们(孩子们)不会无谓地死去……愿对这些孩子们的怀念推动我们去采取措施拯救他们的同伴,以及其他将在未来的日子保佑我们的人。"[59] 国家安全委员会于1919年新成立的教育部的主席,提出了准神学性的挑战,来控制致命性儿童事故:

> 在这艰难之世的众多困惑中,没有比事故更不易预测的了。宇宙间什么权力或过程……比碾碎孩子无辜、幸福的生命更过分呢?父母们的爱与自豪换回的是流血的躯体和毁灭的希望……这是什么样的交易?……这是过去的看法。现在,我只看到一件事……让这个世界进入这样的境地,使这些该死的事情不再发生……

在1926年,又有一些新的儿童受害者纪念碑树立了起来。每周孩子死亡的记录会添到在这些石头上,以及每个星期六由男童子军、女童子军在此举行的纪念仪式上公布。[60]

世俗和工具性的安全运动与新的对儿童死亡表达关注的象征性宣言交织在一起。在1920年代,"儿童生命救助"委员会越来越多;警察机关发起了对学校老师和儿童的安全培训被组织成初级安全委员会。700个纽约市公立学校建立了联盟,"以制止在街头对孩子们的杀戮和伤害"。[61] 母亲们被提醒,不要"逃避这样一个事实,给他们的孩子带来最让人惋惜的灾难的事故来自车辆,而如果要拯救这些小家伙们,也应当由他们的母亲来拯救他们"。[62]

保险公司以及汽车工业开始积极地为安全事务提供资金捐赠,贴补相关的项目和出版物。在1926年,全美教育研究会正式认可了安全教育。在对 1862 个学校系统进行全国调查的基础之上，1932 年的白宫儿童健康和保护会议指出，86％ 的小学都在它们的课程中加入了对安全的关注。安全运动甚至产生了它自己的媒体英雄，在 1920 年，"罗伯特叔叔"开始了一系列有关儿童安全方面颇受欢迎的广播。[63]

对儿童意外死亡的公共反应经历了不同的形式，并呈现出新的情绪。这个过程如下：(1) 20 世纪早期愤怒民众的暴力性悲伤，经由 (2) 安全组织冷静的说教式措施，到了 (3) 1920 年代的儿童纪念活动。在这个过程中，儿童意外死亡开始变得不仅仅是一个独立的、个体性悲剧，而更多地成了公共关注的事务。为儿童受害者竖立起来的特别纪念碑，不能被轻视为心血来潮的建筑产物。创立单独"神圣"空间的需求是与儿童生命的新价值相关的，也表明了对杀死儿童的深切的道德厌恶。虽然对儿童的纪念有功利目的（"这样错误驾驶的悲剧就能够戏剧性地表现出来，并让人们认识到汽车使用者的职责"）[64]，但其核心功能还是对集体感受的象征化。在一项对战争纪念的研究中，伯纳德·巴伯表明，纪念象征物在空间中摆放对于某种表达，某种"社区对纪念的人物与事迹的态度和价值观念"的表达，是非常必要的。[65] 在孩子被汽车碾死的情形下，单单是个人的哀伤和父母的悲痛已不足够。在儿童纪念碑面前的集体哀悼表达了群体性的忧伤。

儿童生命：道德上的优先事项

当科顿·马泽的女儿不小心被火严重烧伤时，科顿将其不幸归责于自己的罪业。这种将意外死亡视为神的处罚的主导性观念顺利地延续至19世纪。在1855年，新泽西州发生了严重的铁路事故之后，"事故中上帝的天意"被牧师在葬礼中的布道所解释："我们不能够从神的手中免除任何一种死亡类型。刺死、毒死、意外死亡，正如瘫痪或发热一样，是祂的手段……在上帝的安排之中都有相当的位置。"[66]

传统的态度在19世纪的后半期开始摇摆，此时，无论是死亡还是疾病都日益被人们认识到是可以延迟或者挽回的后果，只要人们有足够的卫生设施或者完备可控的技术。1903年，一个电车碰撞事故导致八名高中生死亡，纽华克（Newark）的教区长打消了聚会者的疑虑："这些孩子的死亡并非神意的表现，因为神并未将这些孩子带离这个世界。是那些应该为罪行负责的人将他们带离了这个世界。"[67]事故与其说是上帝意志的结果，不如说是因为电车公司总裁的意志，或者，在工伤的情形下，是因为雇主的邪恶的意志。从这一视角来看，儿童安全运动乃是这一日益涌现的行动者心态的热烈展现。它的领袖人物宣誓"应将世界变成一个由意志驱动的地方，而不是被无情的命运所主导"。母亲们被敦促"将为死亡负责的担子从主的身上取下来"，接受这样一种观念，即：她们孩子的事故是由一些原本可以防止的因素导致的。[68]

但是，为什么早期的公共安全努力如此集中于孩子身上？为什么构成"最惨痛记录"的孩子相对同样遭遇的成人死者，更容易激起公众强烈的反应？[69]在一定的意义上，这是一个数量问题。年幼孩子相对年长者更高的意外死亡数量，促使孩子的死亡更引人注目。不过，大的数量和曝光度并不必然将一个问题转化为社会问题。对于儿童意外死亡的公众感知受到经济、社会和文化因素的混合影响。

该运动主要发起人的名单——电车公司、保险组织和汽车工业——揭示着儿童安全项目背后的经济动机。看一眼，很快就能够意识到这些机构"无论是从人道主义还是从生意的角度，都有责任将街道弄得安全些"。[70]的确，随着伤害赔偿诉讼的增加，意外死亡对利润造成的损失日益增加。在1905年一年，大纽约电车公司就为伤害支付了200万美元的费用，而法律开支也不下百万。事故在保险公司看来，也是导致资金枯竭的噩梦。在1927年全年，大都会人寿保险公司就因为意外死亡而被索赔总额达800万美元。三年之后，公司赔付达到了1650万美元之巨，事故成了继心脏病之后致人死亡的第二大诱因。虽然找不到死亡赔偿中精确的年龄细分，但是儿童毫无疑问在意外死亡的基本人寿保险客户中占有显著的百分比。大都会人寿保险公司1924—1925年的数据显示，步行被撞死的1600个保险客户中，有55%是儿童。[71]但是，不能将儿童安全运动仅仅视为保险公司和运输公司自利的产物。毕竟，在20世纪的头几十年里，对承担家计的成人提供的损害赔偿和死亡支付，是远高于儿童的。

保险发言人为保护儿童提出了一个另类的经济学原理,即,不是将早亡看作是公司的损失,而是将其界定为是社区总体上的财政损失。在1927年美国儿童健康协会上的发言中,路易斯·都柏林,一个保险统计员,统计出对儿童生命的忽视导致美国每年损失大约25亿美元。这样的经济资产负债表构成了"对我们道德感的直接挑战",在传达了这个意思之后,都柏林进一步表明,为什么"哪怕我们仅仅能被粗糙的冰冷的经济计算打动,也承受不起忽视我们的孩子所带来的成本"。[72]

对儿童意外死亡的公共反应同样受到这些年幼的受害者所属的社会阶层的影响。穷人家庭孩子的死亡相对于中产阶级家庭孩子的死亡而言,会激起不同类型的社会反应。对儿童意外死亡的有组织的反应于1913年开始,直到1920年代才勃兴。在1913年之前,群体性抗议局限于当时作为目击者的愤怒民众。但是这段时间穷孩子已经死于铁轨之上、马车和电车的轮子之下。一个州际商业委托报告估计,在1901到1910年之间大约有13000名在14岁之下的孩子被火车撞死或撞伤。单单在1908年,就有346名孩子死于电车事故,469人死于马车事故。[73]

注意到"每一个如此被杀死的孩子都有对贫穷的父母",1893年《纽约时报》的一篇社论指出,对城市电车导致的"儿童屠杀"的冷漠,来自于阶级偏见,"如果能将这样的损失加诸高利润的电车公司的股东家庭,如果这样的操作可行,将会……是一个十分残酷的测度,但是它可能让董事们深刻认识自己的无情……"同样地,对铁路惨案的冷漠被一个直言不讳的批评者归因于这样一种广为流传的确信:所害者都是"流浪汉"或者"无家可归者"。⁷⁴ 铁路和交通事故中的儿童受害者的确多是工人阶级和城市贫民的孩子。许多是年幼的移民，他们许多为城市交通的新奇所迷惑——正如下面埃蒂·普瑞斯曼的案例所说明的那样。在1893年，7岁大的孩子埃蒂，被一队马匹践踏而死，当时她跟她9岁大的姐姐多拉正横穿纽约下东城区的勒德洛街。当该案件在1896年被提上法庭时，多拉描述了她们的困境："我在美国已经呆了有四年了……我的妹妹并不是在美国出生的。……事情发生的那一天，我们才在纽约刚刚生活两个星期。我说不好勒德洛街到底有多宽。我也不知道需要多长时间才能够横穿过去；一时半会儿过不去。"⁷⁵

保险数据证实了下等阶层孩子特殊的脆弱性。在1919年的一份报告中，大都会人寿保险公司不无警醒地提示到，在他们的基础人寿保险客户中，有50%的汽车死亡事件发生在不足15岁的孩子身上，这显然是非常高的，因为孩子占总人口的比例仅为28%。⁷⁶ 这些孩子的意外死亡被明显地归因为不负责任的下等阶层行为。媒体谴责那些租房户的孩子们"成群结队地集结在［电］车的路线［或车轨］之上，以折磨机车的驾驶员和公司的主管为消遣"。丧子的父母们同样有错误。直至1922年，《矿工》(Collier's) 杂志还公开指责粗心的租房户母亲："在整个悲剧之中，令人感到痛心的一个事实是，妇人们是如此经常性地忽视或者拒绝她们显而易见的职责……直到被撞成肉泥状的躯体躺在她们的怀抱之中。"⁷⁷

受害儿童的社会阶级属性一定程度解释了穷人邻里中民众的愤怒。被称呼为"恶魔马车"的汽车通常是备受怀疑和愤恨的富人财产。在某种意义上，孩子的死亡被象征化为机械性的入侵和破坏。但是，如果一个孩子死亡了，游行示威者会以同样的愤怒来攻击昂贵马车和电车的并非贵族的驾驶人员。

由于汽车已经成为一个不可回避的存在，它的危险涉及的街区也就越多。逐渐地，街头死亡被认为对中产阶级的孩子而言也是一个威胁；它再也不是"出没于人行道的无赖儿童"的单独的问题了。[78] 一个来自"良好"家庭的孩子偶尔被杀死，激发了强烈的公众愤怒和反应。在1909年3月27日的晚上8点，英格乌德十字路口，一个著名的肯塔基州律师访问纽约期间，他13岁的儿子与一群孩子在街上玩耍的时候被一辆汽车撞死。他的死亡很快成为引发剧烈争议的公共事件。媒体称之为谋杀："虽然当时故意杀人的动机毫无疑问是不存在的，但在车子里的那个人却的确……牺牲掉了孩子的生命……"威廉·达拉夫，那个被雇佣的司机，被逮捕并被控以一级谋杀罪名，该控诉无论是在当地还是在全美都是没有先例的。在最终被判决为过失杀人之后，达拉夫抱怨说自己过于苛刻地被对待，不过是"因为我碰巧杀死了一个有钱人的儿子"。[79]

汽车对于所有的儿童来说都是同样的威胁这一日益增长的担忧是否合理，尚不能确定。一份由纽约城市俱乐部提交的1927年的"谋杀地图"表明，在死亡儿童中比率最高的仍然是来自下等阶层移民的街区的儿童。另一方面，1929年的事故统计表明，所乘机动车与其他机动车辆的碰撞乃是涉及学校儿童的唯一数量正在上升的事故类型。高等收入群体特别易于遭受该种类型的事故。[80]

不管是否获得证明，中产阶级的恐惧引发了更大规模的对于儿童意外死亡的反应。不像那些穷人父母，富裕的父母有知识和途径获得正式的表达不满的渠道。比如说，在1912年，一辆汽车在一个限制外人出入的城西富人区撞死了10岁的帕特里克·费，住户们抱怨的风潮导致了警察管理的加强。这一事件激发了非常公开的讨论，参与者包括曼哈顿警察、当地公务员以及区行政代理人，每一方都试图推卸其责任以及逃避相关的指责。[81]

但是，一个孩子的意外死亡不仅仅是对其中产阶级父母的一个威胁或者运输公司和保险公司的一笔经济开支。"孩子生命独一无二的神圣价值"这一20世纪的观念极大地激发了公众的情感，这是超越阶级差异的。这一特别与年龄有关的集体情感在其他领域中也非常明显。比如说，公众对于孩子遭到绑架的反应也同样特别强烈。一项针对美国1874到1974年的敲诈性绑架的研究发现，儿童受害者持续递增地激发了最为强烈和最具情感性的公众反应。无论受害者是意大利手推车小店主的儿子（如1921年5岁小孩勾瑟皮·维瑞塔纽约被绑案），还是富裕的宾夕法尼亚州诺里斯敦市家庭（如1920年13个月大的布莱克利·科夫林被诱拐一案），公众对于处于危难中孩子的关注是与其父母的社会阶级无关的。[82]

杀死一个孩子，即便并非蓄意而为，也总是异乎寻常地令人憎恶，甚至是亵渎神圣的罪行。在一个将儿童健康的极大提升看作是自身骄傲的社会，儿童意外死亡被视为一个令人颇不舒服的时代性错误。即便是事故率已经开始下降，儿童意外死亡独特的象征性仍然在强化。1931 年《大众福利》（*Commonweal*）的一篇编者按断言："儿童对于这个国家的重要性是如此之基本，以至于像交通运输之类的事项都要靠边站"；并提倡严格化导致孩子死亡的定罪标准。它还就"杀死一个儿童意味着什么"策划了一系列的演讲和文章，以便传达儿童之死的独一无二的悲剧性。意识到对于儿童意外死亡的公众反应具有"越来越明显的感伤"，美国医学联合会杂志推荐为这一年龄群体收集更好的统计数据，以便推进更一般性的安全项目获得公众支持。[83]

从街道到游戏室：对"神圣"儿童的驯化

在 1930 年，儿童意外死亡的问题非常荒谬地转变成了安全专家的道德骄傲。汽车致死事件的数量稳步上升的同时，其中 5–14 岁儿童的比率却出人意料地下降了。这显然不能用人口学来加以解释，因为这一年龄群体的儿童从 1920 年的 2215.8 万增加到了 1930 年的 2463.1 万（这两个数据原文为 22158 million 以及 24631 million 显然是错误的——译注）。孩子们在学校时更多地在室内安全地度过他们的时间。然而仅用更高的入学率是不能解释儿童死亡率的下降的。虽然在 1922—1930 年间，在学校注册的学生新增大约 100 万，然而在 1918—1922 年间，这一数字接近 300 万，而这一时期的事故死亡率恰恰是最高的。在 1920 年代和 1930 年代，汽车上重要的新安全装置的引入亦不足以对此作出充分的解释，因为它对安全性提升的年龄差异性没有贡献。安全运动的领导者尽管困惑但也欣然为自己庆贺，因为他们认为是安全教育项目发挥了独一无二的作用。[84]

事故率的年龄倒挂现象延伸到了家中。在1924年，在家庭事故中15岁以下的孩子死亡率是每10万人中有14.4个，而年龄在15岁之上的，这一数字是11。不过到了1932年，年幼人群的比率转变成了每10万人11.1个，而年龄更大些的则为15.5个。其他（除了家中事故和机动车导致的事故）儿童事故的比率也在下降。然而，造成最多死亡的机动车事故伤亡的下降趋势则是更加令人吃惊的。一个非常著名的安全教育者总结道："儿童比他们身边的成年人更好地学着去面对他们周遭的危险。"[85]

对儿童生命的优先保护是通过对儿童空间和时间进行引人注目的再组织来实现的，此外还包括一些新的风险社会化技巧。大多数儿童事故发生在下午4点到5点之间（下午5点是最容易死亡的一个小时），在不用上学的日子，以及在暑期的月份里，这个时间他们在街头玩耍时，旁边监护的大人最少。安全项目重构了这一高度危险的闲暇时间段。比如说游乐场运动，在1920年代获得了新的推动；到1927年，790个城市报告为儿童们建设了5600个有监管的游乐场所。这一数字并未包括5000个附加的没有隶属关系的娱乐区域的再造，也未包括一些由房地产商单辟出来的新设计的游乐空间；比如说一些滑轮游乐场以及为更小一些的孩子准备的"儿童游戏场"（tot-lots）。通过增加反对街头游戏的条例数量，城市的安全性进一步得到加强。[86] 父母被鼓励为他们的孩子提供充足的户内游乐活动空间,"为什么不着手将所谓的会客室或者前厅转变为一个玩乐场呢？没有比会客室更无用的了……一周一周过去了,它几乎总是锁闭着,而孩子们则在过道里玩耍。"父母同样还被建议不要让他们年幼的孩子单独去完成某项差使:"如果孩子必须横穿街道,最好是紧随其后,护送他们过去。"[87] 随着年长的男孩被组织起来保护更年幼的学生,同辈监督也变得多了起来。少年安全委员会议纳入了对安全操行违背情况（比如说违背交规横过街道或者在街头玩篮球）的汇报。累犯者会受到惩处。女孩最初被组织进单辟出来的"关爱俱乐部",负责家庭安全问题,后来被组合进了男女兼有的交通安全巡逻队中。

安全教导令孩子们社会化地认识风险,使得他们"对于自己的行为可能导致他人受伤害的后果有了更多的想法,……更谨慎和更可靠的想法"。教导的内容并不含蓄。安全招贴画和卡通画图解了一些儿童被汽车撞死的悲惨事故。标语提醒他们,"在游乐场中的一个男孩胜过在医院的两个",以及"宁可迟到,别受伤害"。街头被描绘成了死亡陷阱:"如果孩子离开了路边的安全石,他就进入了死亡的夹道。"[88] 着眼于儿童社会化的安全项目,非常轻松地将公众的注意力从汽车工业及司机身上转移了出来。规训儿童要比成人更容易一些,而且,教育儿童显然比购买和发展增进安全性的设备要更便宜一些。孩子们都明白了"每一条街道都是个棒球场（a baseball diamond）；每一辆电车、马车、汽车都可被看作是敌对方的运动员"。生动的讯息被添加进了特定的交通规则教育中。有关"不要"的清单在继续扩展:

"不要在街头玩耍。永远不要横穿街道去追逐一个球。不要游游荡荡。不要'猛拉'汽车、街车或者其他交通工具。永远不要在停歇的两辆汽车间奔跑。"[89] 好的学习者获得奖励,在安全征文竞赛中的获胜者获得奖金,而任何孩子如果拯救了其他孩子的生命将获得英雄奖章。

拯救儿童的生命意味着改变城市儿童的日常行为,推动着他们走向室内,进入游乐室和教室之中,或者设计出特别的"儿童"公共空间,比如说运动场。街头不仅对身体是危险的,而且在社会性上是不充足的;对"神圣的"儿童而言,比较合适的地方是受保护的环境,需要与成人的活动隔离开来。推动儿童走向室内的"驯化"项目,对男孩生活的影响甚于女孩,因为后者的公共活动早已受到限制。在女孩呆在家里帮助其母亲的时候,男孩更倾向于到户外玩耍,他们因此成为致命性事故的首要受害者。比如说,1926 年纽约市因事故而死亡的 422 名儿童中,只有 100 人是女孩。保险统计显示,在 1911 年到 1930 年之间,男孩的死亡率与女孩的死亡率大不相同,男孩是每 10 万人 25.9,女孩仅为 11.3。对于所有的年龄群体,男性汽车事故发生率是女性的 3 倍。安全努力的差别性成就不仅反映了性别差异,而且反映了阶级差别;儿童死亡率下降最大的是那些劳工家庭的儿子。[90] 中产阶级的男孩早已被部分地驯化了。

最近有关人类空间行为的研究注意到,儿童在家庭户内空间分配中相对没有发言权。正如马克·巴尔达萨雷(Mark Baldassare)解释的那样,家庭的主导成员"能够获得他们的活动所需的空间……通过从家庭从属成员中夺取……孩子却很难获得空间；并且，如果别人索求太多而孩子不得不屈从时，他们会失去他们已拥有的空间权利，孩子们为此受苦"。[91] 同样地，在城市户外空间，20世纪的新规则主要是由大人们为他们自己的方便设计的，严格地压缩了儿童们的公共生活。正如1921年一个14岁的男孩敏锐地观察到的那样，"……不是儿童在制定交通规则、开车等等。儿童的主要目标是不要挡住来来往往的交通工具。"[92] 莎朗·S·布科克最近展开了一项针对大概300名儿童日常生活的研究，这些儿童年龄在4到8岁，来自东北部地区的6个不同的社区，其研究证实了在城市环境中对儿童空间的持续限制。问的问题有："如果没有大人在身边，你被允许离家走多远？"纽约有39%的高收入群体和超过一半的低收入群体的孩子，说他们不被允许走离他们自己的建筑物之外——几乎没有一个建筑物有院子。只有12%的低收入群体的孩子被允许走远至离开他们自己的街区。当问及他们通常在什么地方玩耍时，另外一个来自加利福尼亚奥克兰的11岁、12岁的样本群体指出，最通常的回答是他们自己的家和院子，或者是他们朋友的家和院子。[93]

但是如果孩子输掉了对公共空间的争夺赛，他们将在这一时期坚持对户内空间的新要求；一个单独的睡觉、玩耍或者学习的领地。在1931年，白宫儿童健康和保护委员会的家居和家庭管理小组委员会强烈地要求，对家居的考虑应该"越来越多地涉及其在儿童健康、保护和福利方面的影响"。

在一个理想的家庭里，每一个孩子都将拥有一个自己的房间,"在此他们可以不时地独处。儿童也要求一个空间,在此他们可以无阻扰、无妨碍地做他们自认合理的活动……在此,他们可以玩耍或工作,不用接受来自家庭成人成员的干涉,也不与他们的行为相冲突"。如果家庭不能提供额外的房间作为必要的游戏房,"卧室、婴儿房、以及附加的门廊……的一个角落也可以被利用起来"。其目的就是为了确保儿童在家庭里有一个物理空间。家居小组委员会建议,即便是户主的成人领地,比如说客厅,也应该包括单独的儿童空间,"至少得有一个适合于每个小孩子的椅子、少量的玩具,以及在低矮的架子上放些书"。在洗澡间,用来挂毛巾的低矮毛巾杆和钩子将能兼容孩子的需求。[94] 虽然小组委员会期望他们的家居标准能够被运用于所有的住家——无论其阶级如何,但是最近的数据显示,即便是在1980年代,社会阶层依然对儿童的空间有所约束。布科克的研究发现,在纽约只有21%的低收入群体的儿童拥有他们自己的卧室,该数字在高收入群体那里是68%。由于缺乏空间,贫穷些的孩子的户内行为被他们的父母们严重地管制着。这意味着这样一些规则的广泛存在:不准在家里跑步或者制造噪音,不可打破窗户或者家具,以及不能在床上和沙发上蹦跳。这样一来,低收入阶层的儿童丧失了街道,却并未获得明显的新的户内空间。[95]

20世纪对儿童的"神圣化"导致对于儿童死亡的日益增长的无法容忍——无论是因为疾病还是因为事故,并且激发了对保护儿童生命的巨大关注。所有社会阶层的儿童不仅接种疫苗以预防疾病,获得更好的营养照顾,而且他们的生活也越来越多地受到监管和驯化。在《家庭管制》(*The Policing of Families*)一书中,雅克·丹泽罗(Jacques Donzelot)注意到20世纪早期同样的"社会退缩"(social retraction)在法国下等阶层儿童的身上体现得更为充分。丹泽罗观察到,儿童被越来越多地引导入这样的空间,"在此［他们］能被更多地近距离照看着:即学校或者是家庭住处"。[96]

但是将儿童隔离出街道并保护他们的健康是并不够的。更为核心的是要将神圣的儿童从劳作中隔离出来。正如斯蒂芬·S·怀斯(Stephen S. Wise)拉比在第六届童工年会中断言的那样,"儿童劳动力一词本身是个悖论,因为当劳动开始时……儿童也就不再是儿童了。"[97]接下来的两章考察对这一悖论的争论性主张,以及儿童经济角色的转型。

2

从有用到无用：童工上的道德冲突

有用的儿童：从家庭资产到社会问题

童工之争

有用儿童的防御仗

无用儿童的保卫战

2 从有用到无用：童工上的道德冲突

> 从这出发我们到哪里去——到哪里去？
> ——一起前行的人群就剩下了我们。
> 我们该继续如此吗？
> 或者就此放弃，正如他们所做的那样？
> 他们在挣着钱，并让我们感受到，
> 相较而言，是无用的儿童。
> 为什么我们不能，也步入一些真实的境地？
> ——"八年级"，作者 F·B·W.，1923

美国 1900 年人口普查报告显示，10 到 15 岁的儿童中，每六个便有一个被有偿雇用。这明显是少算了：总数 1750178 人排除了许多 10 岁以下的儿童劳动力，也排除了利用上学前和放学后的时间在血汗工厂或者田间"帮助"他们的父母的儿童。10 年之后，官方估计劳动儿童人口达到了 1990225 人。但是到了 1930 年，儿童的经济参与急剧缩小。人口普查的数据表明 15 岁以下的劳动人口为 667118 人。这一下降在年幼些的儿童身上更为明显。在 1900 到 1930 年间，在非农业岗位中劳动的 10 到 13 岁儿童数量，下降到了不足原来的 1/6，从 186358 人下降到了 30000 人。[1]

将儿童从市场领域中排除出去，意味着一场艰巨而持久的战争，从 1870 年代至 1930 年代差不多延续了 50 年。它既是一场经济对抗，也是一场法律论争，还是一场深刻的"道德革命"。[2] 有关童年的看法，两个群体针锋相对，都试图扩大其对儿童在社会中恰当位置之定义的影响。对于童工改革者而言，儿童过早地参加劳动是对儿童情感价值的侵害。正如美国童工委员会的一名官员在 1914 年所解释的那样，劳动的儿童"不过是一架生产机器，值那么些美元和美分，而没有作为一个人类的价值标准……你如何考量一个儿童的价值标准？……作为弥足珍贵，超出所有金钱标准的儿童"。[3] 另一方面，童工改革的反对者同样热切地支持生产性儿童的存在："如果联邦政府让这些工厂关门，并遣返这些两手空空的小孩，我说这绝对是一个值得深思的惨事。这些勇敢的孩子企盼着为他们的父母或者是为糊口而挣些钱。"[4]

童工争议是理解儿童经济和情感价值的在二十世纪早期深层次转变的关键。一个有用的能挣取工资的儿童的价格，直接对立于"经济上无用而情感上无价"的儿童的道德价值。在这一过程中，对儿童经济角色的复杂重估发生了。这不仅仅是一个儿童应否工作的问题。即便是最激进的童工改革者也不愿意谴责所有类型的儿童工作，而他们的反对者也同样不愿宽恕所有的儿童雇佣现象。取而代之，他们的争论集中在彼此冲突而通常是含糊的有关"哪些工作儿童可接受"的文化界定之上。新的边界出现了，区分了儿童合法和非法的经济参与形式。

这不是一个简单的过程。正如当时一个困惑的观察者所注意到的那样："工作或者不工作——这是一个问题。但是对此的答案人们并未达成共识……在争论的各方中谁是错误的？甚至工作到底是什么？何时何地它越过雷池，变成了剥削？"⁵ 就"神圣"的 20 世纪的儿童而言，儿童的工作和报酬，被逐渐重新界定为主要是道德和素质培养的工具。虽说童工法约束的单单是劳工阶级的孩子，教育型儿童工作的新规却贯穿所有阶级，对所有"无用"的儿童有同等的适用性。

有用的儿童：从家庭资产到社会问题

在最近的研究中，经济学家和历史学家证明了，在 19 世纪末，儿童劳动对于一个劳工阶级家庭的异常重要的意义。利用 1880 和 1890 年代广泛的全国数据，迈克尔·海恩斯（Michael Haines）得出结论说儿童劳动"是 19 世纪后期处于经济压力下的城市家庭额外支撑的主要来源"。⁶ 在分析费城 1880 年美国联邦人口普查原始数据时，克劳迪娅·戈尔丁（Claudia Goldin）发现，在一个爱尔兰裔的双亲家庭中，儿童贡献了全部家庭劳动收入的 38% 到 46%；德裔儿童这一数字是 33% 到 35%，而本地出生者的数字是 28% 到 32%。与 20 世纪中期的已婚妇女进入劳动力市场不同，在 19 世纪是孩子而不是妻子更可能成为家庭第二工资挣取者。

让孩子成为家庭经济的积极参与者，对于劳工阶级来说，不仅在经济上是必不可少的，而且在社会实践上也是合理的。中产阶级虽然将他们自己的孩子送往学校，却仍然对从小从事劳作的道德原则赞赏有加。迟至1915年，一个观察者认识到："在我们中间有一种……过度放纵我们的孩子带来的明显反对，以及可能更多的工作和责任对他们更好。"[7]即便是以受过教育的中产阶级为目标受众的儿童图书和杂志，也"给有用性唱赞歌"，对它们年轻的读者歌颂劳作、责任和守纪的美德，并以此要求他们。在这样的背景下，一个标准的反面形象就是游手好闲的儿童。[8]

儿童劳动作为一项道德上正当的制度并非是19世纪的发明。美国儿童此前一直在劳动着。在其有关普利茅斯殖民地家庭生活的经典研究中，约翰·德莫斯（John Demos）指出，在孩子6岁或者8岁的时候，他们被期望承担一种"小大人"的角色，在他们自己的家里投入于有用的工作之中，或者在其他地方当学徒。[9]17和18世纪管理穷人的法律同样反映了盛行的清教徒"工作即美德"的观点，赞同给有人抚养的儿童提供雇佣。

在19世纪末期，工业生产给年幼的儿童提供了不同的工作机会。雇主们非常欢迎他们那敏捷的"小手指"来操纵"巨大的节省人力的自动机械"。[10]的确，1790年由赛缪尔·斯莱特在罗得岛设立的美国纺纱厂所迎接的第一批工人便是9个孩子，其年龄在7岁到12岁之间。到了1820年，年幼的男孩和女孩占了罗得岛纺织厂操作人员的55%。《奈尔斯纪事》(*Nile's Register*)的一个热心作者热情洋溢地预测了儿童劳动对当地经济的金钱回报："如果我们假定在这些制造厂建立之前，当地有200个7岁–16岁之间的儿童，对于他们的生活费用，他们什么贡献也没有；现在他们被雇用了，情形立刻就不同了，他们每年为这个镇贡献了13500美元的生产价值！"[11]

在19世纪后期，迅速的工业化大量增加了儿童的工作机会。官方估计显示，童工在1870年到1900年间增加了超过100万。比如说，在新发展起来的南方纺织工厂中，有1/3的劳动力是10–13岁之间的儿童，有许多甚至更年幼。[12] 对于劳工阶级家庭而言，孩子的就业也是历史学家约翰·莫德尔（John Modell）所谓有限的家庭合作"防御"模式中的一部分，是"在让人觉得非常不确定的世界中分摊风险的一种尝试"。[13] 特别是对于19世纪依赖日常工资的城市家庭，家庭主要工资挣取者的失业、疾病或者死亡都会造成重大的威胁。中产阶级的父亲出得起钱，从人寿保险公司那里购买经济保障；早至1851年，有超过1亿美元的保险被购买。即使更便宜些的基本人寿保险在1870年代后被提供给了劳工阶级，但它只提供有限的埋葬费。互助群体和志愿社团诚然能提供一些制度性的保护，但是莫德尔总结道，对于劳工阶级而言，"正是个体同住的家庭，作为一个预算单位，适应于迫在眉睫的不确定性"。[14]

因此，有用的儿童为19世纪晚期的劳工阶级家庭提供了独一无二的经济缓冲。但是到了1900年，中产阶级改革者开始将儿童的经济合作指控为是不正当的父母剥削，这样，在美国，儿童劳动第一次成了重大的社会问题。在20世纪之前规制儿童工作的偶然尝试很大程度上都是无效的，无法激起公众的评论。既有的州法律是如此松散和含糊，几乎是不可执行的。事实上它们甚至无意于将儿童排除在工作之外。的确，早期的儿童劳动立法首要关注的是确保劳动儿童获得最低限度的教育。比如说，1836年开创性的马萨诸塞州法令要求年轻的工厂劳动者有3个月的学校教育。迟至1905年，一篇《纽约时报》的社论还在驳斥"支持严格限制和管理儿童劳动的人所持的错误观念：无论在什么地方，14岁以下的儿童都不能工作，并且几乎所有时间都应强制其上学"。早期运动的真实目的是为了实现"劳动人数和上学人数的合理水平"。事实上，19世纪的儿童福利组织更关注的是那些游手好闲、四处漂泊的儿童，而不是儿童劳动者。[15]

儿童劳动在国家层面上变得可见，是一个缓慢的过程。1870年，美国人口普查第一次将成人和儿童劳动者分离开来统计。在1869年到1883年间，10个州成立了劳动统计局，由此制作和发布童工的数据。媒体方面，童工成了一个议题。在1897年到1901年间，在普尔期刊文献索引中，"童工"的名目下只有4篇文章。而在1905到1909年间，根据《期刊读者指南》，有超过300篇涉及童工问题的文章出版。在进步主义的社会改革者的政治议程中，童工问题很快确立了其优先地位。相关组织的增长令人印象深刻。第一个童工问题委员会成立于1901年；到了1910年，已经成立了25个州和地方委员会。全美童工委员会则成立于1904年。这些群体赞助、并不屈不挠地宣扬揭露儿童劳工的状况。童工问题小组委员会受到了全美消费者联盟、妇女联合会，以及美国劳工联合会的支援。当时正在兴起的社会主义政党也为童工问题倾注了大量的注意力。比如说，琼斯妈妈，一个非常著名的工会组织者，在1903年领导了一场引人注目的"工厂儿童游行",从费城,经新泽西来到纽约,为了揭露童工问题的罪恶。到了1907年,赫斯特(Hearst)非常有影响的《时尚》(Cosmopolitan)中的一篇文章,断然地告诉读者,童工问题将很快在历史中占据一席之地——"与记忆中所有罪恶制度一起:与诱牛一起,与猎巫一起,以及与所有其他过去受诅咒的习俗一起"。[16]

为什么在20世纪童工丧失了它在19世纪的好声誉?用什么来解释突然要将所有的儿童从劳动力市场中驱逐出去的急切性和紧迫性?大多数解释着眼于1870年代到1930年代间,社会结构、经济和技术的改变对童工趋势的影响。工业资本主义的成功有着将儿童从工作岗位上拉走,投放到学校的基本责任,以满足日益增长的对于受过良好教育、技术熟练的技术型劳动力的需求。另一方面,真实收入的提升解释了儿童工资需求的萎缩。由于从19世纪末到1920年代,生活水平稳步提高,童工的下降是因为家庭能够供得起他们的孩子上学。特别重要的是,在20世纪的头二十年家庭工资的制度化,使得一个男性工人可以预期挣到足够多的钱,从而不让妻子和孩子到外面劳作。更严格和更好推行的义务教育法进一步加快了儿童去就业化的速度。[17]

在其有关年幼劳动力市场变化的分析中,保罗·奥斯特曼(Paul Osterman)主张,儿童被"从工业中推出",不仅仅是因为对不熟练劳动力的需求在减少,也是因为不熟练劳动力的供给同时增加了。世纪之交的移民潮带来了儿童的新竞争者。在奥斯特曼看来,义务学校教育的立法不是年幼劳动力市场改变的原因，而是其结果："由于工厂再也不需要儿童和青少年劳动力，推行实行更长时间义务教育的企图才得以成功。"[18] 琼·休伯（Joan Huber）同样指出了由新经济体制导致的不同年龄间利益的冲突。在农业经济以及工业化的早期阶段，"小工人"是一支受欢迎的常备军，有利于男人们专心致志于农耕。但是到了20世纪，儿童低廉的劳动力对成人的工资造成了威胁，使其有被压低的危险。[19]

对儿童劳动力的需求进一步为新技术所摧毁。举例来说，在19世纪末的百货公司，比如说梅西（Macy's）和马歇尔·菲尔德（Marshall Field's）中，有1/3的劳动力由送款男孩或送款女孩构成，年幼的孩子忙碌于在售货员、包装台以及收银员之间传送货币和商品。到了1905年，新发明的气压传送管以及收银机的应用侵占了孩子们的大部分工作。[20]

然而，童工问题不能简化为一个纯经济方程式。如果工业技术的发展加上非熟练移民工人的增加不可避免地降低了对儿童劳动力的需求，那么，为什么他们从工作场所的退出是一个如此复杂和引人争议的过程？

童工之争

美国的童工立法的编年史中，充满了障碍和挫折。在这一持续了五十余年的战争中的每一步，童工改革者的不懈努力都会受到同样坚定、大声而高效的反对方的阻挠。直到1938年，每一次通过有关童工的国家规定的重大尝试都失败了。这两个群体不仅在经济利益上存在着冲突，而且在法理上也是对立的。但是，他们的斗志揭示了某种额外的、深刻的文化分裂。对童工立法的赞同与反对日渐卷入了涉及对儿童经济和情感价值界定的道德争议。

童工立法首先是在州的层面遭遇抵制的。虽然在1899年已有28个州针对儿童劳动者建立了一定形式的法律保护，但是规定模糊执行松懈。典型的童工法（只保护制造业和采掘业中的儿童），通常都包含足够多的例外和漏洞使其无效。比如说，贫困证准许年幼的孩子参与工作，如果他们的收入对于自己生存，或者对帮助他们寡居的母亲或残疾的父亲是必需的。迟至1929年，6个州依然保持着这一例外条款。在20世纪早期，立法进程因为各州标准不统一而被进一步破坏。进步的州越来越不情愿颁布保护性法律，因为这使得它们在面对其他视廉价青少年劳动力为合法或对其极少管制的州的时候，处于竞争不利的位置上。[21]

国家童工立法的战斗始于1906年但开局不利，印第安纳州的参议员艾伯特·贝弗里奇（Albert Beveridge）在美国参议院倡导创设联邦法以结束他所谓的"儿童奴役"状况，但这一引人注目的尝试最终归于失败。联邦立法的威胁只不过让其对立面变得更为顽固。1916年，当国会最终通过第一部禁止来自州际和国外市场的童工产品的法案时，反对者迅速地在法庭上对该新法提出了挑战，两年之后，该法案被宣布违宪。第二部联邦法于1919年通过，其命运是在3年之后被最高法院废弃，理由是因为侵犯了州的权力而违宪。

1924年，在国会批准了一项由改革者提出的授权国会管制童工的宪法修正案之后，最为艰巨的战役开始了。反对各州批准该修正案的运动令人吃惊："整个国家充斥着铺天盖地的宣传。它出现在报纸和杂志的文章、社论以及广告中，出现在不计其数的宣传册中，出现在演讲、会议和广播中。提议中的童工修正案是这一年中最热门的政治议题。"[22] 反对派的努力获得了成功；截至1925年的夏天，只有4个州批准了修正案，34个州否决了它。在1933年的短暂复议后，该修正案继续因得不到足够多的州的支持而以失败告终。有效的联邦童工管制，在大萧条之后伴随着如下两个法案才得以实现：首先是那时的国家工业复兴法案，其次是1938年的公平劳动标准法案——其中的一节涉及了童工问题。

怎么解释如上一桩桩障碍？为什么童工改革者不能够凭他们事业的公正性轻松地使立法机构倾倒？或者迅速地说服公众？在很大程度上，对立法的反对来自于强有力的利益群体。毕竟，在1920年有超过100万10–15岁间的儿童仍然在劳作。从一开始，南方棉厂主就拒绝放弃从他们的众多儿童雇员身上获取丰厚的劳动利润。[23] 童工改革通常被描绘成危险的北方阴谋——该阴谋试图摧毁当时正在扩张中的南方工业。最终，农场主和其他的儿童雇主也站到了棉厂主一边。这也就不奇怪，全美制造商协会和美国农业局联合会是反对1924年宪法修正案的两大主力。另一类反对派则是基于政治和法律原则。这回，其反对的目标是联邦法规。保守的市民组织和名人，甚至包括哥伦比亚大学和亨特学院的校长，都积极地投身于反对联邦童工修正案的潮流之中，因为它挑战了州的权利。[24]

然而，将童工的争论简单地描绘成人道的改革者和贪婪的雇主间的斗争，或者将之简化为州与联邦法规的相对优势的技术性争论，是不准确的。这一斗争实际上卷入了更为广泛的参与者，从牧师、教育工作者、新闻记者到相关市民，并且包括童工的父母。问题的实质是有关儿童恰当经济角色深刻的文化不确定性和分歧。

有用儿童的防御仗

在一封致《芝加哥新闻》(Chicago News)主编的信中，意大利社区天使守望者教堂的邓恩牧师悲痛地批评了1903年伊利诺伊州的童工法，认为它"对于那些被迫用自己的满脸汗水换取面包的人来说，不是一个祝福，而是一个祸根"。这位牧师奚落法律将一个劳动儿童高尚的协助变成违法的行为："他绝不能尝试工作；他绝不敢光明正大地挣取生活费，因为如果这样……他就违法了。"[25] 从早期在州立法机构中的小冲突到反对1924年宪法修正案中的有组织的运动，童工立法的反对者捍卫着有用儿童的实用主义价值及其道德合法性。正如《周六晚邮》(Saturday Evening Post)的一篇争议性文章中所断言的："世界上的工作必须去做；而这在孩子们中间也有份……为什么我们要……强调……禁止他们劳作……我们不希望培养一代不工作的人，我们所盼望的是劳动者和更多的劳动者。"[26] 从这样的观点来看，监管立法引入了不受欢迎的、危险的"工作禁令"："纪律、义务和责任感，……是男孩和女孩在家里、在田间、在车间不断努力工作的结果……，如今都要被禁止了。"[27] 其后果是非常可怕的："如果一个孩子在18岁之前没有被有用的工作训练过，整个国家将布满乞丐和小偷。"儿童劳动，它的支持者坚持道，比起"儿童闲散"要更安全些。[28]

"早些工作"也被怀旧地捍卫着，作为美国人自力更生的生命历程中一块不可替代的垫脚石。维吉尼亚农业局局长，深情地回想了他早年作为一个儿童劳动者的经历，坚持非常有必要"为我们的子孙后代留下在我们光辉政体之下我所享受到的同样的机会"。[29] 同样地坚持儿童"工作特权"，一个作者在《女性市民》(*Woman Citizen*)中推测："如果在一个阻止他干任何必要的苦差使，而是让他在放学后在球队中玩球的体制之下，林肯的人格可能就建立不起来。"[30] 过度劳作，该文章总结道，比溺爱更为可取。儿童劳动甚至偶尔被神学的论据支持："耶稣基督说过，'我父做事直到如今，我也做事'……难道不该让孩子们遵循耶稣基督的足迹吗？"如果劳动被收回，监管的法律就是在服务于地狱的利益——通过使年轻懒散的人们成为恶魔"最好的作坊"。[31]

对于劳工阶级家庭而言，他们孩子的有用性是由需求和习俗所决定的，当父母们被问及为什么他们的孩子早早地离开学校去工作的时候，要母亲对此给出答案通常很"令人困惑"，在她们看来"这是一个自然的进程——他到了该工作的年龄，为什么不去？"正如一个雇用其年幼孩子干家务的母亲告诉调查者的那样："每个人都做家务。其他人的孩子都在帮忙——为什么我们的不？"[32] 特别地，对移民家庭的研究表明，孩子毫无疑问是家庭经济单元的成员。比如说，塔玛拉·海勒文（Tamara Hareven）对在新罕布什尔州曼彻斯特的阿莫斯克亚格纺织厂的加拿大工人进行了研究，发现，"在这里，整个家庭经济以及家庭的工作伦理都是建立在这样一个假定之上的——孩子应该从可能的最小年龄开始就为家庭的收入做出贡献"。[33] 大些的男孩更可能成为挣工资的人，女孩和14岁以下的男孩仍然被期盼积极地帮助家庭做家务活，照顾弟妹，以及从一些散工中挣点收入。[34]

政府报告中偶尔也可以看到童工合法的痕迹：一个母亲自夸她的孩子——一个7岁的男孩——能够"在捕虾中挣比他们任何人更多的钱"；而一个年长些的姐姐为其7岁的弟弟不能在虾罐头厂工作而表示歉意："因为他还够不着剥虾皮的车床"。[35] 工作是一件社会化工具；它让孩子们不停地忙着，而不再调皮捣蛋。正如两个在家工作（用线串连玫瑰珠子）的孩子的父亲所解释的那样："将孩子放在家里劳作，省了鞋底，修身养性。"[36]

童工立法威胁到了劳工阶级的经济世界。在1924年，《新共和》（*New Republic*）的一名评论员预测了传统家庭关系瓦解的可能性："父母在有用的事务中训练他们孩子的古老权利……被摧毁了。孩子该有所贡献的义务……被摧毁了。父母可能仍会让他们的孩子去工作，孩子可能仍会让他们自己有些用处,但是它将不再是权利与义务的关系,而是一种违法的行为……"[37] 许多父母愤恨并抵制这一入侵。一份1909年针对棉纺厂的调查汇报道:"父母亲们慷慨激昂地宣称,如果他们希望'让他们的孩子工作',政府无权干涉,对于孩子来说,早些开始'报答生养之恩'才算合理。"[38] 在纽约的罐头厂中,意大利的移民据报道说有更为极端的立场。某项研究报告了一起反对一个罐头工尝试将年幼的孩子从工棚中撤出的准骚乱:"[他]被一群愤怒的意大利妇女围攻,其中一个还'顺便'咬了他的手指。"[39] 父母们习以为常地违背监管法律,隐瞒他们孩子的年龄。这是一个容易的策略,因为直到1920年代,许多州只需要父母一纸宣誓书作为儿童工作者年龄的证据。为了一点小小的非法利润,一些公证人明显倾向于提供一些假证明。[40]

中产阶级的批评者在家庭自治的名义下同样反对童工立法。非常有名的演讲者如哥伦比亚大学校长尼古拉斯·默里·巴特勒(Nicholas Murray Butler)警告道:"没有一个美国母亲会支持采纳宪法修正案,来赋权给国会以侵占父母们的权利,并根据它的意愿形塑家庭生活。"[41] 一个来自内华达州的议员将其阐述得更为简洁:"他们通过宪法修正案夺走了我们的女人;他们夺走了美酒;而现在他们想要夺走我们的孩子。"[42]

无用儿童的保卫战

对于改革者而言,儿童的经济参与是非法且不可宽恕的

"儿童生命的商品化"。⁴³ 正如一名纽约的牧师在1925年劝诫他的教区居民时所说的那样:"儿童劳动违背了儿童个性,那些捍卫儿童劳动的人不是基督徒……"⁴⁴ 儿童的世界现在应该完完全全地从市场领域中退出。早在1904年,美国童工委员会首任主席,费利克斯·阿德勒博士坚持道:"任何让工人们做出牺牲的事情,都不应该发生在儿童身上。……孩童时期应该是神圣的……商业主义不应被容许突破这一点。"⁴⁵ 如果神圣的孩子成了"工业禁忌",那么儿童劳动就是亵渎,将"上帝的孩子[降格成了]招财童子"。⁴⁶

儿童劳动的持续,部分地归因于误入歧途的经济体制,该体制视"繁荣甚于……神圣的童年生活"。⁴⁷ 雇主被谴责为"贪婪而残忍的暴君",对于他们而言,儿童不过是"挣钱的单元",或者是能够盈利的投资。⁴⁸ 任何对儿童劳动的支持都被驳斥为走捷径的花言巧语:"一个著名的生意人最近宣称让孩子们在工厂工作是好的,他明摆着是伪君子,除非他将自己的孩子送到那儿去。"⁴⁹

改革者同情劳工阶级的生计困难,但是他们很少理解并绝难宽恕劳工阶级的经济策略。相反,父母们被描绘成剥削他们自己孩子的同谋。"如果童工的父母亲能够有自己的主张,他们将赞同还是反对童工改革者呢?"这是美国童工委员会出版物《美国儿童》(*The American Child*)提出来的一个问题。⁵⁰ 其他人的控诉显得更为直接:"那些为儿童的权利而战斗的人们,几乎总是发现他们最为激烈的反对者来自儿童的父母亲,他们钻进了钱眼,从他们自己骨肉的躯体和灵魂中压榨可耻的油水。"孩子对家庭经济的贡献被重新定义为父母们唯利是图的压榨——这些父母"决定他们的孩子应该增补家用,而忽视健康和法律,亦不做其他任何考虑"。[51] 早在 1873 年,雅各布·里斯(Jacob Riis)宣称"……相较于我们通常在劳工阶级身上之所见而言……放弃眼前的利益以谋求孩子们更为长远的好处要求更多无私的品性"。[52] 这一严苛控告的根源是中产阶级与劳工阶级家庭生活令人深感不安的割裂。儿童的工具性导向被认为没有任何合法性可言:"……准许父母……凭一己之愿让孩子外出工作,用他们自己出卖劳动力的钱来养活之,甚或……从中牟利,看来……是几近于犯罪"。[53] 儿童劳动,"通过驱策儿童对于父母的责任",抹除了"更具约束性和更重要的父母对于儿童的义务"。[54] "有缺陷的"儿童经济观通常被归咎于移民父母的异域价值体系,"他们没有文明、没有尊严、没有一切,除了贪婪;他们将在有着金牛犊的神台上兴致勃勃地献祭他们的后代"。[55] 对于这种"吸血鬼"祖先,儿童成了有用的资产而不是"受祝福的累赘"。[56]

童工立法的支持者不仅致力于对工厂时间的限制,而且致力于对家庭情感的规范。他们引入了一个新的文化公式:如果儿童是有用的并挣取钱财,他们就没有得到适当的爱。在观察了意大利母亲和她们的孩子并肩工作的罐头厂之后,一个社会工作者总结道:"虽然她们爱她们的孩子,她们没有用正确的方式来爱他们。"[57] 一份美国童工委员会的宣传单警告说,如果家庭关系物质化了,"也就很少会发现家庭能被情感所主宰"。[58] 通过将儿童从"现金关系"中排除出去,改革者承诺在劳工阶级家庭中重建恰当的父母之爱。"这是对待孩子的新观念,"重要改革杂志《慈善与公益》(*Charities and the Commons*)的编辑,爱德华·T·迪文(Edward T. Devine)写道,"孩子值得父母做出牺牲。"[59]

这样,1870年到1930年间有关童工是否合适的冲突涉及了深刻的文化差异,对于年幼儿童的经济价值和情感价值人们有着非常不同的观念。童工立法的反对者向儿童的经济有用性致敬,童工立法的支持者则在争取他们的无用性。对于改革者而言,父母真爱只有在这样的情况下才会存在:孩子被独一无二地界定为情感对象,而不是生产行动者。

3

从童工到儿童工作：
重新定义经济世界的儿童

非法儿童劳动还是"好工作"？寻找新的分界线

在合法性的边界线上：儿童演员的例子

儿童表演作为非法儿童劳动

儿童表演作为合法的儿童工作

家务杂事和每周贴补：无用儿童的经济世界

3 从童工到儿童工作:重新定义经济世界的儿童

> 问一打人"什么是童工?"你会得到 12 种不同的答案,且大部分人在回答时都会表现出相当震惊和犹豫的态度,还会伴随激烈而又含糊的措辞。
>
> ——《童工的真相》,雷蒙德·富勒(Raymond Fuller),1922

童工立法的支持者与反对者之间的论争边界,由于童工模棱两可且矛盾的文化定义而变得混乱。例如:哪些特定的职业会使一个孩子沦为受剥削的劳动力,或者是什么决定某些形式的儿童工作(child work)具有合法性,这些通常是不清楚的。20 世纪初期,童工定义的模糊性阻碍了政府对全美童工确切数量的统计:"一个只是帮助她妈妈做家务的女孩的行为属于工作吗?当一个孩子偶尔帮父母照看小商店或者水果摊,他是在工作吗?孩子离开学校去送餐算是什么呢?"[1] 童工立法的反对者坚持儿童有工作的权利,却也经常将一些特定的职业视为非法的雇佣形式。改革者对无用儿童的热情倡导同样是有限制条件的。在被指责"让工作的名誉受损"时,他们防御性地反驳道,反童工运动某种程度上也是支持工作的。曾任美国童工委员会研究主管,也是童工改革中最善言辞的倡导者之一,雷蒙德·富勒断言:"没有什么比这个迅速扩散的观点更背离事实的了……童工改革基于儿童不应该工作的假设上。"[2] 随着童工问题的争论进一步发展，儿童和工作之间的关系也不断被检验和重新审视。19世纪适用于有用儿童的、以劳动力和工资作为衡量尺度的功利主义标准，逐渐被儿童工作及儿童财富（child money）的非经济、教育性概念所取代，后者更适用于20世纪无用的儿童。

非法儿童劳动还是"好工作"？寻找新的分界线

关于儿童为什么过早辍学的调查显示，是工作吸引了他们："这一'召唤'涉及的是聚精会神于创造性工作——在日常的工作世界里完善自身。"[3] 然而，这些无用的儿童从哪里可以找到有用的出路？改革者承认这个困境："城市儿童进退两难的局面看来是：要么经历痛苦的疲惫和消极的工作，要么变得懒惰、没有出息。"[4] 一个观察者半开玩笑地提议创建一个"有价值的儿童工作促进会"。[5] 雷蒙德·富勒认识到核心的困难是：

> 童工的范畴往往变得……要么太宽泛要么太狭窄。一些人非常确定童工的坏处，以至于我们几乎把工作层面的每个活动都称为是坏的；同样，一些人……非常肯定工作对儿童来说是一件好事情，以至于我们不考虑童工范畴中的很多方面。[6]

解决方法是制定出更能清楚区分儿童合法和非法经济角色的标准。童工改革不简单是绝对主义性质的反童工运动，而是一个赞成"好的"儿童工作的运动。"确立儿童的工作"，富勒断言,"和废除童工一样……非常重要。"[7]

这是一个很艰难的任务。就像富勒自己承认的那样:"有一条分界线……存在于不太繁重的普通任务和表现为滥用儿童劳动力的任务之间;但是这条分界线并不清楚明显。"[8]例如,这条界线规定在哪个年龄?按照19世纪的标准,雇佣一个9岁或10岁的儿童被视为正当,且很大程度上合法。事实上,直到1860年代,年龄并不被认为是合法性的一个重要标准。在此之前只有4个州对雇佣儿童作出了年龄限制。19世纪童工立法主要关注的是,减少工作时间和为童工提供一定的教育,而非设置年龄限制。1899年,仍有24个州及华盛顿哥伦比亚特区没有对制造行业童工的最低年龄进行限制。童工改革者遭受到强大的抵抗,因为他们力争将年龄作为区分儿童工作和童工的核心界限。批评者反对保持儿童无用直到12岁这一法律要求;至于对14岁的年龄限制,反对得就更为激烈。对于适当的年龄限制,父母的观念和法定概念常常冲突。执行机构抱怨许多移民父母不会用美国的方法计算年龄:"我问一个母亲她女儿的年龄。她会以(犹太)民族特殊的方式耸肩或摇头,表示她不知道。我坚持要一个答案,她就会说'周二'或'四点'。"[9]逐渐地,年龄成为一个合法性的可接受的尺度。在1879年到1909年之间,有年龄限制规定(针对任何职业除了危险性行业和采矿业)的州数量从7个增长到了44个。合法的年龄限制第一次从10岁上升到12岁,后来又上升到14岁。1920年代之后,童工组织通过抗争又将年龄限制从14岁上升到了16岁。[10]

如果说建立一个合适的年龄界限很困难,那么区分不同类型的工作则更加复杂。工业领域的童工是非法雇佣中最突出的一种。就像一个过早劳动的热切反对者所解释的那样:"工作是儿童需要的。……但是纺织厂、工厂、矿场中的苦差事对儿童而言并不是工作,而是奴役。"[11] 相应地,最早的童工法律多数是专门设计来管制制造行业和采矿业的。然而,这个领域的工作甚至也能找到为之效忠的支持者。1912 年的一本书,《乳臭未干的孩子》(*The Child That Toileth Not*),指出政府报告通过删减纺织厂童工有利一面的信息,误导了公众;这在媒体中激起了一场激烈的争论。调查了南部纺织工业童工情况的作者总结道:"如果我是寻求提升贫穷山区人们生活条件的卡内基或者洛克菲勒,我会给他们建一个纺织工厂。我会将他们的孩子集中起来——只要他们年龄大到能够落纱和纺纱……"[12]

如果为工厂工作辩护非同寻常,那农场劳动则总是盲目地或不切实际地被归类为"好"工作。即便是在 1900 年,60% 付薪雇佣的儿童(10 至 15 岁)是农业工作者,他们的劳动却不被认为是一个社会问题。1906 年,印地安那州参议员贝弗里奇(Beveridge)先驱性地在议会猛烈曝光童工问题时,他有意识地排除了农业劳动:"我不会在任何时刻,谎称农场工作对儿童有害处……没有比这更好的锻炼了。"[13] 农场工作的合理性在其法律地位中获得了反映。尽管农村儿童劳动力仍不断在增加,多数州的法律和两个联邦方案还是集中关注工业领域的童工,并且始终如一地将农业排除在规制之外。可以确定的是,这一保障源于有权势的农场利益集团的维护;但,同时也是具有同等影响力的文化共识的结果。正如 1924 年美国童工委员会一名官员评论所说:"每个人都反对雇用童工,但在农场上工作的……不被视作童工。这个关于农业中儿童的一切都正常的假定是如此强烈,以至于任何质询……都不仅是无意义而且是不恰当的。"[14] 迟至1932年,白宫关于儿童健康及保护的会议上仍然记录道:"……大部分公众的观点都不反对农业领域雇用儿童……"[15]

童工改革者对于农场工作的理想化由于1920年代的调查而发生了动摇,这些调查开始了对年幼农场劳动者的苦难经历的揭露。美国儿童局指导的、在北达科他州对845名儿童进行的调查发现,17岁以下的男孩女孩都参与了多种农场工作。71%的孩子在14岁之前就参与了这些劳动。除了田地工作以外,放牧牲口也是他们日常的工作。通常才6岁大的孩子就要"在夏天最热的时候,长时间独自在草原上行走或骑马,没有遮蔽也没有水喝……冒着从马背上摔下来……或被牲畜踩踏的危险"。其他的孩子则会参与修建带刺的铁丝栅栏,为地桩挖掘或钻孔,又或是协助屠宰的工作,清洗春耕的种子,甚至保养农业机械。在这845个孩子中,大概750个孩子还需要做一些日常的家庭琐事及家务活。例如,一个9岁大的男孩"早上要生火,扫一个两居室的地,搬进燃料和水;此外,在他徒步两公里上学之前,他还要帮助给家畜(5匹马和12头牛)喂食,砍柴;晚上他要做家务杂事以及洗碗"。

在北达科他州的研究中,20%的孩子为了他们的工资或生活费不得不早早离家工作;大多数孩子都在14岁以下,并且要协助做一些收割的杂活或者担当一般性的农场帮手。该儿童局的研究表示,农场和家务劳动使得孩子们远离了学校的课业。

例如，在北达科他州6个农村地区对3465名儿童的学校记录考察表明，年龄在14岁以下的2776名儿童中有42%被留在家里劳动，无视童工的规定；对年龄在10岁到14岁之间的儿童来说，这一数值是59%。[16] 早期一个在北卡罗莱纳州几个郡进行的关于农村儿童的调查也发现了相似的情况。例如，在一个典型的山区县里，一个有着8个孩子的父亲被问到为什么不买玉米种植机。他回答到："我已经有8个了。"家庭的工作时间常常从早上六七点就开始，一直到太阳下山才结束，其中有一个小时的时间来吃饭。报告总结道："虽然早期行业习惯的培养是值得的，并且……合理数量的农场工作几乎不会伤害到一个足够强壮的儿童的健康；但是，儿童在农场的工作……就像报告里描述的那样……过度使用了儿童的劳力，干扰了他们的学习……给他的健康带来不良影响。"[17]

然而，解决的办法并不是对农场劳动进行整体谴责；相反的，改革者们寻求能够更好地区分"好"的农场工作以及剥削性的农场劳动。正如1924年《美国观念评论》(*American Review of Reviews*)的一位作者解释的："儿童在父母的指导下完成农场的工作并且不耽误学校学习就不算是童工。儿童为了工资离家，在危及健康、教育及道德的环境下长时间工作就算是童工。"[18] 因此，家庭农场工作的合法性被田园诗般保护着的同时，商业化的农业劳作已列入到了非法职业的范畴。

在工业领域的童工和农场工作两个极端之间有许多其他的儿童职业，这些职业有更多不确定性地位，有着不同的合法性标榜。美国童工委员会执行秘书长弗瑞德·霍尔（Fred Hall）

将这样的职业定义为"童工问题的边缘或前沿地带——一个公众通常设定儿童劳动是为其将来有用性作准备的领域"。[19] 例如,当参议院的小听差就是一个对儿童有很高声望的职业。做商店生意的收银小伙或小姑娘,也是涉足商业的一个有吸引力并合法的开始。[20]

街头工作特别是卖报,给儿童福利工作者带来了一个独特的尴尬局面。正如雷蒙德·富勒在他的书《童工及其体制》(*Child Labor and the Constitution*)中所解释的:"我们中的许多人……宁可非常偏执地赞同它——在发现我们有责任去克服许多严重的困难以将它视作童工之时。"[21] 立法机关同样在犹豫是否去挑战街头工作的合法性。当其他职业逐渐地都建立起 14 岁的最低年龄限制时,对街头工作,儿童从 10 岁或 12 岁开始涉足是合法的,还有许多甚至从六七岁就开始了。1932 年白宫会议报告仍然将街头工作的管制视为"整个童工立法中最难的问题之一"。[22] 一位观察者对此感到惊讶,为什么人们会谴责工厂雇佣童工,然而却能"容忍甚至赞同儿童从事街头工作"?为什么工厂工作将一个儿童变成奴隶,而街头工作某种程度上就能将他锻造成一个受尊敬的"小商人"?[23] 正如 1905 年一个社会工作者的报怨:"反对公众的报童观念,看来有点像是反对崇拜偶像。"[24]

报童的合法性,跟许多儿童小贩和擦鞋儿童一样,起初都是由 19 世纪功利主义的价值观所决定。不像商业设置或工厂中的童工,街头交易者不是被雇佣者而是独立的商贩,为利润而非工资劳动。这是一种吸引人的企业家能力形成形式。19 世纪一个专门研究街头男孩的画家J·G·布朗（J. G. Brown）向一个记者描述道："我的这些男孩们在公共场所中生存。在街上，他们面临这样那样的危险。任何时候，他们都冒着这样的危险——在卖报纸或擦皮鞋的时候被一辆运货马车或有轨电车撞倒……他们是警觉、强壮、健康的小伙。"[25]甚至20世纪的改革者也不甘心阻止这样的儿童去外面工作。像雅各布·里斯这样的儿童福利志愿者也钦佩这些"坚强独立，热衷自由，绝对自己依靠自己"的街头儿童。[26]1912年，一个关于街头儿童的主题研究对这样一个顽固、普遍的错觉感到惊奇，"普遍的错觉认为……这些街头的小商贩是在接受一种有价值的商业方法的训练，随后他们会发展成为人类商业事务中的领导。"[27]

就像农场童工一样，对街头儿童工作的揭露逐渐打破了这个盛行的神话。儿童局指导的一个研究发现，儿童常常在六七岁就开始在街上卖报纸。正如一个11岁的报童所抱怨的那样："我弟弟卖得比我多……因为人们觉得他可爱。"[28]报童工作要求赶晚点，晚上10点甚至半夜，特别是在周六的晚上，他们要将周日的报纸卖给戏院或饭店的人群。街头工作被发现是不适合儿童的，它将他们的注意力从学校转移出来，带给他们一种充满恶习和"不正常的欲望"的生活。毕竟，如果儿童游戏都被排斥出了街头，那么儿童的街头工作也就不会存活太长时间。正如该领域一位专家所解释的那样，儿童从事街头工作被显而易见地认为是比街头游戏更危险的：

……众所周知，儿童身体和心理上受到的外在影响是不同的:在市区的街道上交易,几乎不受城市或者父母的外部控制,相较而言……在临近街道上的玩耍……(儿童的)行为尚受到来自家庭和朋友的影响力约束。[29]

再一次,合法性的界限随着改革者更仔细地区分街头工作的类型而转变。早期的经济标准(工资和利润的差异)不再适合:"通过计算收入的方式来判断工作对儿童的影响是不明智的。"[30]当大多数的街头职业包括卖报纸被宣布是不适合儿童的工作形式时,送报到订户家的邻里运送者逐渐被特别地挑出,认为具有合法性。然而,"好工作"的标准被戏剧性地倒转——此前受钦佩的报童的独立角色转变为一种职责。为什么运送报纸可以被接受?正是因为"递报孩子不是一个独立的商人或商贩。他不进行买卖……并且他除了自己的工作外没有其他责任。他是一个雇员"。[31]儿童局的调查显示,运送报纸"对儿童留在学校外面没有诱惑,也不会给儿童带来如其他街头售卖者所遭受到的那种影响"。不像报童,运送者的工作时间"不遭人厌烦";男孩们运送晚报的工作一般在晚上 6 点前就能结束,"他们的工作不会使他们黄昏之后还留在街上……也不会妨碍他们家庭的生活"。对于教化孩子,这是个完美的职业,它不是真正的工作而是一个"在校孩子的零活"。[32]白天送信服务是年幼男孩另外一种合法的街头工作形式。另一方面,夜晚送信服务则被严厉指责:据信,雇佣小孩子递送电报,事实上是让他们运送纸币、食物、酒精饮料和药物给妓女、皮条客及赌徒。

家庭中的儿童劳动引发了更多复杂和混乱的定义问题。它还牵涉到不同的人群：卖报纸或擦皮鞋是男孩的工作，家庭劳动岗位主要（尽管不是绝对地）是女孩的领地。研究表明在从事家庭劳动的儿童里，年幼的女孩占了1/2到3/4；而1920年17669名10—14岁的报童中只有168个女孩。不像工厂、街道、商店，家庭被改革者批准为一个合适的工作场所："……每个孩子都需要被教导怎样去工作；但是他需要在家里而非工厂接受教导……"[33] 官方地看，家庭劳动甚至不被视为一种"真正"的工作。在人口普查调查员的操作指南里特别说明："儿童为其父母在家里从事的一般性家务活、家庭杂事，或者临时做的一些其他工作，应该算没有职业。"[34]

但是工业化的家庭工作又怎样呢，就是说主要由母亲和她们年幼的孩子在家里完成的工厂工作？这通常涉及一些住在大城市租房区的移民家庭或其他没有技术的低收入人群。工业化的家庭工作包括的范围很大，主要是制作男人的衣服、绣花、制作假花和串饰品。孩子们帮助做一些简单的工作，并且常常将货物从家里送去工厂。在19世纪末，家庭工作成为利用童工最普遍的一种形式。然而一些雇主主张既然这些"小帮手"是帮他们的母亲一起工作，他们就不算真正的被雇佣者。[35] 父母们也高兴有一个职业使他们的孩子忙碌，令其安全地远离街道。调查者发现"在某些街道家庭工作是一种几乎全体性的职业，并且当一个新的家庭搬进这个地区的时候，儿童就会开始工作，要么是模仿他们的玩伴，要么是听从他们父母的建议……"[36] 家庭工作并不一定妨碍学校学习；孩子们常常是在学校学习结束后、周末或假期工作。

工业化的家庭迫使改革者重新评估家庭童工的意义。租房区的家庭工作被谴责为一种"特殊的罪恶的"童工形式。[37] 毕竟它污染了一个传统上合法的工作场所。正如一个批评家遗憾地评论说:"这真是一个显著的时代变化:从孩子……在家庭工业中得到他们教育的相当大部分的时代,到为了挽救孩子免受剥削而必须废除家庭工业的时代!"[38] 然而怎么将廉租户的家庭劳作从合法的家庭工作中区分出来呢?在什么程度为父母工作会成为剥削?父母被视为是不可靠的评判者:"显而易见,许多父母几乎不知道他们的孩子需要或适合什么性质的工作。仍然要他们工作是因为有工作需要完成而不是因为特定的工作具有教育性。"[39] 纽约童工委员会秘书长乔治·霍尔(George Hall)主张"'帮助母亲'做家务事是好的,因为需要完成的工作量是有限的,并且极少存在剥削儿童的诱因;但是'帮助母亲'做挣工资的工作就是另外一回事儿。工作的数量没有限制,并且无知又自私的父母会牺牲他们的孩子。"[40]

解决的方法不是清除家庭所有的儿童工作,而是更聪明地区分家庭雇佣的类型。将工厂工作从家庭中排除只是第一步。同等重要的是规定适合儿童的家庭任务。就像一篇意味深长地命名为《理想的家庭童工》(*Ideal Child Labor in the Home*)的文章所建议的:"家庭会理解通过工作展开教育的必要性……并且允许每个孩子……作为团体之一员为家庭的福利作贡献,通过参与适量的建设性日常家务工作为他最好的发展作准备。"[41] 例如,尽管富勒严厉地批评父母过度依赖儿童来做家务,然而他仍然同样深信"工作可以成为……对儿童的一件好事。年幼的女孩帮助她们的母亲做家务事……缝补和烹饪；男孩们扫除落叶……很高兴这些和许多其他类似的家庭工作被保留着"。[42] 伯明翰的一个模范学校甚至引入父母报告卡，以便"了解儿童在家庭工作中的勤奋性和优秀性，以更好地帮助他们"。[43] 父母被要求通过非常满意、优秀、一般好、不太满意、较普通或者很不好这样一个很大的选择范围来评价他们孩子的家庭活动表现，这些家庭活动包括整治花园的工作、家务劳动工具的维护、照料炉子、生火、照料马或者奶牛、打扫清洁、铺床和一般的烹饪。

在合法性的边界线上：儿童演员的例子

1910年1月4日马萨诸塞州最高法院在具有里程碑意义的州诉格里菲斯（*Commonwealth v. Griffith*）案件中裁定表演是一种工作。它否定了被告认为"工作"应具有狭窄的意义并被限定"在工厂、车间或商业公司中完成"的主张。因此，这个被告，一个戏院经理，被认定为有罪，他雇用了一个九岁的男孩和一个十三岁的女孩在波士顿美琪（Majestic）剧院演出，违反了童工法。[44]

儿童演员在童工争论中引发了一次最公开和最受争议性的定义之争。著名的青少年法庭法官兼儿童参与舞台演出的积极支持者本杰明·B·林迪赛（Benjamin B. Lindsey）将这个议题描述为："有关童工问题中唯一一个威胁到了所有反童工不同派别之观念的议题,在这个国家参与反对童工的著名人士中形成了重大的挑战。"⁴⁵ 事实上,激进的童工改革者在一次奇异的转变中突然变成了倡导舞台儿童的领导者。《基督教主张》杂志也不无惊讶地注意到了在媒体和公众中的类似矛盾:

> 在美国童工委员会的鼓动之下,(他们)诚恳地同情并努力保护煤矿开采、玻璃厂和棉制造厂中的儿童工作者……但是当……同样的委员会反对……利用年幼的儿童进行舞台演出时,这些媒体人……变得具有批判性,并加入支持表演继续的公众中,公开指责该行为是多管闲事。⁴⁶

这是从 1870 年代持续到 1920 年代的争论。它开始于 1876 年纽约防止儿童虐待协会(也被称为"格里法社团")会长厄尔布瑞基·T·格里(Elbridge T. Gerry)为了管制公开展示中对儿童的雇佣而发起制定的首批法律之一。这项法律的主要目的是反对街头表演和危险的杂技表演。但当格里试图用它来反对当时盛行的青少年歌剧的时候,这项法律变得具有争议性。剧院经理们指责他是"反对儿童唱歌的荒谬歧视"。⁴⁷1881 年,当知名的 10 岁歌手科琳停止在纽约的大都会娱乐场(Metropolitan Casino)演出的时候,《国家》杂志谴责了这项决定,提醒它的读者"只要戏院一直存在,某些儿童就会适于戏院生活"。⁴⁸

1887 年,年仅八岁的埃尔希·莱斯利因在学园(Lyceum)戏院出演了《艾迪撒的夜贼》(Editha's Burglar)而"在戏迷中卷起了一场风暴"。⁴⁹ 她在《方特罗伊小爵爷》(Little Lord

Fauntleroy）剧中的第二次成功，引发了对儿童明星的全美性"公众狂热"："方特罗伊小爵爷涌现在每个地方，并且每个新制作的戏剧都会有儿童角色。一些旧的戏剧被改编，青少年角色被增加进去。"[50] 因此，儿童演员的既有限制带来的烦恼越来越多。1892 年纽约法律的一项修正案使得市长有许可舞台儿童的职权，这间接地减少了格里法的自由裁量权。这被《纽约时报》称赞为"现有议会获得信任的少有事件之一"。[51] 1893 年舞台儿童保护协会的成立使得对儿童演员的支持正式化了。儿童演员自身组织了一个"反格里法社团"，积极地站在他们的立场开展游说活动。正如几年后一个评论员观察到的那样："对于弱势的申请者来说，格里法社团就是一个大怪物，潜伏着，等待突袭并毁灭他们……如果有谁告诉他们这个社团是为他们好的，他们一定会认为他是疯子。"[52]

1910 年，关于儿童演员的争论逐步升级。剧院经理们和他们的许多杰出的支持者参与了这场全国性的、关注度很高的斗争，意在将演艺行业排除在童工立法之外。由著名剧作家奥古斯特·托马斯（Auguste Thomas）主持的全美舞台儿童保护联盟有一个让人印象深刻的成员名单，包括著名画家约翰·亚历山大（John Alexander）、两位杰出的纽约市教士柏西·S·格兰特（Percy S. Grant）和托马斯·R·斯莱瑟（Thomas R. Slicer）、耶鲁大学著名英语文学教授威廉·里昂·菲尔普斯（William Lyon Phelps）等。这个联盟还包括儿童演员福利工作者及杰出的男女演员、小说家、制片人。1911 年，这个组织出版并广泛发行了一本名为《美国舞台儿童》（*Stage Children of America*）

的小册子,促使公众认识到年幼儿童演出的合法性,并警告立法应该基于"儿童自身的实际利益……而非无知的激进理论"[53]。

随着在法律上豁免儿童演员的要求的增加,国家和州的童工委员会集结他们的支持者来应对这一他们视作童工立法无法接受且危险的挑战。在1910年到1912年之间,这个冲突引起了公众和媒体的关注,舞台儿童成为各种报纸社论和杂志文章中具有争议性的主要议题。

大多数的立法斗争发生在马萨诸塞州、伊利诺伊州和路易斯安那州——这三个州对演艺行业的童工使用的限制最强。1911年,剧院的支持者们在路易斯安那州取得了胜利——路易斯安那州的立法机关会议上通过了雇用童工的修正法案,批准任何年龄的儿童在剧院工作。尽管胜利者为此欢呼,美国童工委员会秘书长却公开指责说,"这是八年来所有州里关于童工立法的第一次倒退。"[54] 马萨诸塞州和伊利诺伊州的议会就没有那么宽容了。尽管有广泛的游说,以及大部分媒体的支持和诸如芝加哥少年法庭法官梅里特·平克尼(Merritt Pinckney)这样的重要人物的背书,甚至莎拉·伯恩哈特(Sarah Bernhardt)从海外发来了电报,两个州仍反对取消对儿童演员的法律限制。然而,那些剧院的利益团体也不是那么容易气馁的。1923年进行的全国性的关于舞台儿童的调查体现了他们对修正童工立法的不懈努力:"议案被引入议会;据此,首席检察官们、劳动部门、法官们以及陪审团常常被要求对这项法律做出解释。"到1932年止,美国48个州中只有17个州和哥伦比亚特区对在戏剧表演中的儿童作出了最低年龄不低于14岁或16岁的规定。1932

年的《白宫会议》（White House Conference）在关于舞台儿童的报告中评论道，"和各州之间童工立法的不同相比，有关儿童在公开展示中的演出的法规更不标准。"[55]

这次争论的激烈程度令当时的很多观察者们惊讶和不安。毕竟，儿童演员问题从数量上看只是童工问题的很小的一部分。改革者因为明显无根据地忽视"真正受压迫的童工的问题"[56]而受到批判。然而，如果反对儿童演出的努力被认为是一种误导，那么剧院支持者们的狂热则更令人感到疑惑。当其他儿童被禁止工作的同时，用什么来准确解释日益增加的对舞台儿童合法性的呼吁？正如一个戏剧行家所说，为什么"没有一个国家像美国这样，允许未成年的儿童在戏剧演出中占有如此重要的地位"？[57] 舞台儿童问题，在一些人看来应压制，在另一些人看来则应宽恕，其争论相比童工问题的其他方面，更能反映20世纪美国的儿童价值在经济上和情感上正在改变中的相互作用。

儿童表演作为非法儿童劳动

反对者认为，儿童演员和其他童工没有什么差别。当媒体指责厄尔布瑞基·T·格里反对孩子"靠自己的劳动挣钱生活"时，他回应道："任何一个家长都没有权利通过孩子的表演来获得经济利益……是为了保护孩子……才通过这个法律，就像法律禁止用孩子来乞讨、兜售或在工厂劳动一样"。事实上，戏剧演出混合着经济剥削的邪恶和扭曲道德的风险："这种结合对孩子有害……他们会经常被带去接触那些有关其道德……还是少说为妙……的人……女孩们会很快丢掉她们的矜持而变得不害臊……最后，她们通常会沉溺于低俗的舞会、音乐沙龙，与行尸走肉无异……男孩们……最终沦落为小偷或流浪者。"

格里认为那些被送上舞台的孩子和被送到工厂或者小商店工作的孩子都是基于同样的惟利是图的原因，是为了"将钱放入某些人的口袋"，大部分情况下是他们父母的口袋。[58] 早在1868年，"精明和有商业头脑"的舞台母亲就遭到了批评冲击。

> ……她们为孩子们的演出费讨价还价并想尽各种办法拿走他们的钱……当她们的小天使们正在半空中摇摆出演"美丽的幻影"的一幕时，母亲们却在家中闲聊……若一个邻居突然到来并告知剧场发生了一起事故时……她们将会奔向确定的套路，在一个适当的母亲式惊慌和向管理上的损失索要合适赔偿金的考虑中心烦意乱地转换角色。[59]

在1910年马萨诸塞州立法辩论上，反对演艺行业使用童工的人们也同样提出了对奸商母亲们的担心，"像放鱼鹰捕食一样，将她们的孩子作为商业化资产放到舞台门口"。儿童演出的反对者们还不得不苦于应付来自宗教和道德上的偏见——这种偏见普遍性地反对剧场而非仅仅舞台儿童。一个来自马萨诸塞州的支持儿童演戏的人评论道："（我）……希望可以建立一个法案……使所有宗教情感远离这个问题。劳动力的方面已经足够糟糕的了，而两者一起看上去则是毁灭性的。"[60]

舞台儿童在美国童工委员会的很多会议和出版物上一直是讨论的主题。委员会官员指责剧场的拥护者们，不断重复同样的、其他儿童雇主曾经使用过的主张。改革者宣称，对儿童演出的捍卫是基于过时的、不恰当的功利主义标准。一些儿童演员的薪水较高，举例来说，只是无关紧要的枝节性问题："年幼的孩子们从来不被认为应该负担自己的生活，这使得无论被雇佣的孩子挣得多还是少，……都不会导致特殊的区别。"⁶¹

过早的学徒生涯的必要性是十分有争议的。尽管舞台工作支持者们制造了一长串由童星发展为优秀的成年演员的名单，像茱莉亚·马洛（Julia Marlowe）、菲斯克夫人（Mrs. Fiske）、茉德·亚当斯（Maude Adams）、弗兰西斯·威尔逊（Francis Wilson）、安妮·拉塞尔（Annie Russell）和艾迪·佛伊（Eddie Foy）等，但儿童演出的反对者声称只有很少数成功的成年演员是从小时候就开始了他们的演戏生涯的。国家童工委员会新英格兰地区秘书长艾弗雷特·W·罗德（Everett W. Lord）注意到，根据《美国舞台名人录》（Who's Who on the Stage in America）一书，500 位成名演员中只有 88 位是在 14 岁之前开始他们的演戏生涯的。埃塞儿·巴里摩尔（Ethel Barrymore）、莎拉·伯恩哈特和埃莉诺·罗伯逊（Eleanor Robson）等都是在 15 岁之后开始演戏的演员；而布兰奇·贝茨（Blanche Bates）、莉莉·兰特里（Lily Langtry）、约翰·梅森（John Mason）和很多其他的演员的第一次正式演出都是在 18 岁以后。坚持早期的学徒阶段是在剧场里工作的一个必备条件的主张，也遭受到了基于道德的批评："（这）和其他产业的论调是一样的：大多数成功人士最初工作得也早；这现在完全成了雇佣儿童的一个可耻理由。"未来的有用性不能免除任何形式童工雇佣的罪责。[62]

在一个1911年关于儿童演员的公开辩论中，美国童工委员会秘书长欧文·R·拉弗乔（Owen R. Lovejoy）驳斥了这样一种说法："美国公众强烈要求一支婴儿部队来大声地呼吁……（剧场）许可。"[63] 此外，他还把在20世纪头十年中儿童演员成功的原因简单地归结为剧场经理的商业技能，他们剥削一种廉价并易受伤害的劳动力。"对'儿童表演产业'的允许"，一个演讲者在同年举行的第七届童工年会总结说，"成为一种社会的丑恶。"[64]

儿童表演作为合法的儿童工作

舞台工作的支持者们拒绝将儿童演员归类为童工。那个时期最主要的演员，剧场拥护者的雄辩的代言人弗兰西斯·威尔逊强调道："因为一些用词上的错误，造成工厂法……将舞台儿童也涵盖了进去。将这些因为短时间精神努力而被庄严地支付报酬的舞台儿童和那些只得到很低报酬却在工厂中过度劳累的孩子们相提并论实在是不公平。"[65] 不像普通的童工，儿童演员们喜欢工作。而反对者们对此的回应是认为这是一个误导性和危险性的迷恋。正如格里在1890年所解释的那样，"当不被允许上台演出时，他们当然会哭。众所周知，孩子们会哭——当那些会对他们产生伤害的东西被剥夺时。他们享受表演源于那种兴奋……他们闪耀的、华丽的服装和观众们的掌声满足了他们的空虚。"[66]

为了保证剧场工作不会扩展成其他形式的童工雇佣，剧院利益团体小心翼翼地描绘着他们的合法性的边界。当被威廉·劳伦斯（William Lawrence）主教指责给儿童演员开口子的做法破坏了马萨诸塞州工厂法时，弗兰西斯·威尔逊回应道："……男人或者女人会站起来保护舞台儿童，同时仍会像我们的好主教一样坚定地反对在磨房里和血汗工厂中的童工雇佣。"[67]在血汗工厂工作委员会主席写给《纽约时报》的一封信中，他表达了一个类似的区分来看的观点："作为一个强烈反对任何形式童工的人，我也觉得戏剧工作是十分不同的……我一直想不出来出为什么儿童（甚至年纪更小的孩子们）……不应该被允许发展戏剧的天赋。"[68]

1868年的一份报告描述了一个舞台儿童的典型的职业发展道路："从做一个'哇哇大叫的宝宝'挣1美元开始，在几年内这个蹒跚学步的男孩每周将能赚3美元，他继续这样发展塑造一个成功的'街头顽童'的角色，'伍德的宝贝'的角色……而所有这些挣的钱至少可以使他的家庭给他买衣服和食物。"[69]在早期阶段，儿童演出的辩护者非常依赖此类经济论点；演出不是普通的工作而是对儿童而言获利颇丰的工作。《纽约先驱报》记者在1892年发现"这个大城市中的很多孩子……和那些舞台儿童比起来都工作得更努力，但从他们的努力中得到的更少"。这个记者将"玫瑰色脸颊、幸福"的舞台女孩——她们一周挣5美元，和收银台或柜台前的女孩作比较："她赶路时没有大衣和

3 从童工到儿童工作：重新定义经济世界的儿童 | 101

雨鞋。消瘦的小脸满是困苦，用骨瘦如柴的手指攥住她刚领到的一年里最劳累的一周工作中所挣到的1.75美元"。[70]

在1910到1912年有关舞台的争论中，关于合法性的经济理由仍能时不时地听到。在一个报纸的采访中，女演员埃伦·特里（Ellen Terry）解释到："舞台儿童是被关心和被照顾的，因为他们是家庭的挣钱者并且他们的健康和快乐决定了他们的价值。"[71] 然而，对演出的辩护逐渐改变了立场；演出更多地被合理化为一种教育，而非高端工作："舞台，连带着它的历史、服装和习俗的课程……是一种宽松自由的教育……上舞台（的孩子）就是去上学。"[72] 正如剧作家奥古斯特·托马斯所说的，演戏"对一个孩子的价值和一个年轻人拿到牛津奖学金的价值是一样的。"[73] 顽固的法律，弗兰西斯·威尔逊警告说，蛮横地剥夺了儿童特有的"表达媒介"："谁会拥护一项禁止有音乐天赋的儿童去弹钢琴的法律呢？……谁……会否定芝加哥的儿童科学家或哈佛的儿童学生呢？"[74] 即使被断言是惟利是图的舞台母亲也消失在剧场支持者充满同情的描画中："……她们对待儿童演员，比起一般母亲，更加温柔和辛苦。"[75]

舞台工作的反对者将商业演出和教学戏剧区别开来。例如，简·亚当斯（Jane Addams）鼓励一个业余儿童剧场进驻她自己的赫尔之家（Hull House）中，她解释道："孩子们当然不会因为他们的服务被支付报酬……他们赚的任何钱都花在他们的夏季旅行上了。"[76] 格里作为提案人的1876年的纽约法案限制着公开展示活动中雇佣儿童的行为，该法律同样也豁免儿童出于职业的要求或爱心的目的而作为一个歌手或者演奏者参加教堂、学校或学院的活动。所以，演戏是合法的，只要不变成"真正的"有酬劳的劳动。然而，剧场的拥护者坚持认为即使是商业性舞台演出也是在提供艺术教育。支付酬劳并不是关键。相反地，舞台工作的支持者区分了不同类型的戏剧体验："将儿童从电影秀以及低级可笑的公司中拉出来……通过这个方法，舞台儿童仅有的商业化部分永远被禁止，而儿童的戏剧天赋仍得到了发展的机会。"[77] 所以，尽管承认儿童体操运动员、舞蹈演员和歌手是不幸的劳动力，剧场狂热者赞成把舞台儿童作为幸运的例外。

围绕儿童演出的争论可以被描述为另一种经济上的斗争：剧场经理们急欲增加票房利润和改革者们大力反对童工的斗争。但是，有证据表明各方忠诚的斗士没有遵循这一可预见的模式；维护儿童福利并不一定意味着和舞台童工相对立。不论是对儿童演员的热情、喜爱或是恐惧、担忧，都与文化上对于儿童经济价值和情感价值的重新定义紧密相连。舞台儿童创造了一个令人好奇的悖论；他们作为儿童劳动力被支付报酬，表达的是一种新的、情感化的儿童观。他们工作，以描画无用的儿童。方特勒罗伊小爵爷之所以具有迷人的魅力，是因为在剧场观众（多为女性观众）中挑起了"情感风暴"。早在19世纪中叶，儿童葬礼上悲恸的哭丧已经搬上了舞台；流行的戏剧常常包括一个小孩过早夭折的悲伤情节。《纽约时报》在1868年提到，那时的情感剧"通过引入柔弱的幼儿或温顺的孩童到达最高点"。[78] 在20世纪早期，剧场狂热的支持者们追捧戏剧中的"儿童价值"，"儿童精神的散发；一种只有小孩才能令人信服地发出的东西……"[79]儿童的影响,《新英格兰杂志》的一个作家评论道:"是纯真化……僵硬的脸放松了并且全都沉浸在美好的宁静中,因为除非你像个小孩子,你将不能进入幸福的王国。"[80]在这种儿童情感价值的颂扬中,儿童演员的工作角色则乖谬地被他们剧中虚构的角色所掩饰。他们成功地成了新的"神圣"儿童的流行象征。认识到"舞台儿童的魅力在于他们的孩子气,"剧场经理们总是时刻警惕,保护和宣扬他们年轻雇员身上天真无邪的气质。记者们证明"只需和这些剧场的小朋友们交谈一会你就会认定他们既属于娃娃和锡兵的天地,也同样属于舞台上的灯光和妆红……"[81]儿童气质特殊的吸引力还意味着,不像其他形式的劳动,儿童演出不能替代成人的工作。值得注意的是,在大多数的工会都反对童工雇佣的同时,剧场舞台职工工会却支持儿童演出。

引诱了剧院支持者的舞台上情感化的儿童气质恰恰激怒了反对者。奚落"在这种轻松的信仰中舞台上的小演员们只不过简单地知道丝绸和缎带的存在"之余,反对者们拒绝将虚构和现实、舞台角色和儿童劳动力混为一谈,这样的儿童劳动力"住在城市一个令人厌恶的区域,身边是她所供养的只关心她能挣到多少钱的父母"。[82]批评者花了很多的时间和精力反对这种表面上良性的童工形式,准确地说,就是因为演出将儿童气质的精华转变为了商业资产:

有一些天赋任何人都无权将其转变为资产。如果基于友善的天资来获致同情的权力,或者基于圣徒的身份交易灵修的才能，都将是有害的；与之相似的是专业化儿童的观念——在这一情况中，单纯的儿童气质成了交易中唯一的筹码……涉及对神圣的亵渎。"[83]

在其他童工形式中，金钱价值体现在特定的工作绩效中，而对于儿童演出来说，"儿童气质的魅力实际上是商品，用来销售给多愁善感和没有过多思想的公众。"[84]

关于舞台儿童的争论因为儿童价值的文化再界定而日益激烈。对一些人而言，儿童演出被界定为是亵渎新"神圣"儿童的资本化行为，他们指责这种演出是违法的劳动。然而，讽刺的是，当大多数其他孩子失去了他们的工作的时候，儿童演员的经济价值之所以增加，恰恰是因为他们在舞台上象征着新的经济上无用而情感上无价的孩子。

家务杂事和每周贴补：无用儿童的经济世界

至 1930 年，大多数 14 岁以下的儿童已经脱离了劳动力市场回到学校。然而，值得注意的是，联邦政府关于童工的规定包含一些例外。在童工问题中最有影响的法令——1938 年的公正劳动标准法案（Fair Labor Standards Act），允许 14 岁以下儿童送报纸、演电影和在剧院工作。除了制造业和采矿业，儿童还合法地保有了为其父母工作的权利。仍然雇佣着大量儿童的农业劳动也只是部分地被约束，允许儿童在课外从事劳动。类似的例外也存在于1933年通过并于1935年宣布违反宪法的全美工业复兴法案有关产业工人的条款中。1920年代童工修正案的失败和1930年代的再次失败部分地是因为没有认识到儿童职业的任何差异性。通过授权国会"限制、规定、禁止使用18岁以下的劳动力",修正案大概没有给甚至合法的儿童工作留下任何空间。[85]

可以肯定,对于某些职业的文化和法律上的豁免部分地是由市场决定的,特别是那些会因为禁止使用童工而遭受巨大损失的有权势的农业、报纸和娱乐产业。但是,它同时还基于儿童工作观念的剧烈改变。随着20世纪美国儿童的价值日益表现为情感性而非经济性,儿童工作不能够再是"真正的"工作;它只能作为教育形式或一种游戏才可以被视作正当的。19世纪有用儿童的劳作被无用儿童的教育性工作所替代。当儿童劳动服务于家庭的经济时,儿童工作则首要地应对儿童有益:"我们感兴趣于……有利于儿童的工作,并正在寻找各种最适合他们身心和性格发展的工作。"[86]这样,合法与非法的儿童职业在法律和文化上的区别,完全被一套全新的、"神圣"儿童不能被雇佣的标准所引导。例如,家庭农场的劳动是被宽恕的,因为"它不是自私的并且有推动家庭团结的意义"。送报纸的工作是一种合法的"培养品格"的职业。1920年代儿童局的调查发现送报者的父母"强调他们赞同这个工作……因为他们相信它提供了一种培养好习惯的锻炼方式……金钱上的原因很难在他们表示赞同的表述中看到"。在《女性家庭杂志》(*Ladies' Home Journal*)上小递送者的招聘广告解释说,杂志解决了"美国数以千计生气勃勃的男孩们"的问题,通过给他们提供有趣的休闲活动:"他们从中得到了许多乐趣,赚到自己的零用钱,在道德上及商业上得到了宝贵的锻炼"。[87]演出,它的支持者声称,根本不是工作而是一种不拘于形式的教育,最重要的,它是一种快乐的儿童游戏。"工作?"《纽约戏剧镜报》(*New York Dramatic Mirror*)质疑道,"大多数的儿童演员认为它是游戏,并且实际上的确是这样的,当然,有点例外的是,在此他们幼小的心灵会以一种独特的方式不知不觉地发展——这在其他地方是不可能的"。[88]

随着儿童工作从工具性向教育性转变,对家庭杂事也有了特定的考虑。当《家庭发展》(*Home Progress*)中的一篇文章建议父母"让你的孩子工作"时,这个工作是指"一些小的家庭事务",当然应该"对于他们娇嫩的身体"而言,不是太难。[89]早在1894年,一些流行杂志就提醒其来自中高层阶级的读者说,他们的孩子"渴望像抓住玩耍的机会一样抓住分担家庭工作的机会……因为对他而言,做饭就是玩水,周一剥豌豆和数一串珍珠一样使他们着迷"。[90]随着工人阶层的孩子离开劳动回到学校,他们的母亲同样地会被教导以保持他们在家内的忙碌:"对一个妇女而言真是令人遗憾:……如果她相信她正在'改善'孩子们的处境——通过……让他们认为帮助做家务活是丢脸的事。"[91]

然而,关键不是帮助母亲,而是教育孩子。1931年,白宫关于儿童健康和保护问题的住房和家庭管理小组强烈地建议:"对于家务表现,少强调……其报答性帮助的数量,多强调些相关责任感（对儿童）的教育价值。"[92] 这不总是一个简单的任务。正如一个家庭工作的专家埃米·E·沃森（Amey E. Watson）博士认为："对于一个忙碌的母亲来讲……她亲自做一个工作比停下来教孩子做容易得多；但是如果她有远见并考虑孩子的性格发展，工作应该更好地计划，以便……这个母亲……可以有足够的空闲停下来教她的孩子……"[93]

家务琐事因此不意味是一个"真正的"工作，而是关于帮助、听从命令和不自私的课程。父母们被警告："小心不要给孩子负担过重的职责……以免它的重量冲垮了孩子，而不是培养更强的实力。"[94] 最重要的，《父母》杂志警告道，一个父母应该"绝不给……孩子理由来怀疑我们在利用他们减轻我们自己的工作"。[95] 找到这样的一个家庭工作并不容易。正如1930年威廉·奥格本（William Ogburn）评论说，"家务活的任务更少了，因此孩子失去了此类训练和与执行这些任务相连的责任感。"[96] 1930年白宫委员会一个针对初中学生的调查注意到，城市儿童完成的家务活是农村儿童的四分之三。[97] "拥有仆人"的阶层在这方面特别受限制。一个好心的父母，《家庭经济学杂志》（*Journal of Home Economics*）报道说，曾经试着教她年幼的孩子"劳动的高尚"，但是唯一可能做的工作就是插花。在另一个家庭，儿子简单地给男管家小费，令其完成自己分内的家务活。空闲的中产阶层儿童的问题不是新出现的。正如玛丽·贝丝·诺顿（Mary Beth Norton）在对18世纪妇女的研究中注意到的，"城市富裕家庭的女儿们是18世纪美国妇女中唯一可以被准确地描述为有闲的人。"[98] 然而，甚至是她们也为家庭做了大量的缝纫工作。儿童工作的新规定和问题覆盖所有阶层，同等地适合于所有未被雇用的儿童。例如1915年一个观察家注意到，以前是童工父母的人们"完全未准备好处理这种情形"，以至于"只有很少的手段来让他们的孩子从事家庭劳动"。扩张的学校系统试图将"好"工作并入课程。正如爱德华·T·迪文解释的，"我们否定的……在工厂里为了利益的工作，……也许会在学校里被需要——为了教育和训练。"[99]

随着儿童对工作的参与发生变化，他们和金钱的关系也发生了变化。一个工作的儿童的工资曾被视为是合理的家庭财产。托马斯·都柏林（Thomas Dublin）对19世纪中叶汉密尔顿制造公司——一个在马萨诸塞州洛厄尔市的主要纺织工厂——的记录进行了分析，结果表明父亲们签收并可能获得了他们孩子的工资信封。都柏林解释道："父母们认为他们孩子挣的钱是家庭收入的一部分。"这种财务上的合作一直留存到20世纪。在新罕布什尔州曼彻斯特市的阿莫斯克亚格工厂，塔玛拉·海勒文（Tamara Hareven）发现"工作儿童将大部分的工资贡献给他们家庭的习俗是不成文的法律"。[100]1909年参议院关于棉纺织工业的调查显示儿童工资的信封"未被打开地被转交给父母。这没有疑问——它是理所当然的"。同样地，1914年纽约西区的研究指出，一枚"打开的信封违反了社会的标准"。虽然一个外人也许会同情"必须上缴大部分微薄工资"的孩子，调查者评论道："邻里间的道德情感坚持这样的责任……因为在这里抚养孩子实在不是一个容易的事情……并且儿童可以贡献的微不足道的帮助……是一个父亲或母亲应得的。"[101]

然而，孩子们常常可以通过花费贴补的形式拿回一小部分他们的工资。例如，1909年针对多个城市622名工作儿童的调查发现，超过一半的儿童收到每周定期的贴补（常常是在25到50美分之间），而其他儿童获得贴补的周期则不那么规则。1914年纽约西区的研究指出，"一些来自［工作儿童］收入的贴补是他该得的"。它还提到孩子们的上缴常常是"标准化了的。他们给自己留下多少，他们上缴多少，由规则和习惯决定"。[102]然而，孩子们的钱的规则相比于任何经济的逻辑更取决于父母的态度。例如，1909年参议院的报告发现一些孩子挣很多钱的时候没有收到任何贴补，而一些孩子挣很少的钱的时候却收到五十美分或者更多的贴补。移民父母比本地居民更不倾向给孩子零花钱。女孩们更可能将她们全部的工资贡献给家庭，更小可能会获得贴补，而且即使她们得到了，他们的贴补也比男孩们少。[103]小费显然被视作孩子的财产。1914年纽约西区的研究表明"交出这些小费是一种高尚的美德。妇女会骄傲地说，'他知道我缺钱，他给我他的小费。'"[104]

甚至在切断与工厂和商店的联系之后，劳工阶层年幼的孩子们仍寻找其他替代的方法来增加零花钱。当调查者对三年级到八年级的芝加哥儿童进行样本量超过1000的调查时问到"你花的钱是怎么来的？"，71%的男孩及将近60%的女孩回答："我赚的。"女孩们给父母或邻居跑腿、做家务或照看小孩，而男孩们除了给父母工作以外，还给陌生人的跑腿（"替一个女士跑趟商店"意味着一到五美分的利润），卖报纸或冰糕，当球童以及擦鞋。劳工阶层的孩子，调查者总结道，"了解金钱和服务之间的密切关系,认为要得到其中的一个依赖于付出另一个"。正如一个男孩所解释的,"我们必须通过工作来挣钱"。[105]

如果一个工作的孩子通过劳动赚钱,那么一旦孩子停止工作,什么是他们收入的来源呢?美国经济产生了上千新的消费项目,它们中的许多对准的是青少年,这样一来,孩子们的花销变得越来越是个问题。威斯康星大学教育学教授兼儿童福利问题专家迈克尔·V·欧西(Michael V. O'Shea)1915年指出"家庭生活中可能没有哪个方面比儿童及他的金钱问题更能造成紧张和压力的了"。劳工阶层的父母不仅要放弃他们孩子的收入,还要负担新的衣服及学杂费的重要开支。实际上,1903年调查发现在儿童花费习惯上只存在很小的社会阶层差异。所有的孩子都在学校商店购买生活必需品,但他们还会购买糖果、玩具、冰淇淋、戏票以及烟草,甚至赌博。不管哪个阶层,男孩花钱都比女孩多。围绕孩子们的"狂热花费",一些调查研究了"不挣工资的孩子钱从哪儿来"。一些文章开始以如下一些名称出现——《儿童的金钱观》《儿童和金钱》《孩子们怎样花钱》。[106]

可以肯定,中产阶级和上流阶级的孩子们已经是经验丰富的"乞丐"。正如1903年《观点》所评论的:"相较于多数依赖家庭零花钱的年轻人,服务生、擦鞋匠和最穷阶层的人都是富有的……"孩子们,文章观察到,"常常用尽他们的智慧去想怎样能凑到一美元"。[107] 当富裕家庭的孩子被问到他们怎样获得零花钱时,大多数回答:"别人给我的。"但这不意味着没有事先强求或者哄骗他们的父母,或者祈求"亲戚朋友的同情,以获得馈赠"。[108] "提供小费"给别人的孩子在20世纪初似乎已经引起了一些争论。当《家庭发展》问其读者"父母应该怎么做,当家里的客人给孩子小数额的钱的时候?",回答从热烈支持到严肃谴责的都有。"我的孩子们,"密歇根州卡尔梅特的一名母亲写道,"经常向人们解释他们不允许接受来自访客、客人或在街上遇到的人的钱。"[109]

面对年幼儿童的经济破产,一个被提出的解决方法是,由父母每周给孩子提供贴补。早在1893年,这种贴补就被赞同是"对于给孩子一个收入……最好的方法"。[110] 至1930年,儿童健康和保护白宫委员会发现城市家庭倾向"从按照需要发放少量的钱转向一种定期的贴补"。[111] 虽然贴补的概念是中产阶级发明的,它被育儿专家和其他人提倡作为所有(无论所属阶级为何的)儿童的解决方法。例如,纽约市法庭法官梅耶确信,贴补对下层儿童的犯罪甚至会起到一种抑制作用。该法官指出,缺乏合法的零花钱的门路,常常将正派、勤学的孩子变成小偷:"……问题就在于这些孩子们没有钱花,以至于他们渴望拥有其他孩子所拥有的——糖果、汽水、领带、小饰物——不能得到满足。"有少量的贴补,孩子"可以从他最初的错误中被挽救出来"。讽刺的是,父母给孩子的金钱被赞为"安全"的钱,而孩子们自己挣的钱被改革者诬蔑为"危险"的钱,这意味着允许孩子对父母的反常的经济依赖。白宫委员会发现了不良行为和零花钱来源的关系;青春期无不良行为的男孩更有可能接受贴补,而有不良行为的男孩更有可能是自己赚钱。[112]

但是贫穷的父母如何支付得起金钱这个额外的礼物?虽然证据有限,但仍表明贴补变成了一种期望并且有时甚至成为现实——哪怕是在工人阶层的家庭里。随着孩子们失去了他们的经济价值，19世纪父母和孩子之间的经济合同不得不被修正。这意味着，父母不仅被期望放弃孩子们的工资，还要资助孩子们日益扩张的花费习惯，"从公车费到球场，到镍币展示中受到高度垂涎的硬币"。例如，1914年纽约西部的研究报告注意到，虽然"这些家庭没有非常多的钱来给他们的孩子……他们已经认识到，允许一个男孩有一定的零花钱是明智的……少量的钱因为一些明确的事项会给予在校男孩。'如果他一周有25美分零花，他不会一次全拿到。'"甚至潜在的寄养父母（foster parents）（大多从工人阶层招募）也被期望在其责任中包含每星期提供给孩子一定的贴补费用。[113]

然而，为未工作儿童发展一个合适的贴补导则很困难。如果工资是与工作相契合的，贴补依赖于什么呢？金钱可以从劳动中脱离吗，它应该脱离吗？一开始，贴补被正当化为教育经费："从教育的视角出发，童年期明智地花费、节省、赠予一份收入的能力能够确保一个幸福的成年时代"。[114]1930年，《父母》杂志将儿童财富（children's money）的非经济功能表达得更明确："一种价值取向是，我们利用金钱在孩子内心深处发展出一些我们想要的东西。任何一个人花费其收入的方式，预示着哪些东西他认为有价值。"[115]在20世纪新消费社会背景下，旧的勤俭和节省的教育显得不足了。通过教育如何明智地花钱，贴补可以训练孩子们成为有效率的购物者："如果父母在教育孩子如何聪明地花钱上，花费和在教育孩子如何省钱上一样多的心思，当每天都意味着花钱的时期来临的时候，他需要再学的内容就很少了……"¹¹⁶ 在 1931 年，儿童局就"儿童和他的金钱"主题出版了一些书籍，强烈地警告父母不要将孩子们变为"小守财奴"。正如《纽约时报》观察到的，"将所有硬币都放进金属存钱罐的小男孩不再被……认为是孩童时期值得夸耀的理财典范"。新的美国典范是一个"明智地花费、明智地节省、明智地馈赠"¹¹⁷ 的孩子。

定期贴补不仅服务于儿童的最高利益。对于父母来讲，它还是一种便利的安排，可以规范儿童对金钱递增的要求。女性杂志向它的读者解释："当他强求一些东西的时候，……这不是孩子的错，那些强求东西的孩子几乎总是那些见机要钱的孩子，有时候他们能成功，有时则会被拒绝……"¹¹⁸ 为了效率，贴补不得不成为一种固定的"非挣取性"工资。通过密切监督孩子资金的用途，父母对昂贵的非工作儿童的管制被进一步确保。儿童发展问题专家安吉洛·帕屈（Angelo Patri）建议父母："把钱给孩子并且允许他们在没有年长的人监管下花钱是行不通的。"¹¹⁹《克里兹伍德制高点》(*Crestwood Heights*)，一本 1940 年代末有关郊区生活的书，提供了一些父母监督儿童花钱的技术视角；"孩子可能被允许'在得到认可的情况下购物'，这就是说，他可以'自己购物'，但是购买的东西最终要由父母来决定取舍……贴补花费的监督可以在这样的基础上操练——父母正在'培养孩子的品味'亦或'教他金钱的价值'或具体物质的价值。"¹²⁰

然而，将金钱转变成一种教育性和道德的工具不是能轻易完成的。为了保护金钱和劳动的传统联系，贴补有时候被合理化为一种挣得的工资。例如,《时尚芭莎》(*Harper's Bazaar*)提议,孩子们应该这样教育:"任何人想要得到金钱都要通过这种方式——通过劳动获得报酬"。这意味着为如下事项给孩子们提供报酬:"每天或者每周因为保持他们的房间或衣柜抽屉的整洁、按时吃饭、双手干净……或者为家里做了一些工作……"[121]但是这种解决方法导向了一个站不住脚的前景——家庭的货币化。童工改革者长期谴责工厂和商店中"为报酬而工作对幼小心灵"的有害影响。[122] 讽刺的是,一旦儿童从市场上挪开,他们的家庭便成为了雇佣的地方。毕竟,如果父母是少有的仍然合法的雇主之一,孩子还可以在什么别的地方赚钱呢?父母被警告家庭商业化的危险,并被促使把握"家庭的原则……和商店的原则"的区分界限。[123] 1911年,神学博士休·T·克尔(Hugh T. Kerr)在他的《儿童布道故事》(*Children's Story-Sermons*)中讲了一个故事,说明家庭交换中理想的利他原则:

一天早上当布拉德利下楼吃早饭的时候,他在他母亲的盘子上放了一张折起来的小纸条。他母亲打开了它。她很难相信,但这确是布拉德利所写的:

母亲欠布拉德利的

跑腿…………$0.25

表现良好……$0.10

上音乐课……$0.15

额外费用……$0.05

总计…………$0.55

午饭时,母亲将账单和55美分放在布拉德利的盘子上……还放了另外一张账单,是这样写的:

布拉德利欠母亲的

表现良好……………………………………$0.00
在他发高烧长时间生病时照顾他……$0.00
衣服、鞋、玩具………………………………$0.00
他所有的膳食和漂亮的房间…………$0.00
总计布拉德利欠他母亲………………………$0.00

布拉德利流泪了,他将他的小手和55美分放到母亲手上说:"将所有的钱拿回去,妈妈,让我爱你并为你做事。"[124]

对于那些坚持要"支付"给他们的孩子贴补的人,建议他们"支付"的同时偶尔补上一个礼物——"非挣取性"的钱,最好是在7月4日(美国独立日——译注),当"孩子为了买焰火很难凑到1美元……"的时候。[125]另一个普遍的准则,是为孩子们额外的工作(这些工作如果不是他们做了的话,则可能需要雇佣陌生人来做)支付报酬。

然而,更可取的解决方法是坚定地明确:贴补是"免费的"教育经费,就像家庭杂事应该继续保持为"免费的"不付报酬的教育性儿童工作一样:"我们……期望孩子们洗碗或掸掉家具上的灰尘,因为……分享家庭的工作和责任是他们建构家庭的经历的一个必需的部分,这里不能考虑讨价还价。"[126] 到1930年代,贴补和工资的差异被清楚地认可。当认识到"对父母或对孩子来讲,在贴补和工资之间勾画一个清楚、有逻辑的界限,都不简单"的时候,《家庭经济学杂志》(*The Journal of Home Economics*)总结说,儿童的贴补"本质上是一种权利,胜于是一种工资。他已经获得认定的家庭成员特权,而贴补是这种地位的象征"。贴补和工资因而是两种不同类型的钱,前者是一种"权利……由人格获得",而后者"是(儿童)依据具体的行为专门赚得的数额"。[127] 贴补,美国儿童研究协会理事西顿妮·格伦伯格(Sidonie Gruenberg)断言,"恰如食物、衣服一样,要是'免费'的,因为孩子在他可以赚钱之前必须要花费"。[128]

但是维持工资和贴补之间这一文化创造的界限完好无缺是很困难的。它不仅被因为做家务支付孩子报酬的父母打破,还日益增加地,被那些利用贴补规范孩子行为的做法打破。《父母》杂志再三警告,反对滥用贴补"作为'纪律'的辅助工具,或作为购买儿童顺从、友爱或乖巧的手段"。儿童局建议,儿童恰当财经训练的十个关键规则之一是,不要"因为表现'好'或有礼貌……而给孩子小费"。这种情况下,贴补再一次成为工资,虽然不再依赖于工作,但却作为报酬附着在如下行为上:带来好的成绩单、练习音乐,甚至是吃了蔬菜、睡了会觉或吃了鱼肝油。[129]

20世纪的前30年,孩子们的钱因此承担着教育性、精神性和社会性的功能。此外,随着所有的孩子成为主要的消费者,劳工阶级和中产阶级的孩子之间以前的一些经济区分变得模糊起来。有用孩子的零花钱源自他或她的工资,而经济上无用的孩子的贴补,不论阶级,主要来自于他们父母的口袋。被界定为"家庭收入中孩子自己的部分",孩子们的钱,甚至是自己赚得的时候,也日益与成人的钱区分开来。例如,仍然留在劳动力市场的年长的孩子们逐渐不倾向于将他们全部薪水交给家庭。[130] 然而,这个区分过程是逐步进行的。例如,1918 年在纽约州对 15 万名 16 岁、17 岁、18 岁被雇佣男孩的调查发现,在大纽约地区,77.4% 的男孩每周贡献超过 10 美元作为家用。同样地,1920 年代关于报童的全美性研究显示,1/3 到 3/4 的孩子仍然贡献他们部分或者全部的钱给家庭。当报童被允许留下他们的部分工资的时候,这些工资常常花在购买"有用"的东西上,比如衣服或其他生活必需品。例如,一个意大利裔有轨电车司机的 13 岁儿子,卖报和送报每周能挣 3 美元,"把他的钱给他母亲用于购买食品,留下 25 美分作零花钱。他也曾省下了 10 美元,用来买了套衣服"。另外一个 10 岁的孩子每周挣 2.4 美元,"买了些衣服,在学校的银行存入 10 美分,花 10 美分'看了一场表演',剩下的都给了他的家庭"。另一方面,送报员更有可能来自中产阶级的家庭,常常将他们的工资花在自己身上。例如,一个出版商 11 岁的儿子,通常每周能挣 2.15 美元,"在这之中,他每周支付 1 美元上小提琴班,支付上班的车费,每周留 10 美分做零用;在 4 年内他存下了 95 美元"。[131] 小格伦·H·埃尔德在他的研究《大萧条中的孩子们》(*Children of the Great Depression*)中发现,儿童挣钱的经济功能在 1930 年代重新变得重要起来。短衣缺食的家庭部分地依赖于他们的孩子的工资作为基本开支。

然而,尽管有些例外情况,新的规则日益被接受;孩子们有权接受非挣取性零花钱，并且当他们挣一些零用钱的时候，他们可以留下这些他们的钱。"挣钱几乎不会伤害到孩子，"哥伦比亚大学心理学者罗伯特·S·伍德沃斯（Robert S. Woodworth）断言，"如果钱可以保留为自己的，或者被（父母）尽责地把钱投入在对其有利的地方。"[132]

在这种新的文化和经济的背景下，成功的儿童演员的父母，特别是在1920年代中期到1930年代好莱坞童星热期间，陷入一种奇怪的困境。他们的孩子不仅要工作，还在财富创造中占了大头，为了所得税的管理，常常被要求依赖他们的父母。例如，8岁的杰基·库根（Jackie Coogan）支配着100万美元的财产，此外还有和米特罗（Metro）公司4部电影的合同的利润分成。秀兰·邓波儿（Shirley Temple）的母亲每周被支付500美元来照看她的女儿，而她的父亲坦普尔先生则作为她的代理人，收到10%的佣金。佩吉宝贝（Baby Peggy），另一个1920年代的童星，在她的自传里回顾了记者们对"我们正在把多少美元放进父母的口袋"的强烈的好奇心[133]。好莱坞的"妈妈们"比他们的前辈——舞台母亲们受到了甚至更残酷的媒体对待。

1938年，时年23岁的杰基·库根控告他的母亲和继父以拿回自己作为儿童演员挣的400万美元。但是被告主张，在习惯法下库根作为一个未成年儿童，其收入是他们（父母）合法的财产，而不是他的。这起被广泛宣扬的诉讼，导致了加利福尼亚立法机构1939年通过了关于儿童演员的立法，该法案更多地作为"库根法案"为大家所知道。法案使得儿童收入的一半得为儿童单独地投放到一个信托基金中，或者作为另一种类型的存款存放。库根的诉讼因而成功挑战了历史性法规——未成年儿童的收入属于他们的父母。[134] 它的裁决重申了父母和孩子之间新的文化和经济的关系。

其他童星的父母不得不通过展示孩子收入的合法使用，来公开地正当化他们孩子的收入。例如，邓波儿夫妇"以他们管理秀兰的财务的方式而自豪。她父亲说他们真的只从她的收入里拿了很少的钱作为开支"。[135]（他们）向公众保证，秀兰的钱被安全地投资。但是好的育儿方式的根本确证是即使是秀兰·邓波儿，每周也只有4.25美元的零用钱。她不是唯一的一个。简·威瑟斯（Jane Withers），作为许多其他人中的一个代表，每周收到5美元的贴补，并且"自己整理床铺、做家务，甚至跑腿"。[136] 在1937年，路易斯·B·梅耶（Louis B. Mayer）与13岁的荧屏之星弗雷迪·巴塞洛缪（Freddie Bartholomew）签署了98000美元一年的合同。一个条款就是每周提供给弗雷迪1美元的花费贴补。一名涉及该安排的洛杉矶法官称赞道，"那可能是所有条款中最好的一项"。[137] 这样，这些通常是百万富翁的孩子们，其真正的收入常常受到合法的教育性收入的压制。贴补开启了这样一个令人感到安慰的虚设——"非同寻常"的有用孩子并不是那么不同于无用的未被雇佣的孩子。

在20世纪上半叶，儿童经济角色的转变阐明了先进的工业社会中经济和非经济因素的交互作用。在1870年到1930年之间大部分儿童离开了市场，因为教育儿童变得比雇用他们更经济和有效率。但是文化的方针深深地塑造及指导了社会变化的进程——通过区分儿童合法与不合法的职业，以及区别儿童财富的合法与违法的形式。随着儿童日渐被定义为专有的情感性和道德性资产,他们的经济角色不是被消除了而是被转变了;童工被儿童工作替代,而儿童工资被每周贴补所替代。儿童新工作和收入的合法性,更多地根据其教育性而非经济性的标准来确定。

4

从正式的埋葬到恰当的教育：
儿童保险的情况

营销儿童保险：一个简要的背景

反对：儿童救助者对阵儿童保险者

防卫：儿童保险者作为儿童救助者

为神圣的儿童投保：从体面的棺材到养老基金

4 从正式的埋葬到恰当的教育：儿童保险的情况

有人建议通过系统性保险从儿童的生命中套利，仅就此建议，便可瞧见人性可能下降的惊人程度，这种人性已扭曲，已因无知和腐蚀性贫困导致的贪婪而扭曲。

——《另一半如何生活》
（*How the Other Half Lives*），雅各布·里斯，1890

被保险的儿童是最被疼爱和关怀的。我想这意味着，说来有点像卑鄙的毁谤，穷人……爱他们的孩子要逊于百万富翁。

——O·R·米勒（O. R. Miller）牧师，东波士顿，1895

20世纪美国对儿童的神圣化，带来了看待儿童生命价值既存标准的根本变化。接下来的三章转向对三个重要制度的分析——在19与20世纪之交这三个制度日益卷入了对儿童价值和价格的权衡之中，它们是：人寿保险业、民事侵权法以及有关收养和看护的社会福利组织。每一项制度都被儿童经济和情感价值的转型所影响，而发生深切变革。为有用的儿童投保、为意外死亡儿童的父母提供补偿，或者收养、看护儿童，在这些方面，19世纪的工具性标准不仅变得陈腐，而且在道德上备受攻击。结果，给无价的20世纪的儿童定价变成了一个非同寻常的计量程序，因为儿童对于家庭的情感性贡献，越来越成为他们在死亡中的"屈"价（值）和收养中的"换"价（值）的唯一决定性因素。

对儿童投保的生意由强有力的工业保险公司开始于1870年代。其低价政策是为了对上劳工阶级客户的胃口。比如说，每周投3分钱，一个1岁大小的孩子可以保得10美元；一个10岁大小的孩子可以保得33美元。儿童保险是一个巨大的市场成功，但是出人意料的是，它也成了保险业中最具争议性的产品之一。20世纪之初，儿童救助者在法庭上、媒体中猛烈和公开地向保险者开战。对它的许多反对者而言，对孩子生命的商业化衡量是不可接受的，是对其神圣性的亵渎。通过将儿童的死亡变得有利可图，保险人不仅增加了儿童生存的危险性；更糟糕的是，通过将其转化为唯利是图的商品玷污了哀悼儿童的仪式。在一个儿童救助者看来，保险是童工问题令人遗憾的延伸，即便是在其死亡之后仍然在篡夺其经济价值。

虽然对于逝去孩子的金钱补偿最开始因平衡了父母们的经济损失而显得较为正当；但是该行业的最终成功不是仅仅建立在经济理性的基础之上的。儿童保险对贫困儿童而言最开始的吸引力表现为埋葬保险。它为劳工阶级的父母提供了比叫花子般草草了葬更为体面的选择。因此，该行业由于为孩子提供了建构超越社会阶级区隔的新世界的合理模式而被接受。这一章关注在儿童保险及其决定问题上的争论，并将其看作是对儿童经济和情感价值不断变动之关系的测量。

营销儿童保险：一个简要的背景

在美国，从 18 世纪下半叶开始，普通人寿保险公司就开始运转了，主要局限在中产阶级的丈夫和父亲身上。到了 1875 年，保诚人寿保险公司（Prudential Life Insurance Company）的约翰·F·德赖登（John F. Dryden）开始为 10 岁以下的儿童提供人寿保险服务。这被称为"基本保险"（这个重要的市场创新瞄准了正在迅速扩展的劳工阶级人口）的一部分。除了接纳儿童和妇女的投保之外，基本人寿保险单以小额保费的形式被提供——保单的平均面值为 100 美元左右。它首要地是丧葬保险。在保诚公司之前，城市劳工阶级家庭是通过加入兄弟会和互助组来获取保障的。然而，这些组织运用的不健全的金融手段频繁失败，对于遭受损害的家庭所助甚微。此外，其所提供的任何支持都是针对成年人的下葬；很少针对贫困儿童的死亡作出安排。

从 1875 年开始，保险代理人开始对潜在的购买者进行户访，通常无需医院检查就为他们提供人寿保险，并且每周挨家挨户收取保费。他们的效率很高。在纽华克只用了 4 个月就有了 1000 份人寿保险单被购买，包括 329 个 10 岁以下的儿童。在经过一年的运作之后，保诚公司收到了近 14000 美元的保费。到 1879 年，又有两个公司，大都会人寿和约翰·汉考克公司（John Hancock Company）开始出售基本人寿保险。可能是因为每周 5 或 10 美分的保费是人们能够承受的，生意的增长超出所有人的意料。到了 1895 年，保险的规模达到了 2.68 亿美元，而单单保诚公司就收到了 3300 万美元的保费。该公司随后雇用了 10000 名保险代理人。[1]

作为这一繁荣的重要组成部分，儿童保险开始牢固地建立起来；在 1896 年有近 150 万的儿童投保。事实上，在一些保险组织者看来，青少年的保险被认为是基本人寿保险成功的诱因。在英格兰，1854 年便开始有了儿童保险，到了 1896 年有 400 万儿童投保。正如一个历史学家所解释的那样，"……为劳工阶级儿童提供的丧葬保险成了一项规范"。[2] 第一家英国（保险）公司：保诚公司，最开始是拒绝婴儿风险的。然而在其第一年的年末，公司最成功的代理人将其获利归因于这样一个事实，他成立了一个独立的社团运营儿童人寿保险。公司主管决定接管他的这一生意。[3]

在美国，基本人寿保险的最大增长发生于 1882 年到 1902 年间；在这一时段的末尾，有 300 万儿童参加了保险。[4] 也就是在这些年里，麻烦开始出现。在 1889 年到 1902 年间，全美至少有 80 次立法尝试，试图禁止或者限制对儿童生命的保险——这一保险被认为是违背公共政策和公共利益的。在 1884 年，正当保单销售翻番的时候，马萨诸塞州州长本杰明·巴特勒（Benjamin Butler）在其就职演说中第一次提出了禁止儿童保险的官方建议，开始了（儿童保险的）立法战役。在 1889 年，宾夕法尼亚州州长比佛（Beaver）在其提供给议会的年度报告中重燃进攻的火焰，并提出了一项法案以在该州宣布儿童保险非法。虽然该法案最终归于失败，但对抗在继续，而新增的法案也分别在宾州于1897年、1903年和1907年被呈送出来——当然也被否决了。针对儿童保险业的不知疲倦的进攻席卷全美。每隔数年，法案就会在纽约、俄亥俄、伊利诺伊、马萨诸塞、威斯康辛以及其他13个州提出来。在科罗拉多州，反对者最终成功了：1893年，儿童保险被宣布为非法。

儿童保险对于家长而言是昂贵的。虽然保费较少，但是收益也较少。该行业不得不保护自己以抵抗劳工阶级较高的死亡率特别是他们孩子的死亡率。成本的提升还在于需要支撑一支基本人寿保险代理人组成的队伍，他们每周挨家挨户收保费。基本人寿保单对其主人而言只有很少甚至没有退还金额，而流失率也是非常高的。但是反对儿童保险的战争却很少涉及这些经济问题。它是儿童救助者代表贫困孩子的一场道德正义之战。考察他们冷峻对立的正反双方在州议会、媒体和其他公共场合交锋时使用的论据和原理，能够解释下层阶级儿童价值不断变化中的挣扎和反复。

反对：儿童救助者对阵儿童保险者

在1874年，仅仅是儿童保险生意开始之前的这一年，上流阶级和中产阶级群体组织了纽约防止虐待儿童协会，这是第一个儿童救助组织，也是全美儿童救助运动的领导机构之一。它与儿童保险几乎同时产生并非无关的巧合。以不同的方式，两个组织都卷入了下层阶级儿童价值的转变之中。儿童救助者的主要目的,是追求通过大量不同的项目,增进对贫穷儿童生命神圣性的新的尊敬,为他们创造一个特别的、非生产性的世界。对许多儿童救助者而言,儿童保险者是他们的敌人。儿童保险被视作当时盛行的对儿童的物质主义导向的进攻性象征,而这一导向是儿童救助者反对的;它是一种最为肮脏的商品剥削形式,因为它在儿童死亡的问题上钻营投机。保险的唯利是图,庸俗化了对儿童的哀悼仪式。

对它的恶意批评者而言,"儿童保险公司"——他们这样指称基本人寿保险生意——双手沾满了"儿童的血"。[5] 全美的报纸都在发表耸人听闻的文章,指出儿童死亡变得有利可图的危险性。在 1878 年的 3 月 26 日,特伦顿的《真正美国人》(*True American*)建议宣布儿童保险无效,因为它将导致"谋杀的危险动机……它不仅会导致父母的野蛮……在他们的孩子身上安个保险,然后虐待他们或者置他们于不顾,而且它还有一种导致他们忽视生病的孩子的趋向……而父母们钻营他们自己孩子的生命也容易带来伤风败俗的影响"。即便是在保险界内部,一些领导人也提醒说,一个人"在这对神不敬的钻营中应该因恐惧而退缩"。[6]

该项生意的系谱在驱散恐惧方面所做的工作素来甚少。儿童保险最开始是在 16 世纪欧洲的生意人中间以直接赌博的方式产生的,他们以生男生女以及他们的存活为标的下注。证据表明在英格兰儿童保险是由下葬俱乐部(始于 1830 年代和 1840 年代)开启的,一度是肮脏的事务。在《文明的忧思》(*Past and Present*）一书中，卡莱尔（Carlyle）讲述了一个1840年的案例，一对父母被传讯并发现有罪——他们毒死了自己的3个孩子以便从下葬团体挣取保险补偿，"官方的权威人士……暗示，可能这一案件并不是孤立的，你可能最好不要再进一步探究事情的这个部分"。社会评论谴责保险是"粗心的杀婴者的奖金"。[7]直到1870年代，英国的政府对此管制都很弱，而且很少被执行。"婴儿饲养者"（baby farmers）（对他们而言，其名下某个孩子的死亡便已经意味着是金钱上的收益）通过将自己"代养"的孩子在不止一个公司投保，来获取双份的收益。在1875年，"保险掮客和残忍的婴儿饲养者的难以名状的交易合作模式"的一个案例呈现在皇家保险专门调查委员会的面前；一个孩子被他的监护人在8个社团投保以谋求总共30英镑的利益。在同一年的另一个调查之中，曼彻斯特的律师证明，在1840年代，"在这个镇上有人明目张胆地说儿童被有目的地杀害（以挣取保险金）；这是个常规交易"。[8]

　　来自法国的相应资料表明，存在同样的针对儿童保险的谴责，认为它危险地使儿童的价格超出于他们的情感价值。奇闻秘事环绕着那些唯利是图的"照看人"和坏心肠的父母，他们在从病中康复的孩子旁边暗自伤心，因为这意味着他们失去了保险金。的确，无论是在法国还是在比利时保险销售的小册子都很流行，直白地用一个垂死的孩子身上的潜在收益诱惑顾客。比如说，一个非常流行的小册子，包括了两个劳工阶级父亲间的对话，其中一个的所言让另一个大为吃惊——在他的一个孩子死亡之后，他居然能够从保险公司拿到那么多的钱。[9]已有的证据并不能毋庸置疑地得出儿童保险与儿童谋杀相关的最后结论。比如说，在英格兰，时常见到的谋杀指控很少得到有记载的案件的支撑——父母真的为了获得保险金而照看疏忽或者谋杀。然而，考虑到在18世纪和19世纪的早期英格兰较高的杀婴率，这一推断也不是空穴来风。如果孩子，特别是一个并不想要的孩子的死亡是一个不重要的事件，那么从中获取钱财的可能性就恰能成为诱人的动因。[10]

直到1880年代，美国反对儿童保险的活动仍然是零星而无组织的。但是到了1893年，全美防止虐待动物和儿童慈善委员会通过了一项决议指出"在任何名义之下，为10岁以下的孩子投保是违背公共政策的"。会员组织被促使努力推动禁止性法令，将任何"对儿童死亡的保险或者其他途径的补偿"视作违法。[11]这一立法之战开始了。最为严峻的战役打响于1895年，马萨诸塞州防止虐待儿童协会向议会提交了一份法案，禁止为10岁以下的儿童投保。在长达数周的时间里反对派和防卫者争辩着他们的立场，用他们触目惊心的统计数据和情感诉求组织起一篇篇令人震动的头版新闻。牧师、医师、法官和政客站在这一立场谴责儿童的保险为"魔鬼"实践。热心的市民敦促立法者"停止对儿童生命的买卖"；停止"从儿童之死中牟利的无情尝试"。[12]慈善工作者展示了极度贫困家庭的令人痛心的报告，他们生病的孩子，经常在饥饿中奄奄一息，得不到任何的关照，但是他们的保费却照常交。保险公司被指控与唯利是图的父母一起"以人类的鲜血、泪水和死亡为代价，装扮他们自己的金窝"。一个大声疾呼的批评者，查尔斯·C·瑞德（Charles

C. Read)告知立法者:"我不知道你是否见到过大都会(人寿保险)公司在纽约的大楼……上去总裁的房间,可以看到地板上铺着天鹅绒地毯,房间装饰着富贵的红色桃花心木……在此你才会找到那些认为儿童保险何其美妙的绅士们……"这个富丽堂皇之地的每一块大理石砖中都可以凝望到"饥饿儿童渴望的双眼"。[13]

代理人也被攻击为肆无忌惮的"一伙骗子";"他们忽悠的保险越多,挣得也就越多"。[14] 事实上,虽然代理人报酬计划为中途退单设置了一定的惩罚,但重点在于对更大销售额的慷慨佣金,鼓励数量甚于质量。英国的代理人(通常被美国公司所引进,因为他们有经验)甚至被怀疑是"婴儿钓饵"(baby baiting),他们为丧失了"未投保孩子"的父母支付一定的钱财,以吸引新的客户。英国禁止虐待儿童协会的会长本杰明·沃(Benjamin Waugh)引述据说是代理人的说法:"我们在我们的钩上挂上诱饵——一个死亡的孩子"或者"我非常高兴地参加葬礼,我留心着……我在葬礼上获取生意。"[15] 在1895年10月15日,《纽约时报》加入了坦率直言的批评者的行列,其在栏目中揭露儿童保险生意是一项受良心谴责的"野蛮犯罪的诱因",而保险代理人则是"社会的蛀虫"。

然而,对儿童保险的道德谴责,其论断超出了可能的儿童漠视或者谋杀的范畴。对于许多儿童救助者而言,利益攸关的不是死亡的危险,而是对儿童生命的亵渎。对他们而言,被保险的儿童不过是另一个版本的童工:一种情况是从其死亡中挣钱;另一种情况是从其劳作中挣钱。而的确,儿童保险的合法性有赖于儿童劳动。人寿保险只根据"存在可投保之利益"来评判其合法性，该利益乃是对另一人在生命持续过程中的所得或获益的合理预期，就其死亡而言则并无什么好处。与将投保当作非法下注的异议相对，19世纪美国法院规定，父母有权获得他们未成年孩子的劳动收入及服务，这就给了父母一份就其孩子生命而言的"可投保之利益"。法院赞同于此，完全是依据父母和孩子的金钱纽带关系。在米切尔诉合众人寿（*Mitchell v. Union Life*）一案中法官宣布："这样，一个父亲也就无法仅仅从与孩子生命的联系中获得可投保之利益……而是基于，就当前情形来看，其未成年孩子的生命状况对父亲的影响……父亲有权获得其未成年孩子的所得，并对它们的重获保留行动的权利……他便在其未成年孩子的生命上有了金钱的利益，对此法律是会保护并执行的。"[16]

在19世纪末期，即便是非常幼小的下层阶级孩子（他们中的许多人在10岁之前便开始工作）也拥有的金钱价值，这使得对他们的保险合法。沃福（Walford）非常有名的《保险百科全书》（*Insurance Cyclopedia*）解释道："考虑到［对孩子投保］的现实状况，在一些制造业发达的区域可能会得到一些捍卫，在此每一个父亲都从孩子未来的收入中得益。"[17]保险公司提醒州立法机构：

> 工人阶级无论是在道义上还是在法律上都有权对他们的孩子投保，因为众所周知这些孩子在非常年幼的时候便开始为支撑他们的家庭作出贡献……。从他们延续的生命中获取利益或

者好处是公正、合理的预期，在逻辑上也就可以自然而然地得出：为维护这一利益，父母们有所行动都内在地是合理和公正的。[18]

保诚公司的副总解释说，就同样的保费，8到10岁的儿童比起1到2岁的儿童有更高的补偿，部分地是因为"从商业的角度来说——这看起来有点无情——孩子的年龄越大，孩子的生命也有更高的金钱价值"。养儿防老看来是儿童生命有着"可投保之利益"的另一个论据，但是其权重要小许多。[19]

在儿童救助者看来，这种对待儿童生命的经济方法是不可接受的。在通过金钱的考虑玷污儿童生命的神圣性方面，儿童保险并不比童工雇用差。批评者问道："任何一个具有反思能力的市民……会忍心协助……儿童保险这一违背自然的运作吗？……毫不夸张地说：在我们的国家中，在我们的监护之下，对神圣的婴孩的生命不应有任何讨价还价甚至交易行为。"[20] "没有真正的男人和真正的女人，"《波士顿晚报》(*Boston Evening Transcript*)在1895年宣称，"会说他们的婴儿具有金钱的价值。"保险代理人被蔑视将儿童的死亡转变成了一个经济事务，一个例行的交易业务，通过这一业务，正如英国人所做的那样，"你将孩子换成了英镑"。[21] 无论个人动机如何，代理人在儿童的生命和死亡中必然卷入的商业气息被界定为道德越轨。引人注目的是，甚至是《保险监管》(*Insurance Monitor*)这份早先的保险杂志，也对新的儿童保险业务感到不安。"当一个强壮的精力充沛的成年男子，购买一份保单以保护他无助的家庭的时候，世界……为其行为鼓掌……[但是]当同样这个男子为自己纯真的孩子可能的死亡而签订合同谋求金钱利益之时,人们会怎么说他呢?"这份杂志强烈地警告、反对父母"准备将他们的孩子像骡马和山羊一样去贩卖"。[22]

尽管影响强烈,反对儿童保险的证据却是软弱而没有说服力的。事实上,立法听证会的显著特征不是那些儿童被漠视的案例,而是控告者浓烈的担忧;他们毫无疑问地确信,下层阶级的父母能够被非常廉价地贿赂去摧毁他们的孩子。出于他们的道德义愤,遵循通常是被扭曲的中产阶级观察者的体察,儿童救助者相信,劳工阶级父母和孩子之间的经济纽带很容易带上唯利是图的性质。如果他们倾向于从他们孩子的劳动中得利,他们也就同等地倾向于从他们的死亡中获益。"除非是父母停止野蛮和醉酒,"一个焦虑的批评者提醒道,"将其放置在儿童保险之类的诱惑中是非常不安全的。"在英格兰,沃福(Waugh)宣称每年至少有1千个孩子因为保险金被谋杀。他坚持相关的保险金应该直接支付而且只给殡葬所,以阻止父母们选择"小小的葬礼"以便省下钱来"大吃大喝"。[23]

1895年,在6周的激烈争辩之后,马萨诸塞州禁止儿童保险的法案最终以23:149的投票结果被否决。除了科罗拉多州之外,其他所有的州都同样支持这个行业。在某些方面,这一结果是不令人惊讶的。是的,强有力的经济利益在其中起了重大作用:儿童的死亡已经成了油水丰富的生意,不仅对保险公司如此,对殡葬业亦然。事实上,有许多人抱怨殡葬所对被投了保险的客户提价,并调整账单使之适合投保所得收益。在1905

年,大都会人寿公司副总海利·费斯克(Haley Fiske)指导所有的高级主管说,"为了阻止对我们保单持有人的敲诈和不公正的操作",要督促他们"拒绝告知殡葬所投保的信息"。[24] 基本人寿保险同样节省了城市、教堂和纳税人先前花在资助贫民的殡葬的那部分钱。比如说,威斯康星州丰迪拉克县的主教格拉夫顿注意到,儿童保险"在最近这些年导致不少人不再请城市牧师帮忙,也就是他们原本擅长的在儿童殡葬中提供资助"。在1880到1895年间,贫民葬礼减少了一半,而城市官员估计贫民葬礼的每年缩减量为2万件左右。以每个葬礼成本为7美元计,这每年节省了城市大概14万美元的开支。[25] 但是,儿童保险的成功不能够被简化为资本主义企业家对穷人开销的聪明运作。它在劳工阶级中受到欢迎的基础,乃是探索下层人们转变中的儿童价值观的线索。

防卫:儿童保险者作为儿童救助者

当法律例行地将孩子的金钱价值看作是父母"可投保之利益"的基础的时候,保险生意很少在法庭之外强调这一点。相反,保险领头人自己采纳他们敌对方——儿童救助者的如珠妙语,强调儿童无价的情感价值胜过他们的金钱价值。儿童保险所出售的是对垂死的孩子的象征性关怀;它从来没有像对童工进行保险那样市场化。这一行业方法分化了儿童救助组织。有些救助组织的成员攻击保险是唯利是图的生意,许多其他成员则热情地欢迎它,将其视作保卫儿童的一个新伙伴。比如说在马萨诸塞州,反对派的主要发言人是马萨诸塞州防止虐待儿童协会的律师查尔斯·C·瑞德,但是同一组织的副会长约翰·D·朗则代表了保险者。在反驳"说我反对小孩子的事业"之类指责时,朗坚持道,他是通过为儿童保险辩护来支持儿童的福利。[26] 疏于监护以谋求保险金的指控被发现是没有事实根据的。任何一个州的保险调查委员都证明这样一个事实:并没有特别的案子被报道出来表明伤害、虐待或者谋杀儿童以牟取保险金的情况存在。1894 年 12 月 12 日,在一封发给《费城晚报》(*Philadelphia Evening Bulletin*)的公开信中,费城防止虐待儿童协会的秘书长 J·刘易斯·克鲁证实了该行业无可指责的记录。在其定期的调查中,该协会没有发现对保险的犯罪性使用——哪怕是"婴儿饲养者"。为儿童投保表示着"爱与情感"而不是为了获益。在全美各地的听证会之中,儿童福利组织的领导、律师、政客、警察和医师被事实说服,而支持该行业,许多牧师甚至赞颂它是"大福音"。[27]

归根结底,有关儿童保险的争论是对贫困儿童价值的争论,是对他们情感价值与经济价值的公共评估。劳工阶层的家庭关系开始经受考验。对保险批评者而言,儿童生命的神圣性因为他们父母的牟利行为而受到威胁:他们不仅试图接过孩子的工资,而且试图在他们的死亡中获得好处。劳工阶级的父母需要接受正确的有关爱和法律的指导,以保护他们的孩子不至遭遇不恰当的养育。从这一观点来看,对保险的法律禁止是童工立法的延续。另一方面,这一行业的支持者,为劳工阶级父母之爱的真实性辩护。费城慈善组织的主任谓之曰"纯粹的毁谤"——如果说"为了确保……30或40美元的入帐,劳工阶级的父母有意识地摧残他们的后代"的话,他补充道:"在较贫困的家庭中,父母是非常喜欢他们的孩子的。"[28]保险支持者攻击反对保险的法案,认为它是充满阶级偏见的立法,他们拒绝"这样一种令人厌恶的观念……认为贫困些的阶级……对他们的后代没有一种与生俱来的情感",并利用任何一个机会坚持"父母的自然而然的爱子之心……无论其高贵还是粗鄙都跳得同样的强烈"。[29]

然而,对于劳工阶级情感的误解亦非常明显地在最坚定的保险倡导者身上存在,因为他们支持严格的法律限制,以防止就孩子的保单做投机买卖。最开始,每周超过3分的保费是不被接受的,而且除非孩子已经投保3个月,否则不会支付理赔金。低于1岁的孩子是不能被保的。直到1896年,对12岁或者更小些的孩子的最大理赔额也不过60美元;随后该金额才翻了倍。直到1920年代,超过10美分的保费是不被接受的。死亡的平均理赔额与殡仪馆的账单相适应。比如说,在1895年,对婴儿保险单的平均赔付是28美元,而儿童殡葬的平均成本是25美元。[30]

虽然有这些防范措施,心怀同情的儿童救助者仍将儿童保险基本看作是对正在崛起的贫困儿童生命神圣价值的象征性认可。不是对准备金的期望,而是对恰当的哀悼仪式的欲求,推动着囊中羞涩的劳工阶级父母将血汗钱投为保费。在其对马萨诸塞州立法机构的证言中,马萨诸塞州防止虐待儿童协会的副会长约翰·D·朗，引人注目地断言，"你不能够阻止他们悼念他们死去的孩子，除非你蒙蔽住他们爱孩子的心。"保险媒体赞同："成千上万的孩子被投保……这主要是考虑到下葬经费的问题，这样孩子万一去世，他们可以放心地得到一个体面的基督徒的葬礼。"[31]儿童救助者承认"对父母而言钻营其后代死亡的那点好处，是与自然情感相违背的"，而"保险所提供的好处，可填补纪念死去儿童的遗赅和回忆的神圣仪式所需的代价，所以是值得和合理的"。"对孩子躯体的尊重之情"是基督徒的情感，支持者这样辩护的同时，还将儿童保险提升为一种虔诚的行为："如果死神将要降临这个家庭，他们希望全家人免受粗俗和亵渎的影响，而且他们期盼……一个体面的埋葬"。[32]

不像一般成年人的人寿保险——其在早期阶段是被客户拒绝的，儿童保险受到一些中产阶级批评者的反对，但却没有遭到实际或者潜在购买者的拒绝。保单持有人为维护这一业务而作证，他们在请愿书上签字以获得为他们孩子投保的权利。波士顿印刷联合会在 1895 年给马萨诸塞州听证会发了一个决议，说道："这样一部法律的通过……限制了［投保］儿童的年龄，这将损害所有劳动者的利益，也是对他们判断力的非难。"认为儿童保险是一个"对穷人而言的伟大制度"，丹佛的一个制鞋人，雅各布·胡克在 1893 年给科罗拉多立法者写信道：

我失去了一个从未参加过保险的孩子，你知道这可怜的小家伙葬在什么地方吗？在远离林间的一个地方，一个乱葬岗，跟一些不知名的男人和女人在一起，我的孩子就在那儿躺着。

这让我心痛……我听人说穷人会为了几个银豆豆就杀死他们的小孩，我认为这是人身攻击。³³

劳工阶级越来越为他们自己或者甚至是他们最年幼的孩子担忧，害怕其死后像叫花子般下葬；因为这（不体面下葬）屈辱会让悲剧雪上加霜。比如说，在纽约的乱葬岗："在穷人埋葬场一条共同的沟渠里，［死者］躺着挤了三层，肩挨着肩，死了也拥挤一团，正如他们活着时一样，以便'节省空间'"。³⁴ 婴儿通常会在集体坟墓中埋葬。但是一个真正的葬礼是需要花钱的。在其有关纽约市租房户生活的故事之一《死神降临凯特·埃里》一文中，雅各布·里斯（Jacob Riis）谈到了紫桑街一个婴儿的死亡，"一个殡葬所承诺将他［小约翰］下葬到十字架下的墓穴之中，总共收12美元，每周2美元，直到收完为止。但是一个两周才能挣到1美元的人怎么能够每周筹集到2美元呢，何况这些钱都给了医生？"³⁵ 只好替而代之，用木灵车将小小的松木棺材送到乱葬岗去。1908年，当小马里恩在纽约街头被电车撞死的时候，他的祖母告诉一个记者："是的，我想我们陷入了困境……我试图在布鲁克林找为我们服务过的殡葬者［为她］下葬——他在数年前为我的一个孩子下葬过，我想他会为我们赊账给这个小家伙下葬的。但是他希望预先支付30美元的现金。我们所有的钱都在马里恩手里：她被撞的时候，正是要去商店里购买价值5美分的牛奶……"作为一个新闻故事——"这个故事触动了所有阶级的心灵"，其结果是，苏珊·米德，小马里恩的祖母，收到了来自个人和组织87美元的捐款，而孩子也得到了一个真正的葬礼。[36]但这样皆大欢喜的结局并不具有典型性。在表示对保险支持的陈述中,慈善工作者通常会引述尸首横陈多天而未被掩埋的孩子的案例,未被及时埋葬是因为他们不能成功地从邻居那儿筹到足够多的钱。

对于劳工阶级家庭而言,儿童保险因此是一个贫民葬礼之外的受欢迎的选择。纽约奥尔巴尼儿童医院的修女帕梅拉(Pamela)谈到了贫困父母的安慰,"孩子是投了保的,如今死了……[他们]认识到有一份钱来体面地埋葬他们逝去的孩子,而无需号召这个'城市'来提供帮助,也无需……让自己陷入债务之中。"[37]作为一种节俭和自助的形式,保险品质优于慈善,也比通过非正式的途径筹集殡葬费更有效。在失去了一个9个月大尚未投保的孩子之后,一个意大利母亲决定为她其余的孩子投保:"我为出殡花了 95 美元;加上酒水费达到了 115 美元……我想,失去孩子而没有保险金,真的是够糟糕的。"[38]

对纽约格林威治村 200 户劳工阶级家庭在 1903 年到 1905 年的收支的系统分析表明,87% 的人投了保:"这是一种义务,必须支付,优于其他任何事项。为了维持保险,一个家庭经常宁愿失去住所,或者是在没有食物、衣服和燃料的情况下维持着。"1909 年《工薪族妇女孩子状况》(Condition of Woman and Child Wage-Earners)的报告中也发现,在一定的工人群体中,保险是"家庭收入中最先扣除的部分"。同样地,1914 年拉塞尔·塞奇的报告注意到,人寿保险差不多已经普及,而且在劳工阶级中具有预算优先性:"在房租交付之后,母亲第二个关心的问题就是人寿保险的支付……哪怕资源已经到了枯竭的边缘,这一开支也要维持。一个家庭数周以来都以面包和茶为生,以缴纳每周保险费。"[39]

用什么来解释儿童保险的成功?它难道简单地只是保险行业一个聪明的市场发明吗?作为整个事件的结果:代理人和殡葬所的持久繁荣,都可以归诸于这样一个问题:是谁通过提供给儿童一个真正的葬礼,说服了父母,推动了他们的购买行为?批评者解释道,这一对儿童葬礼的新关注,只不过是劳工阶级中"错误的"父母之爱的又一例:

> 虽然贫困,一个真正的母亲如何能够……面对更为精心制作的葬礼布置……感到有所欣慰呢?……如果进入她头脑的第一个想法是,"哎,如果我将这些钱投入到他短短的一生之中去……也许他不会现在就躺在这个地方了"。在我看来,那浮华的灵车、白色的棺材将10倍地增加任何母亲的痛苦——只要在心底里她有着真正的母爱……而我们不是试图在所有阶级的成员身上灌输真实神圣的母爱吗?……[40]

但是对儿童保险的购买并不仅仅基于聪明的游说或者麻木不仁的消费主义。在19世纪末期对贫困儿童体面葬礼关注的潮流,是保险行业当时主要的卖点,这表明劳工阶级父母接受了中产阶级有关儿童哀悼的仪式。对儿童的情感化倾向席卷了所有的社会阶层;即便是在最贫困的家庭中,神圣的孩子也被以一种新的浓烈情绪哀悼。当时,很可能,乱葬岗无名无姓的状况会被一个孩子偶然的纪念碑打破,这块碑上刻着与一般墓地碑文相差不多的字样:"我亲爱的儿子"或者"在耶稣的怀中沉睡的、受祝福的女儿"。[41] 证据同时表明,劳工阶级的父母很少只为他们有劳动力的孩子投保;事实上,不工作的孩子跟工作的孩子一样被投保。

保险最开始是以一种现代哀悼方法被出售的;它"买到了"儿童体面庄严的死亡。一个母亲坚持为她的儿子的葬礼雇佣两辆马车,虽然没有人乘坐第二辆,她对一个调查纽约1903—1905年间的工薪族收支的研究者这样解释道:"是的,我能够为他做的只有这些了。"[42] 一项对1914年纽约意大利裔家庭的调查这样描述一个失去5个孩子的妇女的家,"在壁炉台上挂着一张巨大的闪闪发光的照片,照片中她最小的孩子躺在棺材里。棺材非常昂贵,但是母亲为花了这么些钱感到非常欣慰"。[43] 这是一项神圣的花费。迟至1928年,家庭收支方面的专家对其重要性仍倍感困惑:"我们有机会比较(不同的)保险产品,发现对于一个家庭而言最好的投保对象是家庭主要的工资挣取人,通常是父亲……而实践中,家庭里的母亲头脑中的第一个问题……是'如果孩子死了,谁来支付殡葬费?'"[44]

为神圣的儿童投保:从体面的棺材到养老基金

有关儿童保险的斗争体现了从19世纪后半叶开始的对童年的文化再定义,儿童保险正好遇到了这一转变。对于它的反对者而言,儿童保险是早先功利主义童年观念的延伸。但是,在全美儿童救助运动的目标中,儿童保险业者却有着经济上的利益——如果不是道德上的话。对儿童生命神圣性的新生的尊敬就生意而言是有好处的。保险公司开始成为延长年轻生命的努力的活跃伙伴;他们散发小册子,指导父母正确地关爱他们年幼的孩子,甚至派护士前往照看生病的孩子,或是帮助新做妈妈的人。保险代理人兼任了社会工作者的职能,给"工人的家庭带去跟儿童成长和培养以及健康卫生方面相关的法律法规"。[45]保险远不是让儿童的生命变得危险,而是拯救了儿童。保险的倡导者指出,投保的儿童比起那些未投保者受到了更快更好的医疗照顾。在其1895年对马萨诸塞州议会的证言中,约翰·D·朗描绘道:"医生不是被召唤得更快了些吗?而且,他不是准备得更充分地来到生病孩子的身边吗?——如果孩子投保了的话。"[46]

保险官员还指出,正是在投保儿童数量激增的时候,儿童的死亡率开始下降。到了1896年,下层阶级儿童的死亡率下降到了这样的程度,以致保险公司甚至愿意在不明显提高保费的前提下,提升投保理赔金。该行业很快就这一人口统计数据上的改观而自我庆贺——这可能意味着因为他们的生意提升了穷人,"让他们的生活达到了更高的水平"。[47]事实上,在年龄相当的条件下,投保的儿童比没有投保的儿童有更低的死亡率。比如,在1897年到1901年间,1—2岁美国儿童的预期死亡率是每千人46.6,而保诚公司的这一年龄段的客户,死亡率是每千人仅31.6。对5—10岁的儿童来说,这一时段的预期死亡率是每千人5.2,但保诚公司客户则为4.4。保险公司不要求对儿童做任何医疗检查,所以其死亡率并不是经过筛选的结果。同样地,参保英国保诚公司的儿童比起根据标准生命表预测的结果有着更低的死亡率。⁴⁸

儿童救助者和儿童保险者的联盟在1909年的儿童福利大会上正式成立,在此,作为嘉宾发言人,大都会人寿公司的总裁将它称为"无论是在保险史上,还是在儿童福利史上均属非同寻常,这是因为……自基本人寿保险问世以来……好心的男男女女都抓住时机对儿童保险进行谴责"。⁴⁹

这项生意在继续扩展,到了1928年,由三大保险公司售出的所有保单中有37.4%归属于儿童。战后销售的增长超出意料;在1945年有价值100亿美元的人寿保险是提供给15岁以下的儿童的。到1950年,总额达到了170亿美元。由美国人寿保险委员会在1976年主持的一项重大的全国性调查发现,全美15岁以下的儿童有57%有某种人寿保险保障。甚至初学走路的孩子也参保了。在1978年,全美最大的连锁日托学校——温馨关怀学习中心公司(Kinder Care)推出了"温馨生命险",一种在公司725个中心附带出售的儿童保险。到1982年,大概有43000名父母就他们孩子的生命购买了这一5000美元的保单。⁵⁰

然而,儿童生命变化的价值在1920年代之后转变了保险生意的法律基础。"可保之利益"的严格金钱标准变得越来越不足以测度经济上没有价值的儿童的分量。早在1880年代,法庭便开始认识到爱和情感关系在测度儿童价值方面的有效性。在一个里程碑式的判决中,奥罗克诉戴维斯一案的法官宣布:

4 从正式的埋葬到恰当的教育：儿童保险的情况

对好处或者收益的预期并不必然总是能够被金钱所度量；对父母而言在孩子的生命中有一个可保之利益……在这种情形中，自然的情感被认为是更强有力的——运作得更有效率——的对投保生命加以保护的力量，它甚于任何其他的考虑。[51]

人们已经认识到只有很少的例外，比如说只有对一些童星（比如，秀兰·邓波儿在9岁的时候被投保了60万美元；劳埃德保险公司为9岁的杰基·库根的一次旅行提供了5周的保单）而言，父母失去孩子时会损失金钱。的确，坚持金钱损失的法律虚构会导致尴尬的结论：一般的孩子的价值为负，他们的死亡对于父母而言则是个收益。

为孩子投保的其他理由也出现了。随着下层阶级的孩子活得越来越长，为孩子的死亡提供仪式已经越来越不必要。相反，在资助非生产性的儿童方面有了新的压力。保险公司的营销方法折射了儿童作为昂贵消费品的新地位；销售给儿童的保单现在是为了"孵蛋出窝"。16岁或者21岁到期的留本基金（Endowment fund），创建了教育或者婚娶的资产，成为最受欢迎的保单。保险甚至在儿童金融教育中是至关重要的元素，它谆谆教导要形成"有远见、有计划和节俭的观念与习惯"。[52] 随着其从葬礼资助转化为教育基金，儿童保险也逐渐成了中产阶级的投资对象。如果说19世纪时受保的孩子来自劳工阶级家庭，此时（指1920年代之后——译注），74%的家庭年收入在20000到24999美元之间的儿童参与了某种形式的保险，相对而言，家庭年收入在6000美元之下的参保率只有37%。[53] 随着儿童保险被中产阶级客户采纳，随着死亡率下降，在1930年代反对投机使用保险的法律限制首次开始放松，最终在1940年代和1950年代与更多的权限一起彻底消除了。

已有证据并未表明早期阶段行业公司在儿童投保方面存在什么明显的性别差异，但是到了1920年代之后，中产阶级父母为他们的儿子投保相对为他们的女儿频繁得多。迟至1976年，一个成功的女性保险代理人评论道："虽然可能会显得有些不开明……我相信应该区分开对女孩的保险和对男孩的保险。"她向男孩推荐终身保险，对此他们自立后就能接管。但对于女孩，她偏好一个有限期的支付计划险，她这样解释："我真心希望不让其……未来的丈夫来承担他们的妻子的保费。"[54]（事实上，她没有实施从而没能实现这种"真心希望"——译注）

仅仅基于经济的说法，儿童保险的成功是不能被理解的。正如一个保险承销商承认的那样，对儿童进行保险的目的永远"一定程度存疑"。[55] 专家同意，对儿童设立教育基金比起人寿保单而言，能通过投资累积出更为丰厚的利润。保险专家梅尔认为，销售儿童人寿保险的争论"在推进销售方面比在解决购买者的问题方面更为有效"。[56] 1974年的《人寿保险消费者协会报告》（*Consumers Union Report on Life Insurance*）指出，儿童保险在经济上是非理性的（即便是在高收入水平下，儿童保险也会降低收入和州税款）。一项更为近期的《消费者报告》强烈谴责儿童保险"浪费钱财：孩子的死亡是个人悲剧，但它并非一个财政悲剧，没有必要用保险产品来担保它"。[57] 从一开始，客户就被保单象征性的吸引力所迷惑，它在19世纪末意味着表达对去世孩子的尊重,在 20 世纪则是对活着的孩子的一种爱。代理人指南和保险销售手册认识到了这种非经济的吸引力。有手册承认:"给你的儿子购买人寿保险只有很少的实际好处……但你可以购买人寿保险以回报他的爱、他的信任、他的尊敬、他的依赖,你能够被报之以美妙难忘的时刻,只有一个小男孩和他的父亲才能够分享。"1951 年的一份指南教导代理人,儿童保险市场"的广度和深度,恰如父母、祖父母对他们儿子和孙子的爱"。保险广告渐渐删除了临终儿童和婴儿殡葬的介绍性内容。大多数父母为孩子投保是"因为他们期盼孩子活着",教导手册这样提醒代理人,并强烈劝阻提及孩子的死亡。[58]

为儿童投保在 20 世纪之初成了大生意。但是它又是独特的商业实体,深刻地受到其年幼客户生命的情感价值的塑造。由于儿童已经从工作场所中被排除出去,从儿童死亡中获得的保险收益很难从经济的角度——也就是作为对儿童所损失的工资的替代——让人感到合理。对神圣的、经济上"无用"的儿童的保险转而成了一种准仪式性的生意。在 20 世纪之初,它为儿童体面的葬礼提供了资金;随后,它是父母之爱和关注的象征性表达。

5

从意外死亡到意外生育：
对儿童的法律权衡的改变

用金钱来赔偿死亡：简短的概述

19世纪儿童的定价

转折点:"一美分"儿童死亡案件

新的考虑：给"无用"的孩子定价

儿童死亡赔偿：特殊的金钱

结语：记入借方的儿童生命

5 从意外死亡到意外生育：对儿童的法律权衡的改变

我们考虑宝宝的价值时，不是把他们看作唤醒父亲们的闹钟，……也不是将其看作乡村集市中的挣钱人。我们也不能像内战前的南部地区（South of Mason & Dixon's line）那样给他们报市价。……但在这里，我们将要涉及的是这样一些案例，由于一些人的疏忽造成对婴儿的生命或身体的伤害，法官和陪审团需要对婴儿的价值作出合理的估计。

——"儿童的价值"，《核心法律期刊》（*The Central Law Journal*），1882

他说："不能对孩子的生命进行摊销，不是吗？"我回答说："我不明白，哈利。"于是他解释道："你不能宣称他值那么多，然后将该数值根据他法律意义上的存在或可估计的有用生命来进行分拆，最后说这就是他——他虽死却有所值——可一笔勾销的价值了；你不能这样做，因为你应该估算最终损失，不是吗？"

——《费尔蒂希》（*Fertig*），索尔·尤瑞克（Sol Yurick）

1896年，佐治亚州的一对父母因为他们2岁孩子的不正常死亡，把南方铁路公司告上了法庭。尽管强调这个男孩能够为他们带来金钱价值——每个月2美元，因为他能"到邻居那里帮忙……照看并逗乐……更小的孩子"，但他们没有得到任何的赔偿，除了少得可怜的一点殓葬费用。法庭认为这个孩子"太小了，根本没有任何获得收入的能力，因此被告不需要为这个悲剧作出赔偿"。形成鲜明对比的是，1979年1月，当3岁的威廉·肯内历在一个城市的牙医诊所因为致命剂量的氟化物药剂而死亡时，纽约州立最高法庭判定孩子的父母能够得到75万美元的赔偿。[1]

19世纪和20世纪处理这一情况时，金钱数额上的不一致，所反映的当然远不是通货膨胀这么简单的问题。在这一法律过程中，我们能够观测到儿童价值定义的改变。儿童发生事故的惨剧，如我们在第一章中所提到的，不仅仅在马路或是火车轨道上发生，还同样被以另一种方式端上刻板的法庭。为寻求金钱的赔偿，父母要和被告——通常是19世纪的铁路公司和20世纪的电车公司或汽车主人的代表——对抗。把悲剧转变为法律诉讼，把父母的感情转变为现金，通常是困窘的。1888年，一个14岁遇害儿童的父亲要求了3000美元的损失赔偿，但是，他说"哪怕是给1万美金，（他）也不愿失去孩子"。1922年，一个旧金山的电气技师，可能是由于认识到金钱之意义的不足，在出车祸撞死了一个4岁的女孩后，赔偿的形式是——他自己5岁的孩子伊莎贝尔。[2]

美国的法庭是怎样给儿童的生命定价的呢？这一章关注的是法律体系中，确定因事故死亡的儿童赔偿金的不同标准。19世纪的裁决主要取决于经济的原则：估算（失去）一个孩子所损失的劳动和服务的现金等值。但是因为儿童的经济价值不断减弱趋于无用,这一常规程式被打破。20世纪,对神圣儿童的定价困扰着法律专家和法庭。经过大量反复不定和公开的争论,新的情感标准逐渐发展出来,以决定经济上无用的儿童的现金价值。

用金钱来赔偿死亡:简短的概述

意外死亡民事诉讼的目的,是决定相当数额的资金对失去受害者的家属提供补偿。不同于刑事案件,这类案件中道德上的罪恶问题与惩罚无关。19世纪的陪审团会被告诫要警惕"这样一种感觉:被告应该为自己给一个家庭带来的不幸支付很高赔偿……这种意外的事情总是不可避免地随机发生在我们的生活中……金钱并不能补偿他们的损失。法律……只简单地试图测度金钱上蒙受的损失,超出了对伤害合理赔偿的补偿,法律并不支持"。[3] 陪审团在估计损失时有很宽的自由裁量权。和保险赔偿金相比较,意外死亡的裁决不遵循任何固定的或精确的数学规则。因此,每一个生命的价格,竟取决于法庭上的讨价还价。但是,各个州的立法机关对于赔偿的上限都做出了很严格的规定,以防判罚过度。比如在1893年,有22个州的最高赔偿额度都在5000美元到20000美元之间。此外,考虑到法官、陪审团裁决的不确定性,高等法院诉讼人经常同意进行庭外和解,这样他们获得的赔偿要远远低于最初索要的额度。[4]

对于生命的法律上的定价并非美国独创。事实上,意外死亡相关法律演变的不确定性一直都困扰着学者们。早期的盎格鲁—撒克逊法，允许对谋杀用金钱和物品（比如牛或是玉米）作为赔偿。这种惩罚性的赔偿金额（被称为"赎罪抚恤金"[wergild]或是血钱[blood-money]）是由社会地位而不是个人价值来决定的。但是英国的法律在17世纪发生了逆转，声明"人的死亡不能和意外伤害一样被控告"。[5]直到1846年，仍只允许对意外伤害，而非死亡，进行补偿。形成鲜明对比的是，美国殖民地法庭常规性地判给刑事案件中的受害者家属金钱补偿。到18世纪以及19世纪初，针对死亡的独立的民事法案在纽约、康涅狄格州以及缅因州的一个联邦法庭获得了承认。但是1848年以后，很多美国的法庭采用了英国式的方法，否定对死亡事件的起诉因由："对于文明、开化的头脑来说，根据基督教的教义，人的生命是神圣的，用金钱来赔偿失去的生命是令人厌恶的……"[6]这就导致一种非常奇怪的状态，如果伤得很严重，个人能提出诉讼并获得赔偿。但是如果该人死了，其家属却得不到任何赔偿。因此，可以很讽刺地说，杀死一个人要比使其致残更便宜。随后的转变是，对于意外死亡的赔偿在19世纪后期又被重新提了出来，但是非常严格地被限制在赔偿经济损失的范围，而没有为社会性的损失或是道德上的伤害和痛苦提供任何回补。[7]

由于铁路、电车以及其他工业事故的大量增加，在19世纪的最后几十年中，非刑事诉讼迅速增加。诉讼费用很高，但是律师使用胜诉取酬制接案——这就允许穷人起诉大公司。然而，为幼小生命定价提出了一个特殊的挑战。一些法官和陪审团关于儿童死亡案件的时常冲突的观点和判决，为洞悉美国儿童变动的价格和价值提供了独特视角。[8]

19 世纪儿童的定价

19 世纪的法庭是怎样对一个孩子的生命进行定价的呢？给陪审团的导引很清楚：对于未成年儿童死亡所带来的损失的恰当的衡量标准是"从死者死亡开始到预期他成年之间的时间段内，他可能提供的劳务价值，减去他在这段时间内维持生活的费用"。[9]1896 年，在 7 岁的埃蒂·普瑞斯曼意外死亡案件审理中（参见本书第 54 页），她的父亲提出他需要自己年幼的孩子工作来贴补家用："是的，我赚的钱和孩子们赚的钱一起才够用，他们每个人每个星期能够赚到 3 美金……"法院因此同意赔偿他 1000 美元，补偿因他女儿死亡而失去的劳务和收入。财务簿记详细、准确，了无遗憾。无独有偶，陪审团同意为一个 12 岁的孩子赔偿 5000 美金，他"聪明……（并且）很会赚钱,（他的）父亲拥有……一个歌剧院,（该男孩）能够在其中照看所有的生意，包括注意火灾，卖票……他的劳务值……50 美元每个月"。[10]为每个孩子确定一个公平的市场价格，通常需要雇主对其一般的收入能力的庭审证言。在下文的交叉质询中可以看到，陪审团的裁决通常取决于富有技巧的商讨：

问：……现在我问你，你认为（这个孩子）用钱衡量的话值多少？……你有一个 12 岁的继子：你会怎么去衡量他的价值——从 5 岁到 21 岁值 10000 美元?

答：是的，我认为他值这么多；12 岁到 16 岁或 20 岁之间的男孩子值 75 美元或 80 美元每个月。

问：这难道不是件非同寻常的事情吗，是不是一个非同一般的小男孩才能够达到呢?

答：我想他就是非同一般。

问：好的，那么假设一个男孩在他成年以前的 6 年里，每年平均能够最高赚到 720 美元……那么总数是 4370 美元（原文如此，实际应为 4320 美元——校注）。扣除 6 年里每年 360 美金的花销，也就是 2160 美元，那么他的净收益是 2210 美元（原文如此，实际应为 2160 美元）……

陪审团判决为 5 岁孩子的死亡赔偿 2265 美元，而原告原来要求的赔偿额是 10000 美元。[11]

由此可见，19 世纪美国的法律在衡量孩子的价值时，特别重视经济价值。比较明显的是，早先的关于死亡的重要民事案件中，4/5 的案件都涉及未成年男孩。在缅因州，早在 1825 年（在英国仍否认死亡存在任何补偿之基础的时候），摩西·帕拉莫就能够为他 12 岁的儿子，罗神号双桅船上的学徒的死亡，而对罗神号的船主和船员进行起诉。在佐治亚州，1852 年到 1882 年之间，死亡抚恤金只有涉及儿童时才是可获致的。[12] 与女孩死亡相关的诉讼相对较少，考虑到女孩中发生意外事故的更少，这是可以预料到的现象。然而，获赔金额并未呈现显著的性别差异；无论男女，大多赔偿都在 2000 美元到 5000 美元之间。[13]

5 从意外死亡到意外生育：对儿童的法律权衡的改变 | 157

在19世纪，一个孝顺懂事的女孩（不管是男孩还是女孩，孝顺懂事都能够增加价值）提供的家务劳动具有很高的金钱价值：一个7岁的小女孩在印第安纳州的一次铁路事故中遇害后，陪审团被要求考虑如下事情的货币价值："做所有需要善心和耐心的事情……照顾家里的病人……照顾其他的孩子……作为一个女儿合理被预期要做的事情……这些事情对于她父亲来说很有价值，因为，如果她不做的话，就需要额外的帮手……来帮忙做这些事。"[14]

即使是非常小的孩子，其死亡也开始变得可以在市场上得到估价。尽管英国的法庭拒绝为7岁以及以下的孩子提供赔偿；在美国，那些"如此年幼以至于不能挣取工资"的儿童在死亡时，预期的损失偶尔也能获得赔偿。举例来说，在艾豪诉第42街和GSFRR公司这一先驱性案例中，法庭拒绝对一个3岁孩子的死亡带来的损失仅作微不足道的补偿，而是裁决赔偿1800美金。此类案例中的货币价值是基于对儿童未来工作潜力的估计。在欧德菲尔德诉纽约HRR公司的案件中，6岁的赫蒂·丹妮，被纽约HRR公司的车子撞死。法庭判决赔偿她妈妈1300美金，其基础为"这一损失是由陪审团参考（受害人家庭）遭受的持续性金钱损失来评估的……它不是死亡所产生的当下实际损失……但却也是死亡的未来损失"。当然，也有例外。在雷曼诉布鲁克林的案件中，对于一个4岁孩子意外死亡的赔偿被否决："这个幼小孩子的生命，尽管在别的方面可能是无价的，但是他没有金钱的价值。"婴儿和2岁以下的儿童很大程度上被忽视，认为是没有经济价值的。[15]

下层阶级家庭的儿童更容易遇到意外死亡，折射了19世纪原告的社会等级问题。他们通常是贫穷的父母，往往是处于"赤贫状况下"的寡妇。而死者父母的财务状况被单独地列出来，作为民事法庭判决儿童死亡赔偿的一个关键因素。在一项具有开创意义的判决中，法官指出："提出诉讼的父母的情况……通常成了必要的证据……来证明孩子的行为是有价值的……在父母经营一个小牛奶场的情况下，所有的家庭成员都工作。孩子通过完成一些职责来帮助母亲，让她可以从事其他更必不可少的劳动"。[16] 在交叉质询中，一位1899年死于有轨电车车祸的12岁儿童的父亲，直截了当地表达了他的经济困境：

问：现在，我希望你告诉陪审团你的生活状况是怎样的，你维持生计的方式，以及用货币来衡量的话，你是否很有价值？

答：我没有什么价值，我也不能工作。我的孩子们给了我很大的支持。[17]

穷人孩子时常在单独玩耍或者在更大些的兄弟姐妹的照顾下遇害。和新闻媒体或是儿童福利机构控诉低阶层父母不同的是，法院不愿将缺乏适当的成人监护判定为父母的疏忽。一项早期的判决解释了原因：

大量生活在城市的儿童依赖于父母双方每天的劳动……这些父母没有能力雇佣保姆，来时时刻刻细心照顾孩子……我们不能在法律上规定，每当一个孩子……在街头无人看管时，母亲就是有疏于监护的过失……这样的法规将使整个城市的劳动居民减少。[18]

兄弟姐妹被认为是可以接受的照看者，一个 10 岁的姐姐，"是完全有能力保护一个 3 岁的孩子不受伤害的，而一个 10 岁女孩的母性本能，通常能让她非常贴心和勇敢地照顾好更小的孩子"。[19]

在裁定中，中产和上等阶层父母更难被判得意外死亡赔偿。毕竟，受教育的儿童，会花费更多的费用，却只能提供极少的金钱收益。正如 1867 年威斯康星州一个案件中指出的那样："这类家长的孩子能够从其父母那儿获得的金钱支持……远远超过他们能够带给其父母的。"[20]

总的来说，19 世纪对于意外死亡儿童进行法律估价的原则，和对成人的非常相似。在衡量一个丈夫、父亲（的去世带来的）的损失时，考虑的是他预期收入的价值损失；对于一个妻子来说，她的预期价值是能够提供的家务劳动；而对于一个孩子来说，预期价值就是他/她在成年之前提供的劳务减去抚养的费用。在每个案件中，道德和感情的考虑，是被习俗和法规排除在外的。

转折点："一美分"儿童死亡案件

十九世纪与二十世纪之交，随着意外死亡的索赔量日增，对于赔偿的更精确和统一的货币估计，开始变得越来越重要。

精算师恳求法院把他们的计算作为必要的证据，医师发展了一种"身体经济学"（Physical Economics），"一个衡量个体的挣钱能力的公式……据此可以给一个人定级或是评估他的经济价值"。他们寻找一种"标准的金钱价值——为每一个男人和女人，男孩和女孩"作出衡量，这受到了媒体的鼓吹。[21] 然而，对于生命的测度，似乎并无与经济杠杆相抗衡的方法。举例来说，用 2601 美元的金钱价值来标定一个 10 多岁工薪阶层的男孩，是根据他可能获得的工资估计得到的。但这种稳固的 19 世纪的金钱权衡规则被慢慢削弱。计算一个神圣的孩子的价值，需要一种不同的计算——对于经济上无用的孩子，需要一种新的公式来确定其死亡带来的经济损失。既定的法律原则和孩子价值变更之间的紧张关系，导致了一系列意想不到的，具有戏剧性和争议性的儿童死亡判例。

最初的影响恶劣的案例于 1890 年代末期爆发。1896 年 4 月 10 日，梅尔维尔·格雷厄姆，一个 5 岁的孩子，在泽西市闹市区和朋友们一起玩耍时，被一辆电车撞死。他的父亲亚伯拉罕·格雷厄姆，对牵引（Traction）公司提出了诉讼。陪审团 5000 美元的赔偿裁决以"显然过高"的理由被驳回。1898 年，这一案件的第二次审判也是相似的结果，5000 美金的赔偿裁决被法官驳回，并且法官严厉地指责陪审团"无知、偏见、冲动、腐败"。根据愤慨的新闻报道，甘迈（Gunmere）法官总结道，根据现行衡量损失的金钱标准，这个孩子的生命价值不超过 1 美元。格雷厄姆坚持继续上诉，第三次陪审团提出的 5000 美元的赔偿仍然被法庭驳回。1900 年，该案第四次开庭审理，陪审团提出的是 2000 美金的赔偿,但是正如后来被形容的那样,法院"令人吃惊地一赌气"将整个案件拒之门外,拒绝判决任何赔偿。[22]

此时,格雷厄姆案已成为一个著名讼案,闹得满城风雨,成为新泽西各大报纸的头条,并引起了公众的愤怒。开始时,法律观察家都感到不解。甘迈法官只是遵守既定的损害赔偿的经济原则。《新泽西州法律杂志》的编辑收到一些读者来信,称赞甘迈的"勇气,能力和公正性"。但有些来信则指出,公众可能会被法官"提出法律主张时直白,冷酷的方式"激怒。[23]

不过,这并不仅仅是麻木不仁的措辞的问题。1898 年,格雷厄姆案第二次审判之后,《泽西晚报》一则尖锐的社论,旗帜鲜明地以"一个孩子生命的价值"为题,阐述了为什么公众对甘迈的判决如此愤怒。有些人担心,如果儿童的生命是如此"便宜",那么就没有什么能够限制那些超速的电车和火车。甘迈有关(死去的)儿童丧失了所有经济价值的预设也被斥为不公正,"有 10 个儿子的父母境况要比没有孩子的夫妇好 10 倍"。但最重要的是,格雷厄姆案的判决是一次深层次的道德攻击:"甘迈法官……不幸地把他自己放在了这个国家人民的目光之下。认为儿童是一笔开销……进一步而言,认为他们是一种负担和浪费,麻烦之源……(我们)承认使他论述的逻辑能够成立的所有东西,然而没人能够赞成那样一种观点。"法官的宣判被认为,"不但是违背人的本性的,而且……和州法官席业已表述的任何意见一样,接近于法律的不道德"。[24]

在全美其他一系列公开的儿童死亡判例中,也出现了同样的问题。争论的焦点在于对儿童的令人吃惊的低额赔偿：一个纽约男孩获得6美分的赔偿，内布拉斯加州3岁女孩获得10美元的赔偿，密苏里州的12岁儿童仅得到1美分的赔偿。1895年，一个愤怒的纽约法官甚至不批准赔偿一个8岁死亡儿童50美元。在安排一个新的审判时，法官普雷尔表达了他的担忧，一个聪明、健康的孩子可以用"一条狮子狗的价格"来标定。[25]几年后，在"对儿童价值的一项估计"中，《纽约时报》头版报道了另一个让人匪夷所思的案件，这次，案件发生在印地安那州。陪审团破纪录地花费了53个小时来计算一个8岁孩子的价值："陪审团计算出8到10岁的孩子每周能够赚到45美分……（但）要花费84美分……10岁到12岁的孩子能够每周赚到75美分但是要花1.25美元。"类似的计算一直推导到21岁。最后记账出来的价值是599.95美元，远远低于其父亲最初要求的5000美元的赔偿。[26]

在纽约两个案件引起了公众的特别关注。在莫里斯（Morris）诉大都会（Metropolitan）公司的案件中，一个因为有轨电车交通意外丧生的孩子仅得到6美分的赔偿。在进行引人注目的上诉后，查尔斯·莫里斯（Charles Morris），孩子的父亲，获得了7500美元的赔偿。媒体对这一慷慨的判决给予了很高的评价，它证明了孩子生命的"价值要高于6美分"。阿诺德（Arnold）案件就没有那么成功了。1911年在纽约州博览会期间，一辆高速行驶的汽车意外地冲入观光人群中，撞死了4个成人和9岁的亚瑟·阿诺德（Arthur Arnold）。那些幸存的受伤者每人得到了5000美元到10000美元不等的赔偿，但是法庭却只裁定给亚瑟的父母 500 美元的"恰当、合适"的赔偿。[27]

观察者被这些从未遇到过的裁决所震惊。在扭转莫里斯 6 美分的赔偿过程中，法官注意到："在几乎一贯的程序中，由于疏忽导致婴儿死亡的损失赔偿"，无论怎样"已是一笔巨额的费用……尝试找到这类案件的赔偿判决和……冒犯道德情感的裁定之间的逻辑联系，也只是徒劳"。[28] 但是作为转折点的这些案例，其逻辑联系是无懈可击的。这一赔偿的"突然过于价廉"，部分地是由于原告属于一个新的类型：要求通过现金来补偿未成年子女死亡带来的收入损失的贫穷、多病或丧偶的家长之中，加入了一群中产阶级父母。为什么他们要因为失去一个没有什么经济产出的孩子要求赔偿？查理斯·莫里斯自己在法庭上坦率地表示，他的儿子莱斯利，"……在他的一生连 1 美金都没有赚到过，我也从来没有通过他的劳务多获益过 1 美金……直到他离开人世，他只是花费我的钱。我要抚养他，为他提供吃穿"。[29]

陪审团首席陪审员确认他们达成了赔偿 6 美分的共识，是因为莫里斯是一个富有的人。如果衡量损失"仅仅是一个财务和商业的问题"，象征性的赔偿就是公正的。法院不过是在完成他们该做的工作。事实上，提菲尼（Tiffany）1913 年版的《意外死亡法规》(*Death by Wrongful Act*)（关于该主题的唯一文本），赞扬格雷厄姆式（Graham-Style）判决"更加符合逻辑"。[30]

但是对这些 20 世纪之初的判决，公众的愤怒与这些所谓的法律证据和逻辑毫不相关。它所反映的是，对于孩子的价值判断从经济性向情感性转变所造成的两难困境。正如对孩子的保险一样，对神圣孩子的法律定价，在一定程度上是一种亵渎。毕竟，如果父母之前急切地希望从子女的劳动中获得物质的收入，由于孩子的死亡而带来的这笔横财又怎能说公正？广为人知的《当代文学》（Current Literature）在其编者按"孩子的价格"一文中写道，"最本能的反映应该是……宣称……面对他们无法弥补的损失，丧子的父母根本就不屑于接受赔偿"。又一次，这里回响起儿童保险反对者的声音，一些法律制定者否决了对儿童死亡案例的高额赔偿，"因为……这相当于在儿童死亡之上设奖，在很多情况下可能危及他们的生命……"[31]

不过，关键的争议不在于父母贪婪的可能程度，其更深刻的两难困境在于如何决定一个孩子的价值——在他没工作的时候，也就是，在并不存在市场价格的条件下评估其价值。《当代文学》的文章指出，"一个孩子到底值多少？花多少钱可以杀死一个男孩或女孩？难道一个年轻生命的实际价值能够通过几元几角来衡量吗？"通过拒绝赔偿，或是提供名义上的赔偿金，以及备受争议的关于意外死亡的判决，都挑战了孩子的新的神圣价值。1899 年，肯塔基州的一项判决大大地降低了死亡赔偿的金额，持异议的法官指责投票中的多数是不道德的实利主义者，他说："如果像古尔德（Gould）、范德比尔特（Vanderbilt）、洛克菲勒（Rockefeller）……这样的人被杀害了，而不是名为 Stock 的孩子，那么赔偿额一定会是几百万美金……"[32]

事实上，新闻界很高兴法官认识到，不像 19 世纪那样价格决定价值，对一个神圣孩子来说，应用价值确定他们的价格。欧高曼（O'Gorman）法官因为"如此粗浅和邪门，会动摇道德观念"而驳回了对一个 5 岁孩子的死亡提供有名无实的赔偿判决。为此，他受到了高度的赞誉。《波士顿早报》指出，"除了金钱之外，还有其他的考虑，父母和其他了解一个孩子在家庭中价值的人，将更加支持欧高曼法官的裁决而不是甘迈那样的裁决"。[33] 如劳森布斯基（Rauschenbusch）教授若干年后所说的那样："一个孩子就值 1 美元吗？……只要不是被粗陋的拜金主义所蒙蔽而看不到任何其他价值的人，都会意识到，孩子虽然不能够马上带来经济的收入，但是他本身就是一个家庭中最有价值最有活力的财富……（孩子）带来的欢乐是无可比拟的……"[34] 儿童的情感价值的货币化就此开始。

新的考虑：给"无用"的孩子定价

到 1920 和 1930 年代，对于死亡儿童父母赔偿的两难困境被进一步扩大了。由于禁止使用童工的立法和强制教育，将大部分的孩子从劳动力中转移出来，孩子的神圣化定位日渐跨越了阶级的分割。1916 年宾夕法尼亚州的一项决策，认识到有必要就死亡问题制订新标准，"可能……除了商业的价值之外，生命本身对于社会、家庭和人际关系也具有其自身的价值。"[35] 但是，法律继续顽固地遵照已经不适应时代的原则，来给"无用"的孩子定价。用算经济账来对意外死亡案件进行判决，掩盖了公众对于大量儿童死于意外事故的恐慌和悲痛。1920 年代后期，由于法庭中充斥了大量的车祸案件（包括儿童和成人），使得法律教条与社会现实问题之间的矛盾被激化了。正如一位评论家所指出的：

> 哈迪的确是一个专业人士，他推进着审讯，以让人们知道他将不得不证明死去的孩子是一项金融资产……让陪审团考虑这样的疑问难道不是公平的吗？……是什么让人们……在审判中……如此同情一个年幼孩子的死亡……以致整个过程不断被母亲的恸哭所打断？[36]

法律评论文章中一再地将儿童死亡视为敏感和令人不安的案件。初期对19世纪损失衡量的法律批评，部分地是针对货币赔偿制度的实践限制。但是，很快就出现了关于道德的标准，谢戴尔（Schendel）诉布拉德福（Bradford）一案中的首席法官，反对"冷血地计算人生命的价值……向6岁孩子的亲人提供经济赔偿，仅仅是对孩子的商品化，就把一个孩子失去生命的问题引导到美元这种金钱的纠缠中"。[37]

矛盾的是，不赞成用经济价值来衡量成人生命的观点已经基本上得到改变了。新的测量措施正不断地得到完善，被用于估计一个男性工薪阶层的经济价值，或是一个家庭主妇的替代价值。但是当涉及孩子的生命时，即使是统计学家也无能为力。都柏林（Dublin）和卢卡（Lotka），作为编写了第一个根据年龄计算成年男子经济价值的公式的人，他们承认问题的困难："抚养一个孩子不像是运营一个企业，能够将其预期的利润和损失投射汇聚为一个资产负债表……我们只能一对一地针对不同的情况来看，它不能纯粹以未来净收益的现值来衡量，相反，它不可避免地要涉及感情的因素……"另一个经济分析家提出了同样的观点："单单情感本身就可以用来衡量一个婴儿生命的价值。"但是，当如何精确界定一个孩子生命的价值的问题困扰着研究人员时，有一点是毫无疑问的：抚养孩子的成本开始迅速而惊人地增加了。据估计，到1930年，一个年收入约2500美元的普通家庭，平均要花费约7425美元才能把一个孩子养到18岁。[38]

那么，法庭要如何对20世纪"神圣"而昂贵的孩子进行估价呢？毕竟，被告人现在可以很容易证明，死去的孩子是一项财务负债。而对工作的未成年人提供的补偿也因为违反禁止使用童工的法律而受到了批驳。但是，所有的证据都指出，1920年后，对于死亡儿童的补偿在不断增长，甚至非法雇用的未成年工人抚恤金也在显著增长。尽管一些州拒绝对未成年的工人提供赔偿，印地安那、纽约和新泽西州却提供了双倍的赔偿，威斯康星州甚至在非法雇用的未成年人受工伤时提供3倍的赔偿。可以肯定的是，立法意图是通过增加童工伤害的支出来遏止使用童工。但是，低额的赔偿同样也被指责为不尊重儿童生命的侮辱性金钱标识。[39]

对1920年到1960年代之间的法律文献、法庭判例以及法律条例的分析表明，情感关注渗入意外死亡诉讼主要以两种方式实现的——一种非常明确，另一种比较隐晦。1912年，佛罗里达州的法律条令承认了儿童死亡案件的特殊性：对死者的父母进行前所未有的权利补偿，以弥补丧失未成年子女给其带来的精神创伤和痛苦。在凯莱（Kelley）诉俄亥俄铁路公司（Ohio R.R.）的案件中，司法解释援引了西维吉尼亚州相关法规承认"公平公正"的损失赔偿，同时考虑了父母的痛苦和悲伤。"（被告的）钱应该被支付（给原告）以示安慰……他有什么理由不这么做——当他带给了……一对父母在墓穴前如此巨大的悲伤？他所带来的损失如此重大，造成心灵上的重创，远远超过了金钱上的损失。"[40]

在其他少部分州，根据明文条款或是司法解释，"金钱损失"的定义延展到包括孩子带来的社交和陪伴损失。早在1890年代，加利福尼亚州率先考虑了金钱之外的损失。在蒙洛（Mounro）诉疏浚（Dredging）公司的案件中，对母亲的悲哀的考虑被法院驳回，但陪审团被引导在确定货币赔偿时，考虑因为失去儿子而带来的"舒适性、交流感和保护的丧失"的价值。[41] 显然，长期反对赔偿非经济损失——也就是"一头是金钱和一头是悲伤"之间的权衡——的政策，在很多儿童死亡的案例中率先被打破。可以肯定的是，支付精神损失费并不限于儿童。但是在不可能证明存在直接金钱伤害的儿童死亡案件中，它变得尤为必要，从而增加了此类判决的数量。佛罗里达州的一项给予原告12500美元的判决对这种新理性做出了说明："那些没有经历过把孩子带到这个世界上、爱着他并计划着其成长、结果孩子却被死亡夺走的人，不能够想像在遭遇这样的悲剧时一个人需要承受的心理创伤和悲痛。世间没有任何其他的灾难能对身体和精神系统造成这么大的打击和痛苦。"[42]

尽管很多的法庭和法律条款仍然根据金钱的得失来衡量赔

偿,但是他们理性的簿记也同样无形中受到非经济因素的影响。含蓄地承认孩子情感价值的最好证明,就是即使是在那些否定对情感损失做赔偿的州,也会对孩子的死亡提供充足的赔偿。对于成人死亡的赔偿额度也在增加,但是儿童死亡案例中增长的幅度相对较大,尤其是相关案例的判决经常从 0 或微不足道的名义赔偿增加到巨额的赔偿。[43] 法院在裁定大额的赔偿时,系统性地忽略了抚养子女的成本的证词。例如,在早期华盛顿一个两岁女孩死亡的案件中,家长承担得起并打算让其接受好的教育,被告在辩论中试图介绍可能成本的努力被阻止了。法院支持了相当数量的赔偿判决,尽管有足够证据显示父母的支出将超过女孩带来的任何潜在收入。同样地,在一个 13 岁男孩死亡的案例中,关于"食物、衣服,或其他个人开支"之成本的证据被驳回,因为"不是本案所需要的证据。几乎没有家庭会明确记录抚养一个孩子的费用"。法庭最后支持了一个颇有争议的补偿数额。到 1943 年,这一情况越来越明显,"被告阐述预期成本超出预期报答性收益的权利,已经完全失效"。[44] 因此,不管是通过明确还是含蓄地承认儿童的情感价值,有证据表明,儿童死亡所"放弃"的价值在不断上升,尽管他们生命的经济产出是下降的。

1904 年,新泽西州一个有争议的裁决成为了全美的头条新闻。该案涉及一个 16 岁男孩和一个 19 岁女孩,他们因电车和火车相撞而死。最初的判决是分别赔偿他们家人 6000 美元和 5000 美元,但是北泽西街(North Jersey Street)铁路公司以额度太高为由提出上诉。在新的裁决中,亚当斯(Adams)法官维持了对男孩 6000 美元的赔偿，但将对女孩的赔偿降低到 3000 美元。他指出：

> 女人可能是养家糊口者，但男人却必须是。如果她有可能……投身于教育事业而不结婚的话，她能在几年以后挣到——即便非常成功——最多每月 110 美金……这是对韦帕帕小姐未来资金收入的最乐观估计，而我认为对伊斯特伍德先生的预期至少是其两倍的收入。

十年后，一个新泽西州的陪审团因为类似的歧视性裁决，激怒了著名的妇女选举权运动领导人。在对一家浓缩牛奶制造商的起诉中，一个 3 个月大男婴的父亲被判获得 2000 美元的赔偿，但是男婴的孪生姐姐却只能得到 1000 美元的赔偿。[45]

不过，性别歧视在儿童死亡案例中并非惯例。举个例子，某法律期刊关于新泽西州这对龙凤胎案的一篇评论中，认为它"触目惊心，两个这么小的生命，价值的差异可以如此之大"。虽然统计学家的计算结果表明，一名男童的潜在经济价值，确实是同龄女孩的 2 倍，陪审团的判决，并不必然受经验估计的限制。[46] 考虑到在死亡问题上的男女平等，1935 年纽约法律修改委员会建议，在估算女孩的生命价值时，可囊括情感伤害因素以补齐不足："如果金钱上的损失是计算损失赔偿的唯一依据，那么意外死亡的男孩能够获得的赔偿要比女孩高。"[47] 因此，男孩和女孩之间的差异的缺失或许也能够为考虑儿童生命的独有的非经济价值提供进一步的佐证。

在 1950 年代，儿童生命的定价和价值之间始终没有解决的法律紧张关系再次爆发。1953 年，3 岁的约翰·马丁·空特尼在密歇根州圣克莱尔县的高速公路上，被厄杰·W·埃泊所驾驶的汽车撞倒。在这项让人回想起 20 世纪初的案件的判决中，法庭判决赔偿给孩子的父母 700 美元，以支付殓葬费。孩子的父母提出了上诉，但是法庭根据男孩可能带来的收益减去必要的花费推导出这一"公平、合乎逻辑"的结果，仍旧维持原判。但是这一次，大部分的法律界人士都提出了抗议，反对这一"可悲而无视生命"的判决。一位评论家谴责这一不恰当的推导方式："棺木是有价格的，但是躺在其中死去的男孩却被看成是毫无价值的。"在 1957 年关于意外死亡和幸存的研讨会议（由全美索赔律师协会举办）上，参会人员倡议将非经济标准纳入衡量儿童法律价格的体系中："如果我们是家长，会简单地视孩子为赚钱工具吗？法院必须承认普通的父母……多么愿意……（在他们的孩子身上）花钱……这不是一项法律的义务，而是一项愉快的特权。拥有孩子带来的欢乐，要比为其支付的金钱成本有价值得多。"[48]

塔尔博特·史密斯（Talbot Smith），在 1956 年有争议的案件中持异议的法官，成为了一个道德上的赢家。1960 年，史密斯在崴蔻（Wycko）诉郭特（Gnodtke）这一具有里程碑意义的密歇根州的案件中，就一个意外死亡的 14 岁男孩的情况，对意外死亡案件做出了变革性的判决。他的判决同意了孩子父母提出的 15000 美元赔偿，并反对关于"儿童—劳力"的公式，这表明了史密斯对传统方法的批判。如果现代的孩子是一个"受祝福的花费",为什么法庭还要坚持它们的"冷血的教条"？史密斯倡导一种新的方案,孩子的价值应该取决于过去父母在他/她成长过程中进行的投资："正如生产型企业,或是工业机器,其价值涉及的是采购……维持、服务……以及维修的费用,我们必须考虑到生命出生、食品、衣物、医药、启蒙、培养和庇护的费用。"这一"失去的投资"理论为确定"无用"的孩子的经济价值提供了一个当代形式,尽管它仍然没有直接为感情定价。NACCA法律期刊指出,史密斯的"道德优先论",反映了大多数美国法院的定位,它们在"关于儿童死亡案件的实践中,已经开始反对认为孩子没有金钱价值——因为他们不能够获得收入,这个一成不变的无趣而残酷的理论"。[49]

在过去的二十年,这一趋势成为一条更明确的道德标准。法院开始卷入对一些事务的金钱价值的决定问题：如抚养子女带来的喜悦,甚至是小女儿的一个晚安吻。1961年,美国联邦上诉法庭的一个判决具有里程碑的意义。在这一判决中,传统的计算经济价值的方法被进一步削弱,法院直接拒绝了扣除抚养一个7岁孩子到法定年龄的预估成本："这种冷血的扣除……会把一项不可弥补的损失变成'货币的得失',还有什么能比抚养孩子的荣幸更让生命具有价值呢？……对于这种神圣的关系,法律不是更应该祝福地给予,而不是索取吗？"[50]事实上,坚持遵守传统的经济原则,往往造成毫无价值的恶搞,如,原告的律师就去认真阐述一个孩子送报或是卖柠檬水获得的货币价值。

对于经济上"无用"的孩子的意外死亡案件的审判,涉及了一种奇特的现象,即情感的经济学方面的特殊实践。而在成年人的索赔案中,专家证人可以提供一些带客观性的证明,证实一个家庭主妇或养家糊口的人具有的价值,但是对于当代的儿童来说,几乎不存在类似的明确的等价公式。因此,儿童死亡案件的审判,取决于特定孩子主观情感的价值。正如帕吉特(Pagitt)诉基奥卡克市(Keokuk)的案件中所表述的,"这取决于对特定的父母和孩子来说,所有可能重要的情况……这个孩子可能提供的陪伴和社交的能力,以及其他让父母愉快的感受。"[51] 律师指出要把孩子"带回到生活中",通过家庭录像、照片来展现死去孩子的简短一生,"打篮球,骑旋转木马,在沙滩上堆城堡,或坐在圣诞树前的地板猜谜"。为了表达这个失去的生命的特殊性,律师还会建议去拜访失去孩子的家庭,"花一点时间去看看孩子睡觉的房子,里面还摆放着他生前的物品……从毛绒动物……到藏在床下的小工艺品"。[52] 但讽刺的是,之所以要明确这种孩子个人素质的不可替代性,目的还是为了要将其变成等价的现金。

陪审团还会考虑父母的悲痛程度。在儿童死亡的案例中,母亲是非常有说服力的主要证人,其次是父亲和其他兄弟姐妹。原告的律师在陈述时通常采用这样的标准程序:"你已经看到、听到孩子母亲的情况,应该知道这个孩子对她来说是多么的重要……任何见过这对父母,听到过他们的证供的人,都会感受到他们是为了自己的孩子而生的。"[53] 在容许提供精神损失补偿的地方,通常心理医生还会对家长受到的心理创伤提供证明。举例来说,在希伯特诉盖伊的案件中,一位著名的精神科医生为12岁女孩(她是5个孩子中最小的一个)的死亡提供的证词:

"这位母亲真的在她孩子身上投入了很多,尤其是对家里面最小的孩子……就像投资于热门股票一样……这是一位母亲将要奉献给社会的……如果这个孩子发生了任何的不幸……她也就失去了她的投资。……这使得(母亲)在遭遇这么巨大的损失之后……长期神经敏感,痛不欲生。"[54]如果说孩子经济上的价值主要是由父亲合法"拥有"的话,那么"无价"的孩子可以被视为是母亲的感情资产。

儿童死亡赔偿:特殊的金钱

尽管感情上的损失具有经济的等价性这一点越来越得到承认,金钱损失的法律拟制并没有被完全遗弃。为什么法律仍然哪怕仅仅是在名义上用 19 世纪有用孩子的模式,来衡量 20 世纪"无用"孩子的价值?尽管很多法学学者视之为"智力欺骗"和"审判不公",这种死亡儿童价值的"钱袋式"评估方式,在很多意外死亡条例中仍然存在。在某些案例中,金钱损失的拟制方式开始有了不同的发展方向。例如,在 1980 年格林(Green)诉毕特纳(Bittner)的案件中,新泽西州最高法院裁定,在父母年老时,孩子对他们的陪伴,是有经济价值的。"它的价值需要通过市场上请一个陌生人……提供这样的服务需要支付的价格来确定……这并不简单是……当孩子与父母在一起时交换意义上的损失,也不是伴随这一交换的快乐感的损失。毋宁说,这是失去了我们每个人都需要的引导、建议以及咨询……

这些……否则就需要从职业的咨询师、医学家和职业顾问那里购买的。"一些观察家认为,由于感情损失的赔偿可能出现的失控和不合理地偏高,一定程度上阻碍了法律条例的改进。他们对1971年佛罗里达州的一项开创性判决表示了担忧,在多米尼加航空(Compñía Dominicana de Aviación)诉纳普(Knapp)的案件中,一对父母由于孩子的意外死亡获得了180万美元的赔偿。这笔巨款据说主要是为了补偿死者父母精神上的创伤和感情上的痛苦,他们还放弃了对可能损失的所有劳务的索赔。[55] 然而,1974年的一项研究调查了关于意外死亡案件的不同立法的影响,结论是法律条例对于赔偿金额的大小并没有显著的决定性影响。"在给出可观的赔偿的州,金钱损失的法条已经弱化;而考虑损失的各个方面的州,对痛苦量的评估……受到了一定的限制。"[56]

如果实利取向无法得到证明,那么,一直保留的金钱—损失法条可能是反映潜在的价值和文化关注的指标。在《货币哲学》中,德国的社会学家格奥尔格·齐美尔认为,传统的法规限制将伤害转换为金钱损失,是现代社会中金钱功能的范例。金钱的至关重要性在使只有金钱损失才具赔偿性的过程中彰显。但是,从另一方面看,这一限制通过承认金钱不是无法计量的人类价值的恰当等价物,也就限制了金钱的作用范围。然而,当法庭例行地量化并用货币来衡量人类生命的感情价值时,这种对金钱和人类价值的明确区分也就被打破了。对于很多人来说,这是一个令人不愉快的变化,"这种赔偿将会导致腐败、堕落,并让我们最终永远地失去那些非物质价值,我们曾声称它们是最珍贵的财富"。[57]

从这个角度看,给"神圣"的孩子定价,反映了一个终极边界。事实上,很多普通法辖区除了殓葬费之外,都不对孩子的死亡提供损失的司法性赔偿。在俄罗斯,对于没有生产能力的未成年人,不存在死亡索赔的条例。前苏联把针对非经济损失的赔偿,完全视为资本主义式的剥削。"只有资产阶级认为精神的痛苦可以用金钱治愈,就像商品一样,可以用货币来交换。"[58]在美国,对用金钱赔偿损失的限制在金钱和生命价值之间保留了一条虚幻的边界。但现实中,对儿童进行感情性定价开始了,根本无视法律的约束。

不过,美国儿童死亡诉讼中与金钱相关联的成功,事实上是具有欺骗性的。对非经济因素在其中的持续卷入,很少有人真正理解。举例来说,律师仍然认为未成年儿童的死亡案件是"是所有死亡案件中最难的"。[59]一份指导手册提醒了对陪审团成员进行选择的复杂性:"陪审员很难理解孩子生命和金钱损失之间的必要联系"。对许多人来说,诉讼是一场亵渎,因为损失是"沾满鲜血的"。[60]对陪审员候选人提出的一系列典型问题进一步表明儿童死亡案件中涉及了感情和精神因素:

1. 正如我刚才告诉你们的,这个案子中:在此,父母提起诉讼,为死去的孩子追讨损失赔偿。你们中间有没有人感到这不是一件让人愉快的事情?觉得这其中有些不正常?

2. 有没有人……感受到,钱是如此普通的东西,以至于哪怕法律说这是父母失去孩子后唯一可以得到的补偿,他们也不该要求获得?

3. 你是否愿意接受一项艰巨的任务,一劳永逸地为这些家长决定,他们失去的幼小孩子的生命到底价值多少? [61]

家长的态度也是矛盾的。在1909年早期的案例中,罗特贝丝(Lauterbach)夫人就拒绝通过上诉来为死去的儿子要求赔偿,因为她觉得"通过法律行动获得的金钱赔偿令人憎恶"。她后来松了口,但是提出了附带的条件,即获得的赔偿款项将捐献给慈善机构来纪念她的儿子。至今仍有很多家长不愿起诉,而中产阶层的原告往往会仪式化这笔赔偿款:将其捐赠给慈善机构、安全机构,或作为贫困儿童的奖学金。在另一方面,对于被告来说,钱可以成为"最终的救赎",象征着他们获得了解脱。1911年,一个纽约的牧师,撞死了一个小女孩,他变卖了所有的财产,把钱交给女孩的父母。而事实上,法庭裁决认为牧师是清白的,在法律上不需要承担任何赔偿。[62]

因此,"死亡赔偿金"不同于一般的现金。显然,即使是赎罪抚恤金,也曾一度有象征的意味。如齐美尔所言,在一些马来民族中,"血钱"(Blood-Money)意味着起来或站立,暗示通过付款,死亡的人将在其族人中间复活。法国学者,不同于他们的巴黎公社思想者,他们承认金钱的象征意义,并争辩说,认为金钱赔偿是道德的缺失,而去否认这种赔偿的方式,无疑是一种"庸俗"的决定。对他们来说,金钱赔偿,恰恰维护了道德价值的存在。法国学者还将儿童死亡赔偿金的使用视为正当。"这样一来,容许失去自己孩子的父母,通过帮助(其他)

不幸的孩子,来获得安慰,减少他们的悲哀,并不是难以理解的事。"[63]

儿童死亡赔偿金还因其金额而神圣化。廉价的赔偿不仅是一种不公平的补偿,而且还是"对尚在人世的丧亲者的一种侮辱"。[64]事实上,齐美尔认为,多得惊人的金钱(改变了它与个人价值间不恰当的关系),充斥着那种"自然增殖现象",充斥着那种超越了数字确定性后的美妙可能性。但是,对于多少能够达到救赎目的,并无统一之规,而是取决于不同的文化界定。在明确允许对失去孩子的悲痛进行赔偿的大陆法系国家,法学家倡导一种"法郎式坦率象征"。对于这种纯粹的感情上的损失,唯一能够补偿的就是一笔象征性的金钱。在法国,对于死亡儿童的赔偿很少超过3000美元。[65]

在美国,儿童死亡案件的审判,是世俗丧葬和法律诉讼之间特别而又困难的组合。一个标准的原告方的结案陈词,将会提醒陪审团,父母不是简单地追求货币补偿,而是希望通过这种方式来"确保纪念"他们的孩子,"这是你们的责任,来为……(孩子的姓名)的生命划上最后的句号。他死于非命,请你们问问自己,在审判这个案件的岁月,他是否能够真正安息……你们知道的,如果你们作出了正确的判决,这个孩子将得到安息"。[66]预期的行为规则和"感情规则",带来了进一步的悲伤情绪被商品化的困扰。在墓地可能很正常的情绪爆发,到了法庭上就可能受到怀疑:家长是不是想要通过表达痛苦来获得更高的赔偿?律师会被建议阻止他们的客户有任何"减分的感情表达",并避免"以悲苦懊恼为特征的表现,衣衫褴褛,和令忧伤不适当展示的所有一切"。⁶⁷留意避免出现感情失控的场面，不仅仅是为了保持法庭上的礼仪。也是为了避免过于直接地从而也就是唯利是图地将悲伤的感情和获得的赔偿额联系在一起。

法律在评估儿童价值方面的转变，可以视为孩子价格和价值间关系正在转变的一个依据。19世纪，一个孩子的价格，就决定了他的价值，但是渐渐地，感情的价值成为了判断孩子经济价值的决定因素。所以奇怪的是，尽管儿童的工作时间减少，他们死亡后的经济价值却在增加。这显然不是通货膨胀的问题。事实上，大多数儿童死亡案件中，如果严格地执行意外死亡的相关条例，可能都会得到没有赔偿金的结果。但是，对于孩童时期的新看法，改写了20世纪美国法庭的记账方式。确定一个无价孩子的金钱价值，成为了一个不寻常的记账过程——要在"不可估量的悲痛……和负面的金钱损失"的融合中寻求平衡。⁶⁸

无价的孩子遭遇死亡时，他们所有的非经济贡献被赋予了金钱的价值。父母（不论是直接或通过合法的表述）会获得一笔赔偿来弥补他们感情上的损失。这在一定程度上扩大了金钱的作用，但是并不意味着承认金钱"万能论"。⁶⁹情感因素贯穿在整个定价的过程中，改变着儿童死亡案件审判的意义和风格，甚至是赔偿金的使用方式。

结语：记入借方的儿童生命

1967年，加州上诉法院在判断儿童价值的法律方面增加了一条全新而具有争议性的判例。已经绝育的卡斯特丢（Custodio）夫人怀上了第 10 个孩子。因为一系列的理由，她和丈夫状告负责绝育手术的外科医生，要求赔偿医疗支出以及这位夫人受到的痛苦，并额外赔偿 50000 美元，作为"为即将出生的孩子提供适当的照顾和抚养至其成年的成本和费用"。原告所要求的赔偿没有被允许，因为起诉时她处在怀孕阶段，孩子还没有出生。但是，法院的观点明确地认可了原告所说的"补充家庭的收入，以避免这个新生命占用其他家庭成员的资源，因为本来所有的家庭收入就是仅计划在这些家庭成员中间分配的"。[70] 在卡斯特丢夫人的案件之前，没有一个法庭同意为计划外出生的孩子做出赔偿。1934 年，在具先例性的克里斯汀森（Christensen）诉索恩比（Thornby）的案件中，为了避免妻子冒险生育第 3 个孩子，丈夫进行了输精管结扎手术，却没有成功。法庭拒绝对其进行赔偿："他不仅没有失去自己的妻子，还因此又一次成为一个新生命的父亲。"类似地，在鲍尔（Ball）诉麻吉（Mudge）的案件中，一个意外诞生的生命的成本被认为"远比不上一个珍贵的新生命之恩惠的价值，尽管其出生时间不十分合适，令人来不及做思想准备"。此外，还有特雷尔（Terrell）诉加西亚（Garcia）的案件，法院的总结是："一般的父母在抚养孩子的过程中所获得满足感、快乐和陪伴，使其带来的经济成本显得如此微不足道……谁能给一个孩子的笑容贴上价格标签？"[71]

尽管受到外科医生的批评和生命维权组织在感情上的谴责，意外出生似乎是得到了越来越多的法律支持。[72] 尽管赔偿的数额不多,但是能够得到赔偿的案件数却在增长,儿童生命的价格和价值正在经历着戏剧性的再评估。和意外死亡判决——在此儿童的情感价值被认为超过其价格——不同的是,在意外出生判决中,价格优先于价值。事实上,在很多法律争论中,恰当的损失赔偿规则一直是争论的焦点。根据"恩惠至上理论",早期的案例无一例外地否定金钱成本。但是在卡斯特丢的案件,尤其是具有里程碑意义的特鲁皮(Troppi)诉斯卡夫(Scarf)案中(由于药剂师的疏忽,将控制生育的处方填成了镇定剂处方),"恩惠"记账规则被与感情无关的成本—收益规则所取代。陪审团被引导详细梳理与这个计划外的孩子相关的所有精神上、身体上以及经济上的支出,与作为其父母的所有得益并列。特鲁皮总结说:"一个计划外的孩子能够带来的帮助和陪伴,其价值不会总是大于或等于因为抚养孩子付出的经济成本、受到的限制、怀孕的痛苦,以及孩子抚养的责任。"[73] 结果自相矛盾的是,当关于意外死亡的判决开始趋于忽略抚养儿童的成本时,意外生育的案件中却开始把这些成本重新纳入考虑。

然而,这一经济现实主义并不适用于所有的孩子。计划中的孩子确实"无价",而无计划的孩子,就仅剩下昂贵。因此,意外生育索赔案件表明,儿童神圣化并非一个直线的进程。如果仅仅作为一项感情资产,孩子的价值,日益明显地取决于他们父母的态度。事实上,孩子客观贡献的下降,更多的是由父母而不是社会决定的。在父母合法并公开地拒绝生育,认为这是民事过错时,计划外的孩子的神圣性就被撤走了。也许密歇根州最先采用经济的方法来衡量儿童的生命并不是一个巧合,就是在这个州,最先在儿童死亡案件中采用"投资—损失"公式。在特定情况下,孩子可能是不被需要的,甚至可能是一项坏的投资。

然而,这种功利主义的贬低计划外儿童的方法,仍是文化上异常的模式。即使是人工流产的支持者,如果要给一个已经出生的孩子贴上"感情上的私生子"也会有所犹豫。几乎没有什么"意外出生案件"会诉上法庭。对于那些已经诉上法庭的案件,其赔偿要求也往往会被法官和陪审团否决或是限制。比如,在特鲁皮诉斯卡夫案件中的父母,最后接纳了12000美元的判决,远低于其最初要求的250000美元。如一位法律评论员所说,陪审团对为人父母的快乐的"情感感受性",对意外出生案件中的原告来说是一个严重的障碍。[74] 一些不满意成本—收益计算方法的法律专家提出,"儿童生命"的赔偿应该取决于父母的身体、社会和经济状况。因此,"一对年轻、富有并有稳定收入来源的夫妇,因为不希望孩子破坏他们的加勒比海之旅,而进行绝育",将不会(因为"意外出生"的孩子)被赔偿,从而获得他们抚养孩子的全部成本。到目前为止,大部分胜诉的原告都是一群孩子的父母。[75]

法律用价值来衡量想要的孩子,而用价格来衡量不想要的孩子,这种区别对待主要是从父母的权利出发的。对孩子情感潜在有害的后果偶尔也会被表述出来,但被充满信心地消除掉了:"……可以这么说,作为民事意外的赔偿主体,这个孩子会因为得知自己获得了这笔费用而感到宽慰"。[76]

6

从育婴所到婴儿黑市：儿童市场的变迁

劳动之家和育婴所：19世纪的代养方法

神圣儿童的合适的家：对认养合同的修改

膳宿之家：无用孩子有争议的"嫁妆"

蓝眼睛的宝贝和金色鬈发的小姑娘：无价孩子的情感价值

黑市中的小孩：无价儿童的价格

对无价的定价：儿童的特别市场

6 从育婴所到婴儿黑市：儿童市场的变迁

> 就算婴儿如此值得称颂和美妙……他们没有处在市场之中实属幸运。如果他们处于市场之中，那么报价单将会如何变化？或者也许根本就不可能建立起任何报价单！不过，将婴儿当作一种商品对待究竟有些什么好处，谁能说得清楚呢？如果他们在一个公开的市场中出售，他们就不会被更好地照看……更好地培养、更好地教育吗？……真的很奇怪，这种商品化的考虑并没有侵袭 19 世纪。
>
> ——"婴儿商品化"，《纽约时报》，1877 年 8 月 12 日

> 你知道吗？在这样一片自由的土地上……存在一个巨大的婴儿市场？而且这种可以倒手的"有价证券"……并非仅为一纸契约……而是活蹦乱跳、有血有肉的婴儿；是待领养的婴儿……
>
> ——"婴儿市场"，《周六晚邮》(Saturday Evening Post)，1930 年 2 月 1 日

1870 年代是不存在婴儿市场的。唯一获利甚丰的事业便是"处理他人［不受欢迎的］孩子的生意"。[1] 给 10 美元，"婴儿代养者"（baby farmers）就会接纳这些通常是非婚生的孩子。但是，大约在五十年之后，想领养孩子的父母却非常急切地希望

花费 1000 美元或者更多钱去购买一个婴儿。正如《矿工》中一篇文章所说的那样:"在 1939 年……买卖孩子是不错的生财之道。"[2] 到了 1950 年代,一个健康的白人婴儿大概能够卖到 10000 美元。婴儿市场的创造并不是一次聪明的市场推广,而只不过是儿童神圣性日益增长的部分后果。儿童货币价值的这一令人吃惊的增殖,与 20 世纪儿童经济和情感价值的深刻文化转型密不可分。

19 世纪的领养家庭接纳有用的儿童,主要是期盼他们能够在农场杂事和家务劳动中有所帮助。在这一背景之下,婴儿是"不能市场化的",而且很难给予安置,除非是在弃婴救济院或者是在商业"育婴所"(baby farms)中。但是在 20 世纪初对儿童价值的再界定,对既有的工具性假设提出了挑战。如果儿童劳动不再是合法的,那么劳动性的家庭就是不合时宜的。而如果孩子是无价的,那么从他们的不幸中获利就是令人厌恶的。这样,作为"儿童贸易"中唯利是图的独特例子,"婴儿代养"(baby farming)被挑选了出来。

对 19 世纪安排的颠覆是一个困难的过程,它为儿童福利工作者所发起,却遭到领养父母的反对。但是,逐渐地,领养行为演化成了对"儿童爱"而非童工的寻求。在 1930 年的一期《周六晚邮》中,一个观察者惊叹于养父母的新的利他主义:"从这样一种束缚中他们获得的是什么呢?担忧、疾病、对付麻疹和腮腺炎……水痘……速滑车和充满泥泞的橡胶鞋弄乱了整个门厅……还需要承扫给这些小陌生人提供最好教育所需要的财务压力。谁会自愿地扛上这样的包袱呢?"一位家长回应道:

"……我们为孩子所做的相对于孩子为我们所做的尚不到九牛一毛——他在我们的生活中注入了……体验、快乐和情感……"[3]

讽刺的是,随着儿童劳动力价值的消失,他们新的情感价值在日益货币化和商业化。情感性提高了婴儿的吸引力,而父母们也愿意花费大量的金钱来拥有他们自己的孩子。这一新的儿童市场是由儿童的非经济吸引力所塑造的。在 19 世纪,一个孩子的劳动能力决定了它的交换价值,而 20 世纪,一个婴儿的价格则取决于微笑、酒窝和鬈发。

劳动之家和育婴所:19 世纪的代养方法

童工的合法性对 19 世纪早期代养安排是必不可少的。作为对膳宿、穿衣和一些教育的交换,儿童被期待在领养家庭中对各种家务提供帮助。这被认为是一种公平的合同。毕竟,如果儿童可以为他们自己的父母工作,为什么就不能为代养人工作呢?这一传统确立于美国殖民地时期普遍的学徒体制之中。在 17 世纪,父母们将他们的孩子放到邻居、亲戚、有时甚至是陌生人那里,让他们学习一门谋生技艺。对某些人而言,这是一种指导性的、可供选择的门路,但对于贫穷的失依儿童来说,这是确保有个家的唯一出路。当局常将一些处于无助之中的年幼孤儿或者贫困儿童安排到社区家庭,在此,基于正式的合同,儿童可以通过提供生产性劳动来获得对他们的抚养。合同于他们 18 岁或者有时是 21 岁期满,这时,孩子便可以带些钱、牲畜、衣物和一本新的圣经离开。[4]

虽然为较富有的家庭所放弃，学徒合同在19世纪的头三十年里，仍然是照看失怙儿童的首选方案。即便在救济院，或是在1830年代后转变成的孤儿院，儿童的劳动价值决定了他们被给予安置的性质。在他们满12岁或者14岁后，多数机构将他们作为劳动者安置在领养家庭。在他们的机构生涯中，儿童也同样辛勤劳动，有时甚至通过提供自己的劳动力来支撑救济院，以补助他们逗留期间的花费。[6]

19世纪最为有名的在家庭中安置孩子的项目，是直接契合于孩子的经济有用性的。1854年，由查尔斯·洛林·布雷斯（Charles Loring Brace）组织的纽约儿童援助协会，开始将城市贫困儿童送往中西部和纽约州北部及偏远地区的农村家庭。这一计划获得了巨大的成功，协会对家的诉求得到了农场主的迅速回应。类似的组织在全美所有的城市中建立起来。[7]

布雷斯将他的"自由家养计划"与传统的"学徒合同安排"区分开来，前者没有书面的合同，也不保留协会或者亲生父母的法定监护权。但是"自由家养"只意味着从合同中解脱的自由，而并无从工作中解脱的自由。通过最小化正式关系，布雷斯希望家庭更乐于将孩子当作是劳动之家的成员——而不是廉价的劳动力——来欢迎。而孩子的工作贡献，则是毫无疑问的。协会的传单非常直白，它这样承诺道："这些男孩，他们中的大部分，都是敏捷而活跃的，能够非常迅速地学习一些一般性的生意或者劳作。他们能够受雇于田间、生意场和制造业中……女孩则能够胜任一般性的家务劳动。"[8]这些有用的孩子通常大于

10 岁，且通常是男孩：男孩被安置的数量是女孩的 3 倍。这一性别比不仅受到对男孩需求的影响，同时受到女孩供应量的制约。一项针对纽约市失依儿童的研究表明，城市家庭特别不愿意免除他们女儿身上的家务劳作。[9]

最近的证据表明，城市贫困家庭将儿童援助协会视作他们孩子的准雇佣代理人。比如说，贝林汉姆的分析表明，将孩子的监管权交给该组织的最为通常的单纯动机是，孩子需要一份工作："有些人期望农耕服务的岗位……而另一些人则尝试获得贸易方面的训练。有些人期盼着工厂或者家政服务方面的工作，而大量的人则仅仅希望处在城市之中的某个岗位上。"[10] 这样，19 世纪领养者所关注的工具性层面，不仅包括雇主的利益取向，而且还至少包括这些安置部门的利润。有用的孩子在其领养家庭经济中找到了一个合法的位置，这并不逊色于他在自己劳工阶级家庭中的位置。

19 世纪婴儿的困境是儿童有用性的反面。如果一个劳动的孩子是一份资产，一个婴儿便成了一份债务。不需要或者他们的父母抚养不起的婴儿就会更容易死掉，而不是被领养。面对着难以逾越的社会和经济压力，单身、寡居或者被遗弃的母亲几乎别无选择。堕胎不仅昂贵，而且需要找门路，特别是在 1860 年代以后，当它越来越成为一项非法行为的时候。能给有孩子的母亲做的事情少得可怜，甚至不能支付最低生活工资。没有保险的保护，没有足够的公共救济和私人项目的支持，许多下层阶级的妇女在婴儿出生之后，很快就将他们遗弃在公共场所或者是弃婴救济堂——在这里婴儿的死亡率有时能够达到

85%到90%。[11]

"婴儿代养者"为那些能够付得起费用的人提供了一个可供选择的机会。这些通常已是中年的妇女通过收养绝大多数是非婚生的孩子获利甚丰。伴随着居高不下的死亡率,其成交非常迅速,生意颇为兴旺。母亲们被缓解了责任并确保了私密不会泄露。一个婴儿代养者用她的语言描画了一个未来可能的客户:"我从贝丝[原文如此]那里拿来孩子,首先在自己家里养着,直到将他们安置到一个好家庭。我的条件是50美元,而如果你不能够一次支付50美元现金,那么你可以先付35美元,其余部分按周分期支付……在我全权负责之后,你将永远不受这个孩子的困扰,我会找到一个好家庭认养他……"[12]在一份有关婴儿代养业务的报告中,《纽约时报》解释道,"母亲为卸下艰巨重担的前景而兴奋,何况在此同时,……确保了儿童灿烂的未来,于是热切地同意这些条款,哪怕是价格昂贵。"[13]

然而,婴儿认养的预期前景很少完全实现。正如1910年的调查所发现的那样,育婴所中,"儿童云集,其数量每周都在增加。他们总是接连不断地涌进,却很少……被带走"。[14]儿童的售价是有限的;有时得到一个孩子不用超过25美分。这样,婴儿代养者主要通过向母亲索要"放弃费"来盈利,而很少通过安置他们来得到好处。毫无疑问,这是一个买方市场。在1890年的一个案例中,纽约防止虐待儿童协会的一个工作者假装对认养一个两周大小的婴儿感兴趣。婴儿代养者索要两美元,但很快就下降到了半美元。"她……极力鼓动他立刻收下这个婴儿,无论他愿意出什么价,她并不在意。"[15]

甚至是颇有声誉的儿童安置代理中介的工作者,有些时候也不愿放弃与处置"他人不愿意要的孩子"相关的利润。在1897年纽约州慈善法庭的一项审问中,儿童之家协会(一个将儿童安置到免费领养家庭中去的全国性组织)的W·贾维斯·梅比(W. Jarvis Maybee)牧师,承认在接受孩子时,向每个孩子的父母索要了50美元。对于私生子,费用加倍。正如贾维斯解释的那样,"对于较小的婴儿我们要得更多,因为他们年幼,所以找到接纳的家庭更难;我们不得不把他们留在这里"。[16]

神圣儿童的合适的家:对认养合同的修改

一旦"有用的孩子"被界定为一种社会问题,照看失依儿童的传统方案也就站不住脚了。为了获得其劳动而寻求贫穷的孩子,或者为了现金利益收下无家可归的孩子,等于侵犯儿童"新的"情感价值。如果任何孩子都被证明为"无价之宝",那么势必不再会允许婴儿代养的生意将儿童转化为"无价值的动产"。[17]这样,当劳工阶级父母都被迫放弃从他们自己孩子身上剥夺劳动力的时候,其他家庭又如何能继续雇用一个领养的孩子呢?无论是在学徒合同中还是在免费领养的家庭中,一名社会工作者的领袖,霍默·福克斯(Homer Folks)宣称,"任何强迫或者准许这些孩子工作,而其他孩子则在玩耍或者在学校学习的计划……对于任何州的人们来说,都是耻辱"。[18]

到了1870年代,儿童福利工作者开始了反对既有工具性照看儿童方法的运动,并且支持"真正的家:……在这里一个孩子的被接纳……源自于真爱……"[19] 随后,对劳动儿童的惯常使用遭受了质疑——它被视为是下层阶级父母被误导的自私动机的不恰当的产物。正如纽约州慈善法庭成员,威廉·普瑞尔·列奇沃斯(William Pryor Letchworth)在其1874年较有影响的有关乞讨和贫困儿童的报告中所注意到的那样,"收下一个孩子,必须对其抱有兴趣甚于单纯的自私,是非常重要的……如果这种兴趣没有被感受到,那么这个孩子也就没有找到真正意义上的家"。虽然承认"通常环境下,确保这样的结果看来是困难的",列奇沃斯有信心地认为,在一个"完全觉醒"的社区,改变将会到来。[20]

婴儿代养作为一种令人厌恶和僵死的制度被抛弃了。"是时候了,"《纽约时报》1873年9月的一份社论敦促道:"应该采取一些积极的方法来停止婴儿代养行为,它在很大程度上,只是儿童屠杀的另一个名词。"[21] 不人道的父母因为将孩子送出去"照看"而受到谴责,因为他们明明知道孩子"可能会被绕开法律,'非常规地对待'"。[22] 由于婴儿迅速周转意味着新客户的到来以及额外的报酬,婴儿代养者据说是急切地"尽快摆脱这些拖着奶瓶的小家伙"。[23]

但是这一尽快"转让婴儿"所引起的威胁只不过在一定程度上会导致安全问题。可以肯定,在19世纪,儿童的死亡率在官方支持的救济院和弃婴堂并不比无照经营的育婴所低太多。而且,当母亲们的确急迫地想"摆脱已渐成累赘的婴儿"时,并不必然意味着有杀婴的企图。即便是最大惊小怪的《纽约时报》社论也承认,孩子们通常会被永久地或者暂时地放置在外生存。这样做的"穷寡妇通常是因为想外出……做些家政工作,而有一个非常年幼的孩子在旁边碍手碍脚,实属不便"。[24]

"婴儿代养"因此被视为是一种象征,很大程度上被看作是陈旧的、唯利是图的认养途径。正如儿童人寿保险,这一体制明显地通过例行地为他们的生命定价挑战了儿童新的神圣价值。两种形式的"儿童贸易"并行,其共同点没有逃过纽约防止虐待儿童协会的眼睛:"一种排除婴儿的方式是给他投保,疏于照顾他,来杀死他。现在另一种……更有利可图的方式是买卖他,这种体制成了一种儿童奴隶贸易。"

在1870年代,纽约防止虐待儿童协会同样深深卷入了反对"包工头"体制——一种特别唯利是图的学徒合同体制——的斗争之中。花费一点点小钱,包工头从意大利父母那里"买进"他们的孩子,并将其带到美国。这是一项获利甚丰的投资,孩子们在街头工作,或者乞讨或者卖唱,将所有的收入都上缴给包工头。到了1880年代,纽约防止虐待儿童协会协同意大利政府,成功地阻止了包工头的这项生意。[25]

儿童福利工作者寻求用一种新的领养方法——这种新方法应当与经济上"无用"的神圣儿童相适应——来替代任何类型的唯利是图的认养。在19世纪,对无依儿童的机构式照护获得了巨大的欢迎。即便是在1870年代之后,当法律致使儿童从救济堂迁出的时候,他们转入了孤儿院和其他机构。但是到了1890年代,改革者开始了一场强有力的运动来支持认养性的家庭照看。在1909年,白宫儿童委员会正式宣称认养家庭是对"生身家庭的最好替代"。随着家庭照看的观念日益为人们所认可，重新仔细思考儿童在领养者家中的恰当位置显得特别重要。正如另一个著名的社会工作者黑斯廷斯·哈特（Hastings Hart）所解释的那样，"我们有着持续不断的传教式的工作需要去做，需要让人们意识到，他们不能够因为自己私心的满足而去领养孩子。"[26] 儿童之家协会的一个出版物，《为儿童找个家》（*Children's Home Finder*）要求它的读者"不能够因为能从他身上得到些什么而接纳一个孩子，而是应该考虑你能够在他身上付诸些什么……"[27] 潜在的领养者被适时地警告，说抚养一个无用的孩子是一项昂贵的行为："保有一个仆人，相对而言所作的投入是无所谓的——付少许硬币，一份微不足道的薪俸也就可以了。但是保有……儿童……将是多少个令人忧心忡忡的日日夜夜啊！……想想所投入的时间和花费的金钱。"[28] 但是，新的不可触摸的好处可以让这一切都变得值得。

……需要仆人……的家庭……来到……一些"孤儿院"，……索要年龄大到足以为他们提供服务的男孩或女孩。那么，他们真能得到些什么？正是他们所索要的：一个仆人。……但是他们的心灵并未因此更富有……我们……力劝这样的家庭，你们要一个仆人是犯了大错误。我们要说，被遗弃的孩子身上自有真金。[29]

"当你领养了一个孩子，"《为儿童找个家》这样承诺，"你在你所拥有的天空中增添了最为甜蜜的祝福。"甚至牧师也利用他们的布道坛向他的教区居民劝说道，新的度量确保了积极的平衡:"这样的孩子划算吗?是的,肯定划算——一百倍、一千倍的划算。自己的孩子最宝贵……多少数量的金钱能够从我们这儿买到他们?这……对于那些因为领养来到我们家中的孩子是同样适切的。"[30]

可以肯定,儿童福利工作者并没有虚构领养儿童的情感价值。事实上,由儿童援助协会安置的孩子很是有一部分是仅仅因为陪伴需求才被领养的。[31]但是在 19 世纪的领养家庭,儿童的情感价值并没有排除通过雇佣该孩子从而获取更多利润的可能性。儿童经济价值和情感价值的这种可接受的融合,被儿童福利工作者宣称是不合逻辑的悖论。对他们而言,儿童的功利性价值否定了他的神圣价值。马萨诸塞州慈善法庭在 1869 年的一份报告中警告说,如果有时"被视作仆人的儿童在领养的家庭情感中占据了一定的位置,于是他们的关系就不再是唯利是图的了"[32],这样的情形纯属例外。

挑战既有的用儿童照看交换儿童劳动的模式,通常是容易遭受挫败的。儿童安置组织的官员们对持续的"有条件"接收而不是提供家庭表达了沮丧之情。正如爱德华·T·霍尔(Edward T. Hall)在 1899 年在美国慈善和矫正会议中所说的那样,"我们读到过美丽可爱的认养之家,这里的人们夜不成寐,从可爱的孩子的角度出发,随时准备为这社会抛弃的孩子奉献他们的全部心意。而这样的家庭毕竟甚少,与社会现实差距甚大。"多数的申请是追求一个最好的工作者,而不是最可爱的孩子:"令代养者迷恋的美梦……被证明是对健康的、强壮的、踏实肯干的男孩的挂念……在任何的时候,对于这样一类女孩的需求总是旺盛的:……她们能够照看孩子,在家里忙前忙后。"³⁴ 正如安置官员很快发现的那样,在 20 世纪初,尖锐的"仆人荒"显著地增加了对年轻女孩的劳动力需求。作为认养者的父母被指责用情感性的时尚话语来伪装与先前一样的功利性企图:"……年轻的新婚夫妇……来认养强壮健康的女孩。他们希望将孩子领到他们自己的家里,待她如己出。这话表面听来光鲜。它通常是什么意思?……他们需要廉价劳动力。"³⁵

婴儿的商业化同样难于应对。1910 年对新罕布什尔州的育婴所的调查认定"声名狼藉的儿童交易"仍然是生意兴隆,"……对幼小的没有防御能力的孩子,甚至有时候是还没有出生的孩子,公然地刊登广告,好似拍卖……其所在栏目多种多样,有时候是与实时股票交易、有时候是与旧货市场放置在一起……"一个诱惑性的报纸广告信息如下:"一个蓝眼睛的婴儿,2 周大小,待领养……津贴 50 美元",据其回应可知,领养儿童仍然是一项牟利的事情,而不是爱。"领养的激励究竟是通常都会提供的津贴,还是儿童保险套利的更大可能性,还是其他更不明显的价值投机考量?这些很难说清楚。"该调查估计,"对小生命进行交易的妇女"每年能够挣到 1 万美元。³⁶

代养的传统方案之维持,如儿童福利工作者所推测的那样,并不是单单依赖于领养父母的个体自私,甚或是婴儿代养者的物质贪婪。相反,从工具性向情感性领养的转变,还受到持续存在的"有用儿童具有合法性"这一观念的困扰。对于劳工阶级家庭而言,只有当孩子能通过某些形式的工作支付其生活费时,接纳一个孩子才是恰当的。经济上"无用"的孩子因此仍然需要资助才能够找到家。儿童安置运动的领袖们自身通常不倾向于完全禁止儿童的有用性。俄亥俄州儿童之家的主管宣称，一个好的家庭是一所培训学校，在这里儿童"被教育成为……有用的男人和女人"。[37] 在纽约州慈善援助协会教导领养父母将儿童当作家庭成员来对待的时候，他们的意思是儿童需要恰当的衣着、上学、去教堂，同时也包括"被教育成一个有用的、能够自力更生的合格的生命"。这样，断然决定拒绝寻求儿童劳动者的申请者，并不意味着儿童将永远不再成为劳动力："可以预期我们的孩子将会被教育成为有用的人，正如他们就出生在他们成长的家庭一样。"[38]

这样，儿童经济角色的转变，在领养家庭跟在生身家庭一样复杂和模糊。一些儿童安置代理机构的官员甚至深信，儿童新的神圣价值能够与他们传统的工作角色完美地结合在一起。认识到人们将持续地寻找有用的孩子，新泽西州儿童之家协会的州主管，M·T·拉姆坚持道："……希望孩子有所帮助、做点工作并不是错误的想法……我们只是试图在这些好人的心中留下这样的印象……有一个可以'一石二鸟'的黄金机会。就是说，一方面他们能获得帮手来做些必要的辅助性工作……另一方面，他们同时也收到了一份……可（将孩子）称之为是神圣的信任。"领养父母被这样一种似是而非却异常便捷的相关性所怂恿：尊重儿童的神圣性意味着增加儿童的劳动潜能，"在对待孩子时……设置的目标越高，在较低层面所能够确保的回报也就越大；……这男孩……将把工作做到最好……"[39]

多数儿童安置代理机构寻求在领养儿童中将非法童工和

"好"的儿童工作区分开来。比如说，密歇根州公立学校的监督人约翰·N·福斯特（John N. Foster），区分了"好心、善意地……希望获得一个孩子来'照看'婴儿，跑跑腿，准备蔬菜的"人们和"单单参考儿童的商业价值……"[40] 才来收养他们的家庭。这种对工作类型的区分并不容易作出。正如黑斯廷斯·哈特承认的那样："很难确定我们是否对孩子要求过多……只知道孩子应该提供这些合理的辅助，如同在他自己家里……将被要求的，但是让儿童负担过重就完完全全错了……"[42] 总之，最为核心的问题是确定劳动超过何种程度，领养的孩子便不再是家庭的成员，而成了家庭的仆人。在什么时候，孩子被简单地假定为是"家庭负担"的一份子；在什么时候，他或者她转变成了做苦工的人，"省下的是雇佣仆人的花费"。[43] 监督者被指令去提供领养孩子工作总量的详细汇报："知道一个 10 岁的男孩搬运木材和水是不够的；人们应该知道他搬运了多少木材，以及水桶有多大、多沉，他搬运它们走了多远的距离……"[44]

"劳动之家"持续到了 1920 年代，大部分仍存在于乡村之中，但是已经属于离经叛道的例外。虽然有一些现代化学徒合同制的尝试，这一体制已被谴责为是不合时宜的生意，"通过它，认养家庭接纳孩子，不过是因为需要家务上的帮助或者农场劳动力，而不是因为要寻求在不幸的孩子身上拓展教育和情感"。[45] 免费之家被贬损为是"披着羊皮的狼，在所谓好的或者基督信徒式的家庭居住安置的外衣下，掩饰着儿童劳动力学徒化的旧式哲学"。在 20 世纪，"有用的孩子"不再是家庭经济的合法贡献者,而是成了某种尴尬的残存物,即陈腐而不可接受的规范的残存物。在其颇有影响的著作《失依的儿童》(*The Dependent Child*)中,亨利·W·瑟斯顿(Henry W. Thurston)简洁地陈述了关键的领养新原则:"……捍卫儿童个体性的唯一途径是认识到未成年的男孩和女孩是某种货币负债,并不会立即成为货币资产。"[46]

正如在生身家庭中那样,领养孩子同"工作及金钱"的关系在20世纪也发生了转型。新的"看是否具有教育性"的原则替代了早先的经济性标准。儿童工作只有是当其作为"教育项目"的一部分时才可接受。给孩子的钱无非是教会他们如何节省、如何花费的一种手段。1896年,当时纽约州慈善援助协会的秘书长霍默·福克斯,认识到了在培育未来消费者方面家庭照看相对于机构的优势:"在家庭中,劳动和购买能力之间的关系是敏锐而清晰的,孩子们积极地参与讨论着家庭是否有能力买这买那……"[47]另一方面,在机构中,儿童很少有机会了解金钱的价值。到了1910年,领养家庭的监督人员被教导如何判断孩子是否接受了一定的零花钱。儿童安置方面的专家确信,一定的贴补是培育"精打细算习惯"的最好手段:"明智地使用自己必须系统性地计算的金钱,从中学习如何花钱,还有什么比这样的方法更好的呢?"[48]纽约慈善援助协会的索菲·范·森登·泰斯(Sophie Van Senden Theis)注意到,一项贴补不仅给孩子提供了有用的经验,而且给了他"在其他孩子中立足的某种身份"。[49]

由美国儿童局在1920年代早期展开的对10家儿童安置机

构的调查表明，半数机构确立了这样一项政策，儿童"应该有较少但稳定的零花钱"。在某些情况下，机构给领养父母提供基金以给孩子发放贴补，但是通常情况下领养父母的这项额外支出是没有补偿的。在"代养之家"中正在确立的"儿童货币"规则，引发了与在生身家庭中相同的问题。尽管一些母亲为其孩子履行了家庭职责而向其支付报酬，大多数专家不鼓励父母为"孩子履行了常规家务劳动中即便是自己的孩子也该承担的部分"而支付报酬。[50] 更年长些的领养孩子的家庭财务责任特别复杂。至少直到 1920 年代，人们才期望在孩子离开学校之后，对于养父母所要求的任何劳动，孩子名下都该有一份工资作为回报。然而，正如泰斯和古德瑞奇（Goodrich）所注意到的那样，这一工资支付在领养家庭中产生了巨大的抵牾：这些事情由他们自己的孩子来做是免费的，另一个孩子来做却需要付费，父母当然不情愿。注意到领养的孩子可能被当作一般劳动者来对待，一些代理机构推荐在工资之外提供贴补。这种不劳而获的收入将领养的孩子同谋求报酬的工人区分开来。[51]

年长些的领养孩子颇为矛盾的经济地位，在 1924 年的诉讼中淋漓尽致地展现了出来。原告米勒·V·佩泽（Miller V. Pelzer）是一名 25 岁的妇女，她指控，打小就领养她的父母不正当地隐瞒她真实的出身，这样来白白地剥削她的服务。她要求对其自成年之后的免费劳动提供 2500 美元的赔偿。但是法官否决了这一请求。在重申领养的情感标准之后，法官宣称家庭生活的情感好处甚于她的金钱损失，"家——家庭关系——是如此的重要，它的好处是不能够被估量的"。[52]

膳宿之家：无用孩子有争议的"嫁妆"

1860年代后期，马萨诸塞州慈善协会开创了为"养父母对孩子的照看"提供资金支持的观念。这些有贴补的膳宿之家（boarding homes）处于工具性认养和情感性认养的十字路口。最初，膳宿之家主要通过提供资金资助，来补偿传统契约（用儿童劳动交换对儿童的照看）的不足之处。"年幼的、病的、麻烦的、有缺点的孩子，家庭是不准备领养的，而且也不会领养，除非一定的诱惑……被提供……"[53] 现金的支付为"照看经济上无利可图的孩子"提供了必要的动机。正如霍默·福克斯解释的那样："大量的孩子在被安置之后被退回，其退回……乃是因为他们没有能力提供养父母合理期待的一定数量的服务。在多数情况下这个男孩不是坏男孩，而是因为这个交易是个不划算的交易。"膳宿费的提供使得这项交易可以接受。[54]

但，膳宿之家也在破除19世纪的领养实践模式中扮演了关键角色。关注对象从特定孩子的无劳动能力，变成了所有儿童劳动的不合法性。这样，对所有孩子而言，付费领养代表了除劳动之家外的另一个完美选择。特别是，为年龄在7岁到11岁之间的孩子找到充足的地方进行安置变得越来越紧迫。这一年龄段的孩子尴尬地处在工具性领养到情感性领养的转换点上——作为一个工人来看待显得太年幼，作为"宠物或者娱乐手段"来接纳则又太大。[55] 膳宿之家为介于两者之间的年龄群体，在免费的劳动之家和传统的学徒合同制之外提供了又一个选择，由此确保了他们有一个被延长的"无用"阶段："如果有了膳宿，[他们]能够上学……不用……因为那些'在接近合法劳动年龄的男女孩身上寻求廉价劳动力'的人们的支配……而过度劳作……"[56] 幸运的是这种情形变得可能了，恰当的"嫁妆"为孩子的情感性领养提供了通行证："[他们可能]唤醒一种情感，它通常深化为一种强烈的感情；而孩子会留下……即便膳宿费的支付业已停止……"[57]

但是，对于批评者而言，儿童照看的货币化是"工具性代养"的新的危险变种。免费之家的支持者认为它"非常不幸，其吸引力必须基于我们本性中唯利是图的一面，以诱导一个家庭接纳一个孩子"。儿童之家协会的 M·T·拉姆提醒道，膳宿之家"使得在认养孩子的时候没有基督徒的动机；认养不过是为了获得他的膳宿费"。[58] 在查尔斯·L·布雷斯看来，付费的领养将"最初是人道和审慎的行为，转变成了纯粹的生意"。[59] 在没有恰当的管制之下，如何阻止家庭成为"小型的机构，为了营利而进行儿童领养"？[60] 作为一种防范，一些儿童福利工作者督促对膳宿之家做相较于劳动之家更密切的监督："其数额虽少，却足以引发可耻的贪婪……"[61]

膳宿之家的支持者否认货币化必然导致商业化。宾夕法尼亚州儿童援助协会的 C·H·彭伯顿（C. H. Pemberton）注意到，膳宿这一用语本身是不恰当的："它漏掉了我们试图表达的更大的那部分内容——特别的关注，特别的训练……而只表明了其作为支付的特征。"[62] 其他人指出，少得可怜的膳宿费仅仅是对父母养育孩子的花费的一个不足的补偿。一份广为人知的儿童安置手册解释道:"膳宿费的支付通常要少于该项服务的商业价值,这意味着,在许多情况下,或多或少的不计报酬的慈善关怀被令人欣慰地、慷慨地提供了出来。"⁶³ 为了避开商业化,代理机构被力劝否决任何"给孩子的支付少于膳宿费"的家庭。⁶⁴

膳宿之家照看模式的合法性有赖于合同不可捉摸的、非经济性的条款。这一条款安排不能够被设定成一项普通的交易。因为,如果付费的照看要成为"情感性领养路径"的合法协作者,那么孩子和养父母之间的情感关系就特别需要超越他们的金钱关系。否则,提供膳宿的母亲很难与恶意的婴儿代养者区别开来。事实上,一些观察者在唯利是图和付费的母爱之间只能发现微乎其微的差异。由弃婴救济堂雇佣的奶妈,通常因简单地视她们的托养婴儿为收入来源而被谴责。"在算计她们的资产的时候……她们会说:'如果我能够找到一个弃婴堂帮我支付租金,我就可以在这个冬天看到黎明了。'"如果她们的一个托养婴儿病了,这些妈妈们就会无一例外地悲叹"她一周损失了两美元"。⁶⁵

膳宿之家的辩护者并不否认这些"付费婴儿"和年长些的寄膳者对下层阶级(通常是移民领养家庭)的经济价值。正如雅各布·里斯认识到的那样,"由此挣取的钱,可以支付成百上千个贫困家庭的租金。它并非微不足道。"⁶⁶ 拉塞尔·塞奇1914年的报告解释道,在纽约贫困妇女中,"每一项资产必须转换成它的现金价值。甚至是新出生的孩子的死亡,也可能成为其母亲的一项经济来源。她的乳汁每月值10到12美元——如果她领回家一个嗷嗷待哺的婴儿的话"。然而这些领养母亲逃脱了婴儿代养者的污名。这份报告总结道："小寄膳者被细致入微地照看着，整个家庭很快就忘掉了他是一个陌生人。当他生病住进医院时，医疗费只是养母悲痛中最小的一部分。"[67]这种孩子与有膳宿费贴补的养母之间的情感纽带，"净化"了膳宿费支付的意义。将一个孩子"出租"给这些妈妈——多是意大利籍人——通常更多地是一场典礼，而不是一个交易。纽约慈善援助协会描绘了当照看者来领养孩子的时候，这种"典礼"的感觉：

> 她披金戴银地打扮，恨不得戴上她所有引以为自豪的饰品。她穿上她最亮丽的裙子和最华丽的披巾。她通常会带上她的丈夫、两三个孩子……以及一个邻居做挑选孩子的"参谋"……当队伍凯旋时，是最为幸福的时刻，孩子以真正婴儿的方式包裹起来，而照看者容光焕发，满心幸福。[68]

1907 年对 122 家婴儿膳宿之家的仔细调查证实，"这些领养母亲表现了善解人意的智慧和非常真挚的情感"。但是，虽然不乏溢美之辞，机构对付费的保姆在态度上是审慎的——它适合于孩子的短期照看，却不适合于领养。[69]

为经济上无用的神圣孩子找一个恰当的家是一项非常复杂的任务。一旦养父母同孩子之间的功利性关系宣布为不合法，任何形式的牟利性领养，在结构上都属于离经叛道，因而在道德上就会遭致质疑。从这样一种视角来看，膳宿之家不过是劳动之家应该受到的谴责货币化版本而已；儿童提供服务的价值被来自机构的现金支付替代了。尽管不少人将膳宿之家描绘为爱的奉献——无论领养父母的个人动机为何,但是通过合同安排,让这样的家庭因为照看孩子收到一笔费用,就使其奉献带有了部分的商业性。由此,尽管膳宿之家是工具性领养向情感性领养跃迁过程的重要组成部分,其付费而来的父母之爱仍然充满着矛盾。美国儿童局 1924 年针对领养照看的报告,为这样一种观念的持续盛行而感到遗憾:一个得了费用的领养母亲"要么急着用钱,要么唯利是图,都不免会敲骨吸髓,令失依儿童忍饥挨饿"。报告注意到,广为盛行的态度认为所有膳宿之家的母亲"都是商业化的",这"使得要吸引好的、合适的领养母亲越来越困难"。五年之后,该局还发现,尽管证据确凿,"领养父母所付出的……远多于任何货币补偿……",许多群体仍然认为"那些为他们的服务接受报酬的"领养父母"是贪婪的,单单受金钱考虑驱动的"。[70] 在美国,膳宿之家的被接受是一个缓慢的过程。1923 年的普查表明,有 64.2% 失依儿童和被抛弃的儿童接受的照看仍然是来自弃婴堂,有 23.4% 的来自免费之家,只有 10.2% 的来自膳宿之家。[71]

蓝眼睛的宝贝和金色鬈发的小姑娘:无价孩子的情感价值

在 1921 年,《纽约时报》披露了"一个最令人惊叹的母爱故事"。亚特兰大的 F·E·A·肖斯女士承认,这三胞胎,"肯定是在新年之夜为她而'生'的,虽然并非出自她的子宫;四年之前,那一对双胞胎女儿也是为她而'生'的,虽然也非她亲生。她总共抚养了 11 个孩子,甚至她的丈夫都认为这些孩子是她亲生的,但事实上他们都是她偷偷领养的……"。爱让她的欺骗合乎情理,"我不爱电影,我不爱戏剧……我生命的头等大事就是孩子……这就是我这样做的原因——因为我爱孩子……"[72] 在 1920 年代和 1930 年代,情感性领养独领风骚,它迅速地替代了早先工具性的领养安排。一种新的舆论达成了。领养唯一的合法回报是情感性的,"一种别无其他途径可以获得的被放大了的幸福感"。[73] 正如一个自豪的领养父亲对记者说的那样,"说什么孩子欠父母太多!我们其实永远无法偿还在孩子身上所欠下的感情债。"[74] 1930 年代有关童星监护权的引人关注的公开争论,成了主要的丑闻,因为它明显地亵渎了情感性领养的新标准。这些挣钱的孩子,被紧盯着的是他们的富有,而不是他们的情感。比如说,英国出生的 13 岁大的弗雷迪·巴塞洛缪——这位童星在美国成功的演艺事业为其带来了 10 万美元的收入——的监护权,就成了其姑妈和父母之间一场艰苦的法庭拉锯战。这样的案例被谴责为无情之举,"一方或者另一方通过控制孩子的所得,来获得收益"。[75] 一个孩子不被领养甚至要好于"完全出于唯利是图、自私自利或着贪婪等原因"而被收养的情形。[76]

  合法的领养在 19 世纪很少,在 20 世纪变得盛行起来。一个来自波士顿遗嘱检验法院的法官在 1919 年评论道,"林场满是渴望领养孩子的人们——其数目还在增加。"[77] 到 1927 年,《纽约时报》报道说,领养的新问题"成了为没有孩子的家庭寻找足够的孩子,而不再是为无家可归的孩子找到足够的家庭"。尽管管制更严格,尽管对领养父母的筛选更为彻底,合法的领养在1934年到1944年间还是增加了3倍,最终打破了对需受供养儿童进行照看的机构的长期垄断。[78]

找个孩子来爱成了迷人而罗曼蒂克的追求,一些众所周知的娱乐界和政界人物非常自豪和公开地加入了养父母的行列。德高望重的女舞台演员,米莉·梅登·菲斯克(Minnie Maddern Fiske)谈到她领养了一个13月大的婴儿,小宝贝在她的一次巡回演出中做了处女秀。艾尔·乔逊(Al Jolson)对媒体解释他决定领养一个孩子的时候说道:"我想人活一辈子而没有孩子是自私的。"在1930年代,格雷西·艾伦(Gracie Allen)和乔治·伯恩斯(George Burns)、迈尔·拉·葛迪亚(Mayor La Guardia)、贝比·鲁思(Babe Ruth),以及埃迪·雷肯柏克(Eddie Rickenbacker)等同样宣称他们决定领养一个孩子。[79]

领养的童话特征被许多故事进一步放大,在这里,贫困的流浪儿进入了显赫、富有的养父母家庭。《时尚》在1905年的一篇文章业已注意到将"平民"转变为"贵族"的奇妙前景;"看门人或者裁缝的小孩子……进入到了一定是舒适、有时是奢侈的家庭之中。"[80]1925年,一个富有的纽约地产运营商,爱德华·W·勃朗宁(Edward W. Browning)制造了一条头版头条新闻,他登广告寻求领养一个"漂亮、优雅的女孩",这"为许多穷孩子打开了通往仙境之门"。勃朗宁据说收到了来自全美的12000份申请。每一个他面试过的孩子都用勃朗宁的车子送回家,"有一个穿制服的司机……以及一个男仆负责他们上下车子,就像是灰姑娘一样"。

勃朗宁的故事以一个丑闻而告终,他认为所领养的女孩玛丽·思贝丝年方二八,实际上后来她却承认已有 21 岁。在一个经纪人许以为其故事出书和为她提供电影职位的引诱下,玛丽离开了勃朗宁。而声称为领养花了 2 万美元(包括为玛丽买的 40 套衣服)的勃朗宁将领养关系废除。[81] 这一故事虽然有些走样,但领养父母的社会阶级的确在发生深刻的变化。纽约慈善援助协会做了一项比较:一方是 1898 年到 1900 年间 100 位养父职业,另一方是 1920 到 1921 年间同样数量的养父的职业,结果发现,前一时期大概 3/4 的养父是熟练、半熟练或者非熟练劳工,或者是在务农;而在后一时期的养父则是在商业或者行政工作中的佼佼者。这篇报告的作者索菲·范·森登·泰斯回顾了为何"许许多多最简陋的家庭是最先被用来安置孩子的,因为在那个年代里,代理机构不得不就他们能够进入的家庭来进行领养的安排"。

泰斯发觉,这一社会阶级的转变跟领养的情感化紧密相关。一项针对 1918—1928 年间明尼苏达州养父母的研究发现,养父在较高职业水平(专业人员、半专业人员以及管理人员)中的分布比例高于总体人口中一般男性的相应职业分布比例。但是那些年龄偏大些、更可能有用些的孩子的养父,其职业则更多属于较低级的类型,特别是从事农业劳动。[82]

情感性领养创造了对 3 岁以下小孩特别是婴儿的始料不及的空前需求。在 1910 年,媒体已经讨论了婴儿的新诉求,提示道"小孩供不应求"。[83] 一个安置婴儿的代理机构——斯彭斯托儿所的寻家委员会（the Home-Finding Committee）惊奇地发现，"无需我们去找这些家庭，他们在找我们，而且对小孩的需求是那么大，我们开始没法满足了。"在1914年，得克萨斯的诗人和幽默作家，贾德·莫蒂默·刘易斯（Judd Mortimer Lewis）作为个人婴儿站而在美国名声远扬，他利用其在《休斯敦邮报》中的专栏来为患了"小孩饥渴症"的父母寻找婴儿。《纽约论坛》在1923年的观察是，"宝贝婴儿成批地被带到家庭之中，因此标志着一个新的时代的产生，一个照看失依儿童乃是艰巨责任的时代"。到了1937年，婴儿领养被鼓吹为美国最新的时尚："婴儿市场非常火爆……喧闹声所要的是婴儿，更多的婴儿……我们把这视为一个令人吃惊的现象：没有孩子的夫妻在全国范围内抢夺，以领养一个孩子。"讽刺的是，在19世纪，"无用的"婴儿必须加以保护，因为他们是无人要的；在20世纪，无价的婴儿"需要从未有过的保护……[因为]太多的手试图夺取他们"。[84]

无价的孩子被以一种新的标准来判定；他们外表的吸引力和个性特征替代了早期的经济尺度。在跟数个弃婴救济院的负责人交谈过之后，《纽约时报》总结道："任何有望被领养的婴儿……值得注意的一点是，应生来拥有一双蓝色的眼睛。……棕色、黑色或者灰色眼睛的女孩或男孩可能同等漂亮……但是很难让这些宝贝的慈善扶助者相信这一点。"[85] 而且，最大的需求是针对小女孩的。1907年，在展开其非常受欢迎的儿童拯救运动、促进领养家庭照看之时，《描写者》（Delineator）指出，对男孩的需求是对女孩需求的一半："一个两岁大小、蓝眼睛、金色鬈发的小女孩是几乎每个人都留下的订单,这不是很快能够满足的。"[86] 同样地,在其头三十年的工作中,纽约慈善援助协会收到了 8000 份对女孩的申请,而总申请数只有 13000。劳动之家寻求年龄大些的女孩,帮助做家务活;与此不同,领养之家(adoptive homes)要的则是小女孩,为的是她们在家庭中的情感价值:"一个洋娃娃,他们可以为其系上紫色的腰带。"在 1920 年代,富裕的美国人甚至从伦敦"进口"他们的"英国玫瑰"——金色的宝贝女孩。当然,犹太人是一个明显的例外。根据 1910 年一项针对西伯莱庇护守望收容所主管助理的访谈,3 岁大小的男孩在犹太领养父母中有着相对于小女孩而言更大的需求。[87]

考虑到广为人知的父母对长子的偏好,领养女孩的受欢迎是令人困惑的。正如黑斯廷斯·哈特在 1902 年所观察到的,"当人们祈祷他们自己的孩子的时候,他们会乐于祈求一个男孩;当他们想要领养的时候,他们期望一个女孩。这是一个不能解释的事实,每一个投身于安置孩子的人都对此异常熟悉。"[88] 一个领养机构在 1916 年指出,父母们"似乎倾向于感觉女孩更容易了解和抚养,而他们担心男孩……"[89] 二十年之后,《加拿大杂志》(Canadian Magazine)将这一持续的女孩偏好和父母们对老来孤独的恐惧联系在了一起:"女孩不会像男孩那样过早地解除与家庭的联系,而在她们生活中外出玩耍的兴趣也不是那么的重要。"为什么"漂亮得像图画一般的女孩,会像刚出炉的蛋糕一样抢手呢?"《周六晚邮》的一个作者带有修辞色彩地推测,乃是因为她们"强大的小型自我广告,而且她们本能地知道如何炫耀她们的天资……。她们伸开胖嘟嘟的双臂,咯咯地弄出一些神秘的儿童玩笑,张开还没有牙齿的嘴露出神性的笑容,可爱极了……妇女和强壮的男人为之疯狂,糊里糊涂就喜欢上了……"相反,男孩的宣传则是失败的,"更缓慢、更严肃和更孤僻"。[90]

20世纪养父母的性别和年龄偏好非常明显地与收养的文化革新相关联。在早先对有用孩子的需求导致强壮、年龄偏大的孩子是首选,且最好是男孩;而后来对无价孩子进行寻求的时候,则导向了婴儿,特别是漂亮的小女孩。不是女性天生的微笑技能,而是已经确立的妇女在情感天赋方面占据优势的文化假设,使得小女孩在情感性领养中变得特别吸引人。婴儿新的吸引力,还因为在1920年代人们对"发展的环境影响论"日益增长的接受而增强。考虑领养的夫妇现在被打消了疑虑,认识到"遗传对我们的性格只有很少或是没有影响。真正发挥作用的是环境……"[91]智力测验和确定儿童身体健康的方法的提升,削弱了"旧的反对在(优生学意义上的)生育事务中插上一手的偏见,以及对代孕代育的偏见"。[92]通过表明"可爱的宝宝"特别迷人和被渴望,即使是耻辱的非婚生子也转变成了一项资产。[93]

有讽刺意味的是,随着无价孩子对有用孩子的替代,领养的危险从经济的困境转移成了情感的困境;以前剥削年幼劳动力的风险,现在转而成了"用作漂亮玩偶"的风险。潜在的领养者被警告:"如果你是计划领取一个用来拥抱、爱抚和漂亮打扮的玩物,那么最好别做这事!"[94]父母们同样被建议不要寻求一个在情感或者心理上"有用"的孩子。专家们笔触所至,涉及的是"寻求从儿童身上补偿落空的情感"的危险,以及得偿未能满足的野心的危险。[95] 如果说儿童安置代理机构曾"较不经常地"直面对于强健的劳作儿童的要求的话,现在他们经常面对着新的期待,正如向纽约慈善协会申请要一个 3 个月大的婴儿的夫妇所言,"我们想要一个以后能进普林斯顿大学读书的孩子"。[96]

黑市中的小孩:无价儿童的价格

领养的情感化有一种始料不及而荒谬的效应。由于创造了对于婴儿的需求,它同样刺激了一种新的婴儿市场的出现。19 世纪的母亲不得不给婴儿代养者钱,以便他们能够接纳自己不想要的婴儿;到了 20 世纪,领养父母愿意付钱以获得一个宝宝。"婴儿掮客"于是也就发现了一条额外的生意线——不仅从交出婴儿的人身上挣钱,而且通过将他们出售给他们的新客户,令其获利翻番。[97] 结果无价的孩子被进一步货币化、商业化了。讽刺的是,婴儿新的市场价来自于他们的非经济性、情感性吸引力的独一无二。

传统的婴儿市场在 20 世纪的第二个十年中仍继续存在着。一项由马里兰州不良行为协会主席在 1914 年主持的颇有影响的调查报告说,在很多情况下,对儿童的领养仍然是"挣钱的手段;孩子完全是次要的,领养只是为了讨个价钱"。对一些诱惑性报纸广告的回应显示了这一点,一个一周大小的孩子,如果被要求永久地保有,领养者索要的金额从100美元到7000美元不等。正如一个妇女所解释的那样,"我喜爱照看孩子……但我期望我的服务能够获得一个公平的价钱。"巴尔的摩两家妇科医院,积极地参与了这一"商业化的交易"。父母被要求支付100到125美元,以"放弃所有针对小孩的责任、权利和要求"。如果母亲实在太穷,无法支付现金,她需要用劳务来支付,在医院做一年的女工。报告揭露了医师、护士、助产员、甚至是牧师之间的协作程序,他们所要的通常是一笔费用,以帮助母亲处置她的婴儿。[98]

但是从1910年开始,有迹象表明小孩的市场结构发生了改变,并正在扩张。《时尚》中有一篇文章涉及了一项"杂乱难懂的贸易",婴儿在此能够卖上1000美元。1913年全美慈善和改善委员会的发言人指出,在加利福尼亚正在发展一种双重婴儿市场。妇科之家和分娩医院发现,那些生育者放弃的婴儿是收入的新源泉。"足够多的无后婚姻创造了对有销路的宝宝的需求,从而形成了一个市场。"通行的价格是每个婴儿200元。芝加哥青少年保护协会在1917年揭露了一项"常规的商业化生意"。跟以前一样,没有结婚的母亲"希望支付任何数量的钱来处理她的孩子",她们往往被妇产科医院或者是负责处理其婴儿的个人要求支付15到65美元不等。但是研究同样报告了另外一种不同的婴儿市场。一个"有非凡吸引力"的婴儿能够卖上15到100美元——现金支付或者分期付款。一个儿童出售者的新交易格言是"花100美元买个婴儿比自己生一个要便宜和容易"。[99]

在 1922 年，纽约慈善援助协会的研究对"宝贝一天，送掉有钱"（A Baby a Day Given Away）的猛然发现，将商业化的领养直接推到了美国公众的面前。对报纸上有关提供和索要孩子广告的 6 个月的调查，揭示了对"儿童的随意交换"，在纽约，一天大小的宝贝被处理是家常便饭，"就如同扔掉小猫一样"；许多以"廉价货柜"的价格出售。这还不是纽约的特殊安排。[100] 在几乎所有波士顿报纸的分类广告栏目中，"跟汽车、动物和娱乐相关的条目在一起……通常能够看到为领养者提供孩子的广告"。[101]

三年之后，一个声名狼藉的纽约婴儿代养者遭到起诉，这震惊了整个美国，并使商业性儿童安置问题备受瞩目。海伦·奥古斯塔·格森-沃克（Helen Augusta Geisen-Volk）因为儿童替换、冒领和饿死婴儿而遭到控告和起诉。一个富裕的制造商的年轻妻子为这桩丑闻火上浇油：她公开承认，在她丈夫不知情的情况下，她花 75 美元从格森-沃克太太手里购买过一个婴儿。格森-沃克所犯的罪行在婴儿代养生意中了无新意：同样的控告早在 1870 年代就已发生。显得不同于以往的是公众反应的严肃性，以及公众对于该案感兴趣的程度。比如说，在此之前，还从未有过婴儿代养的案子在《纽约时报》中上了几次头版头条的。[102]

商业性的儿童安置在 1920 年代呈现为一个显著的社会问题，很大程度上是因为它触犯了新的有关领养问题的专业标准。如果没有得到有执照的儿童安置代理机构的恰当督导，领养无论对孩子还是对领养父母而言都是危险的。纽约慈善援助协会 1922 年的报告发现，许多婴儿被送给了"不道德和不合适的家庭……在一些情况下，婴儿每周要到一个新家中去接受'考验'，这样的情形要持续 6 到 7 周"。除了将孩子置于危险的境地之外，这样的实践令"称职的儿童安置机构所做的谨慎而理智的家庭安置工作"颇受质疑。[103] 但是出售儿童摧毁的不仅仅是专业的领养，它同样违背了情感性领养的新标准。给无价的孩子定价是一种亵渎。比犯罪更严重的是，格森-沃克太太被法官控诉为"魔鬼的化身"。正如一个鉴定官员告诉记者的那样，"……这个妇人……没有母性的情感……孩子对于她……不过是用来交换和贸易的物品。被告代表了人类中那些令人厌恶的变态者。"[104]

但是儿童买卖没有停止。尽管对儿童照看的公共管理不断加强，领养法规也在成倍地增加（包括更为严格的膳宿之家资格审查，以及一些反对通过做广告来实现领养的法规），但是非正式的儿童安置仍然在持续。一项对麻省 1922–1925 年间 810 名儿童领养的研究表明，有 2/3 的领养没有得到社会代理机构的辅助。同样地，在新泽西州 1928 年的 1051 项领养中，只有 289 项是由代理机构帮忙实现的。[105] 独立的领养通常由有良好动机的媒介安排，不会涉及营利问题。但是在许多情形下，中间人通过"非法贩卖"小孩，获利甚丰。

被严厉地谴责为"不公正的人类生命贸易"、"国家耻辱"的婴儿黑市，在 1930 年代到 1940 年代异常繁荣。[106] 由于对可领养孩子的需求增加了，"火爆的"婴儿贸易达到了新的水平——第三阶段。现在它成了卖方市场。这样，有不想要的孩子的母亲，无需为了处理她们的孩子而支付金钱了。相反，商业化的掮客找到她，许之以医疗费、住院费通常还有红利来交换她的孩子。甚至是没有盈利的独立领养安排中，给生身母亲以医疗和住院费用也是通常的做法。[107]

在1955年，由参议员伊斯特斯·凯富瓦（Estes Kefauver）主持的调查正式宣布儿童买卖是国家性的社会问题。其确切的数量并不清楚。估计每4个领养中就有3个是独立于任何代理机构之外的，那些为了营利而进行安置安排的数量所占百分比不得而知。然而，毫无疑问，婴儿出售已经不再是小小的局部生意了。在孟菲斯，田纳西州儿童之家协会的主管人员，乔治娅·坦恩夫人，因为州内的黑市交易被判罪。在1930年到1950年之间，她在大概15个州安置了1000名儿童，挣取了超过100万美元的利润。在另外的一个案子中，布鲁克林的一个代理人和婴儿掮客，马库斯·西格尔在短短18个月的生意中就攫取了16万美元。黑市婴儿的价码从1930年代估算的1000美元涨到了1940年代末期的5000美元。到了1951年，一些儿童的售价达到了10000美元。[108]

婴儿的货币价值部分地取决于萎缩的供应量。随着全美出生率的急剧下降——这早在19世纪便已发生，一直持续到1930年代——可供领养的孩子越来越少。当时的观察者也指出，对小孩日益增长的需求部分地是由于美国夫妇无后比率越来越高导致的。在《捍卫家庭》（*The Conservation of the Family*）一书中，保罗·波普诺（Paul Popenoe）将过高的无后率归咎于"肉食的节制、屋内通风欠缺、城市生活的高度紧张、成对单人床的盛行，[以及]束腹衣的穿戴"。[109]

对家庭完整性的日益关注，进一步造成了婴儿的短缺。在 1911 年之后，母亲抚恤金运动准许寡妇，以及某些情形下被抛弃的妻子或者母亲（其夫身体或精神有障碍或在狱中）保有她们的孩子。改革者同样鼓励未婚妈妈保留她们的婴儿。于是，可被领养的婴儿的供应量也就萎缩了，而领养机构的候选名单也就越来越长。由于不愿意等上两年或者更长时间，以及对代理机构设置的越来越严格的标准不耐烦，父母们转而投向了黑市。正如 1951 年对婴儿买卖的曝光所注意到的那样，"婴儿……被送上了拍卖台，因为对于每一个可以领养的孩子，在全美都有 10 对或者更多愿意领养的夫妇。"[110]

但是，单单是供应短缺并不足以决定其价值。萎缩的供应提升了婴儿的价格仅仅是因为对于健康的白种婴儿热情的买家越来越多。市场利用了无价的婴儿，但是并没有创造对无价孩子的迷狂。具有明显对照性的是，年龄偏大些的孩子只能找到很少的买家。在被剥夺了早先具有的劳动力价值之后，他们被从情感性市场中排除了出去。这样，虽然代理机构的候选名单上罗列了成百上千不耐烦的父母，却几乎不可能为大于 6 岁的孩子找到家，这些大于 6 岁的孩子成了无论在经济上还是在情感上都"无用"的人。[111]

对无价的定价：儿童的特别市场

这样，20 世纪孩子领养的情感化悖谬性地引起了儿童生命的更大规模的商业化和货币化。伴随着儿童劳动力市场的消失，一个为儿童的新情感价值定价的市场发展了起来。在 1975 年，对黑市实践的国会二级听证会估计，在美国每年大概有 5000 名儿童被出售，有的售价达 2.5 万美元。出售者拥有讨价还价的主动权。正如一个黑市掮客跟一个潜在的客户说的那样，"接受或者拒绝，给个话。还有 5 对别的夫妇等着我"。[112] 儿童价值的资本化拓展到了合法的儿童安置之中。一反长期"在孩子流通过程中金钱问题永不涉及"的政策规定，[113] 许多代理机构在 1940 年代引入了领养费。

如此，一种非常明显的深刻对立被创造了出来，一边是宣称"儿童是无价的情感资产"的文化体系，另一边是待他们如"现金商品"的社会安排。[114] 在一些经济学家看来，这种社会价值和社会结构之间的持续冲突应该借助于市场来解决。比如说，兰德斯（Landes）和波斯纳（Posner）倡导婴儿销售合法化："婴儿的短缺和黑市是由于法律的限制导致的，法律禁止市场在婴儿销售的领域中像在其他物品中那样自由运作。这意味着一种可能的改革不过是取消这些限制。"他们争辩说，一个纯粹的价格机制，能将领养父母和需要被领养的孩子更有效率地匹配在一起——比通过代理机构更有效率。事实上，独立领养和代理机构安置的比较研究发现，两者在效果上的差异是很小的。兰德斯和波斯纳搁置了对婴儿买卖的"道德义愤"或"象征性"反对，认为它们是陈旧和不切实际的。[115]

其他人强烈地对如下观点进行辩护，即，认为代养乃是爱的"礼物"，故而应该唯一地受利他主义的调节，而不是受利润的调节。正如参议员詹宁斯·伦道夫（Jennings Randolph）在1975年黑市听证会上对儿童和青少年小组委员会所说的那样，"我不能想象有人冷酷又精打细算地出售另外一个人……千千万万的美国人都希望能提供父母之爱。个人从这样的欲望中获得好处……当然是不道德的"。在这样一种意识形态背景之下，领养费并不比黑市的购买来得公正和干净。比如说，在递送给国会小组委员会的证词中，一个成年人领养组织的主管，反对这样的宣称："由代理机构收取的钱是高尚的，而由独立行为人收取的钱则不是。""问题的关键不在于……卷入的是什么人，费用是5000还是25000美元，也不在于它是支付给代理机构还是给独立行为人。……问题在于，费用的支付将不能缓解养父母这样一种认识：他们买了一个人……"从这一观点来看，价值和结构之间的紧张，唯一的解决之道就是，在"商品化的孩子领养体系中"彻底地消除任何盈利机会。[116]事实上，在某些州已经开始禁止所有私自独立的安置——哪怕其中不涉及利益好处，以便阻止商业化的婴儿市场。[117]

意识形态上对这一市场的防范或者反对都忽视了在市场机制和价值之间的内在联系。两种立场都（或好或坏地）预设了"市场拥有无法避免和单方面的力量"。但是一个"自由"、独立的婴儿市场是理论上的幻想；文化约束不能够简单地被当作陈腐的事物而搁置和废弃。另一方面，完全否认市场的作用，也就忽略了不同类型市场之间的差别。并非所有的市场都是相同的。正如伯纳德·巴伯注意到的那样，"由于价值和其他制度结构与其（经济交换）相互依赖，并制约着它，使得经济交换呈现出不同的模式。"[118] 从最开始,婴儿市场就受到无价孩子的文化界定的影响。这样,不是儿童无价的意识和定价安排之间的矛盾,而是两者的交互作用,导致了合法和非法的婴儿市场之间的差别。

黑市不被接受,是因为它对待儿童的方式,与对待其他稀少神圣商品的方式并无差别,都是非个人性、经济化的。对于一个婴儿掮客来说,价格和利润是考虑的重点:"如果他们不出售孩子,他们也会出售任何其他热销和能够产生利润的产品。"[119] 黑市行为不仅是不合理的,而且是非法的。在大部分州,在托付安置孩子的过程中接受报酬是犯罪行为。但是存在着另外一种不同的市场,它多数情况下是合法而与情感性领养相协调的。在这一"灰市"(gray-market)中,安置的安排是没有利润的,"由好心的父母、朋友、亲戚、医生和律师来完成"。[120] 在这一背景中,法律或医疗服务的专业费用是可以接受的。1975年国会听证会上,对于这一支付的评判,美国儿童福利同盟的执行主管解释道,"货币易手,但是它是根据实实在在的成本支付的。其中并未考虑利润。"[121] 不仅大部分领养专家支持收取"合理的专业服务费用"的权利,而且有些法令还特别地准许法律费用和为母亲的医疗支出提供补偿。这样,黑市被界定为可耻的经济安排,而一个修正的、合法的儿童交换市场的确存在。可以肯定,合法的市场和"危险的"买卖之间的边界并非一直是容易把握的。作为一种市场控制的手段,加利福尼亚州的父母被要求递交为其私人领养所花费的明细账单。另一方面,在佛罗里达州,律师的费用被限制在500美元以下。[122]

领养费还构建了一个离析出来的市场。在最开始,代理机构寻求将它们的工作定位在与情感性领养一致的水平上。直到1940年代,只接纳领养父母的"感激性捐献"。比如说,弗吉尼亚州儿童之家协会告诉父母:"他们所乐意提供的任何数额的捐献将会被感激地收下,但是它必须是作为礼物,而不能是对服务的回报。"[123] 协会的主管甚至拒绝跟领养家庭讨论任何明确的数额。领养和购买的边界通过这样一种方式来维持:将这些钱定义为随意选择的礼物和象征性的感激,而不是价格。正如齐美尔在其讨论买卖婚姻的时候所指出的那样,"礼物包含着许多个人性的东西——因为礼物的价值是不确定的,而且即便是受到传统习俗的规制,个体仍然有选择的自由——甚于一份数额明确的钱,礼物有着不可化解的客体性。"[124]

从捐献到费用的转变,因此是一个敏感的事件。毕竟,迟至1939年,潜在的领养者仍在被警告,"不要因为孩子给任何人任何钱——可靠的代理机构从来不收费"。[125] 然而这一体制毕竟被接受了,收取费用的代理机构从1949年的18家,增长到了1954年的105家。虽然面临反对,并且有预测认为,这一费用将"堕落为安置的价格",[126] 领养市场仍然保持着它独有的结构。代理机构没有转化为"有效率的利润最大化的工厂",而是仍然作为非营利性组织在运转。它们的价格限制在所提供服务的成本的水平。通常只是要一个名义上的费用。一些代理机构使用阶梯型收费尺度:对于低收入家庭象征性地收一点,而对于能够负担得起的家庭则收取更多的钱。

就大的方面来看,领养费和购买价的差异在于,前者将该支付界定为是对专业服务的补偿。此外，领养费也合法化为一种象征性的支付：比起传统的捐献，能够更有效地表达感激之情。"我们相信，金钱上的支付是孩子领养申请者满足其支付需求的手段……许多领养父母……为是否该给钱，给多少而深感焦虑……我们现在所做的事情，乃是界定了一种可触摸的、特别的要求，对申请者和对我们而言都更公平合理。"[127] 领养费更通常地被描绘成对父母的心理支持，而非代理机构的某种商业设置："对任何一个人，如果处在向另一个人……要孩子的地位……都会感到底气不足……。费用的支付可能能够一定程度缓解这种深切的羞辱性体验带来的不舒服感。"[128] 在规定的费用之外，父母自愿给代理机构贡献另外的钱，这进一步强化了领养市场和其他形式的经济交换之间的界限。他们任意选择的货币作为礼物，可以看作是一种象征性的提醒：儿童领养并不是一个普通的生意。[129]

涉及孩子的市场的独特性还体现在他们的"租金"上。甚至在1930年代之后，当膳宿之家越来越成为短期照看需受抚养儿童的可取方法之后，早期付费托养的两难困境仍然没有得到解决。通过将养母定义为代理机构的雇员来提升膳宿费的阶段性努力，遭到了抵抗而最终归于失败。比如说，在1940年代，华盛顿社会代理机构理事会的一个特别委员会，督促支付一些服务费给领养父母，"以回报他们在孩子身体照料方面所做出的贡献"。这一支付，康涅狄格儿童中心的主管解释道，"有助于明确该项目是一项服务，而不是慈善活动"。[130] 但这一服务费遭到了反对，因为它将对孩子的照看转化成了市场工作。传统较低的托养费,包括代理机构的勤俭节约,确保了养母的利他主义;"她们是付费的——但是她们接收的数额……不会以任何方式用来补偿她为无家可归的孩子所做的一切。对孩子母性的、慈爱的照看是买不到的……她们就是膳宿之家的母亲们,她们在天堂中应受特别高的礼遇。"[131] 服务费将母性的利他主义降格成了一项普通的任务。卡杜辛(Kadushin)解释了为什么对于将领养父母定位为儿童福利代理机构的雇员会遭到持续的反对:"如果领养父母是雇员,那么孩子会将他们待在领养家庭之中看作是一项生意上的交换,(而)他自身则是收入的源泉。"

最近对领养的文献调查得出结论,对领养父母角色的认知仍然是"模糊和矛盾的"。领养父母矛盾的角色被两种对立的预期恶化了:一方面,领养父母在给孩子们提供短期的、温馨的、家庭式环境的时候,是获得了报酬的;另一方面,过度的情感涉入却又是不被鼓励的,并且可能在法律上终止领养安排。然而这正在被一种更具弹性和帮助性的态度所改变:准许领养父母接纳孩子,由他们照顾——如果这"从孩子的角度来看是最好"的话。[132]

充分的货币激励看来能促使更多的膳宿之家出现,甚至是促进代养的成功。但是,领养父母——他们多数募集自较低的中产阶级或者劳工阶级家庭——仍然不轻易要报酬。对他们动机的研究表明,有些时候一个家长"会陈述一个与'钱乃是领养孩子的首要原因'完全不同的理由,强调以这样的钱来满足他个人的需要,是会让他羞于面对的"。[133] 这种不舒服并不是一种心理上的症状,而是来自于出卖被界定为是人格性、神圣性的任务的尴尬。齐美尔解释了为什么——"一个人的表现需要某种超出其货币等价物的东西的肯定……对货币等价物的接纳意味着贬损了这一表现以及这个人"。[134] 领养父母发现了一定的途径来超越工具性的代养合同。比如说,在许多情况下,父母利用他们自己的钱满足领养儿童的杂项花费:额外的衣物、交通、贴补、玩具,或社交的花费。

"灰市"、领养费以及膳宿费勾勒出现代领养市场一定的文化轮廓。给无价的孩子定价是一项独特的商业冒险;孩子"租金"和孩子出售受到20世纪儿童观念的深刻限制。讽刺的是,甚至是市场导向的思想家和运营者最终都根据非利润的标准来评判儿童出售问题。支付被合法化为情感性关注的象征性表达。比如说,在兰德斯和波斯纳看来,"为了得到孩子而支付钱财的意愿,站在儿童福利的角度,总体来看是一个令人安心的因素"。[135] 一个著名的婴儿掮客斯坦利·麦克曼(Stanley Michelman)据说通过指出购买孩子所获得的情感回报来打消他的客户的顾虑,"如果我父亲花10000美元来接纳我,我会怎么想呢?啊!这个人真的想要我……他为我花的钱越多,他要我之心愈切……有人愿意牺牲那么多的钱来拥有我,世上还有比这更好的自我感觉吗?"[136]

7

从有用到无用再回到有用？
儿童估价的呈现模式

从有用的劳动者到神圣的儿童

市场的局限

从神圣的儿童到有价值的"家务儿童"？

7 从有用到无用再回到有用？儿童估价的呈现模式

> 虽然我们可能不愿回到一个剥削儿童劳动力的时代……我们可能仍然会有这样一种感觉：在像我们这样的社会中，儿童处于"未充分就业状态"。
>
> ——《当代社会儿童》，萨拉尼·S·布科克，1976

E·S·马丁（E. S. Martin）在1913年的某期《哈珀月刊》（*Harper's Monthly Magazine*）中宣称，儿童劳动法和义务教育，正在很快地将儿童转变成"穷人的奢侈品和富裕些的社会成员的纵容对象"。[1]但是到了1980年代，神圣的、经济上无用的孩子可能已经成了一般的现当代家庭已不再能对其进行估价，而且事实上也难以负担得起的奢侈品。讽刺的是，20世纪早期的一些社会解决方案，现在被再定义成了新的社会问题。更特别地，作家和学者们从多个学科出发，以关切且通常也是批评性的目光，来重新评价无用的孩子。

不过，可以肯定的是，没有人提倡回到19世纪那种儿童劳动的社会形式。但是，人们对于创新性地将儿童重新纳入到社区的生产性生活之中抱有越来越浓厚的兴趣。有关儿童在家中具备潜在有用性的观点也开始流行。比如说，儿童应该更生产性地参与到家务劳动分工之中去吗？工作母亲保留"真实"工作的职责，而孩子小心翼翼地被局限在从事教育性家务杂事（父亲则只是慢慢地、不大情愿地增加他们家务劳动的份额），这是合理或者甚至是可行的吗？儿童自身依然保持一种客人般的特权——有所帮助便谢天谢地，而不是被看作一个协力者，到了一定年龄便要承担一定家庭劳动，是恰当的吗？对其自身有好处吗？让我们先简要地回顾一下神圣孩子的社会建构，以便对儿童未来可能的再建构进行考察。

从有用的劳动者到神圣的儿童

在1870年代到1930年代之间，美国儿童的价值发生了转型。20世纪经济上无用但情感上无价的孩子替代了19世纪有用的孩子。可以肯定，最激烈的改变发生在劳工阶级身上；因为在20世纪初，中产阶级的孩子早已"休生养息"。不过儿童的情感化的增强是超越社会阶级的。新的神圣化的孩子占据了特殊而分离的世界，以情感和教育而不是以工作和利润为主导。

如前所述，劳工阶级孩子从市场中撤离的过程充满了争议，这个过程受到改革者的大力支持，也遭到劳工阶级和中产阶级中倡导生产性儿童的人们的激烈反对。这部分地体现了经济利益的冲突，但更多的是两种相互对立的儿童观念的意识形态之争。"神圣的儿童"最终大行其道。孩子被撤离到市场之外，无用却可爱；并远离街道，受着保护和监督。但是，儿童的经济角色并没有消失，而是发生了深刻的转型，无论是从家庭或是收养者的角度来看皆然。儿童工作和儿童财富开始主要被用教育性而不是工具性的术语来界定。儿童现在有了获得一笔零用钱的权利：毕竟，要学习成为一个恰当的消费者，他或她还能做些什么呢？儿童参与家务劳动被看成是品德训练，而很少被看作是真实的劳动贡献。

由于儿童的情感唯一性被强调，对他们价值的实用主义的金钱性评估不仅被看作是不可行的，而且在道德上是被拒斥的。给无价的孩子定价因此成了一项复杂的工作，在法律思考和实践中制造了混乱，在保险生意中形成了争论，在儿童领养的"交易"中带来了不确定性。新的情感标准被建立起来以判定儿童生命的金钱价值。法院开始给孩子陪伴的丧失提供赔偿金；保险作为对情感损失的弥补，获得了一种法律上的公正性；儿童出售者现在开始销售儿童的天真和漂亮。讽刺的是，即便是儿童的经济价值已经消失了，儿童死亡时所返还的现金价值以及他们的"交易"价格却上升了。

一个更为深刻的悖论产生了。20世纪的家庭被定义为一种情感机构，"是对立于人类关系的市场经济概念的"，正如卡尔·蒂格勒所恰当地指出的那样。[2] 然而，即便是家庭看来都要在主导性的金钱关系面前让步，神圣的孩子，作为家庭最为宝贵的成员，如今会被例行转变成一种金钱等价物。难道丧失了经济价值的儿童只不过变成了另外一种商品？本书的发现强烈地表明，儿童的情感价值是作为市场洪流的防护堤存在的。对三种制度历史发展的考察，表明保险的生意、对儿童意外死亡的补偿以及儿童的出售，深刻地被儿童的非经济价值所影响。无价之宝被安上了价格，但是定价的过程自身被其与价值的联系而转变。在儿童死亡的赔偿中，在儿童的保险单中，以及在对儿童领养的支付中，货币的经济价值一定程度上被剥夺了。相反，这类金钱的支付要求强有力的象征意义。比如说，一份保单，从来不会作为一种明智的投资而出售，在19世纪它以重视将死的孩子的名义售出，随后则是以对活着的孩子的爱的名义。对经济上无用的儿童伤害赔偿的案子始终围绕着情感的暧昧不明，并以一种非同寻常的方式来解决。同样地，神圣儿童领养的支付很少被以一种普通生意的方式来操作。

市场的局限

儿童的上述情况只不过是市场和人类价值复杂交互作用的一个例子：一方面，现金关系急剧扩张，侵入一些早先不能被量化的社会生活领域，比如说情感和情绪；但是另一方面，正是人们所较少了解的非经济因素的效应拘束、限制并影响了金钱和市场。本书挑战了货币经济不可避免的社会效应的既有假定。事实上，现代世界的理性化和商业化有其局限性，因为金钱和市场会被社会的、道德的以及神圣的价值所改变。

这样，20世纪经济上无价的孩子的定价过程，就成了金钱的"商品化效应"与价值的"神圣化效应"相互作用的检验性案例。它展现了异常珍贵和不可触摸的价值折算成它们的货币等价物的过程，但是它也同时说明了经济理性及其量化过程自身是如何调整的。意外死亡的赔偿、领养和保险市场，都被儿童的文化定义所形塑。这样,儿童收养时的出售价值或者儿童死亡时的经济价值,并不仅仅是由一般的效用公式所决定,它还有赖于情感的标准。在死亡和收养的支付中,货币获得了不同的情感和神圣意义。

现代儿童的经济世界进一步说明了,金钱的象征功能以及工作角色的非经济层面颇为重要,需要予以充分考量。儿童是独一无二的经济行动者。他们同工作和金钱的关系部分地受到实用性目的的制约;儿童作为热切的消费者,决定了他们要获得恰当的收入——要么通过对补助的讨价还价,要么通过工作获取额外的现金。但是,儿童工作和儿童财富同样受到非经济的教育性目的的影响。工作和贴补是教育性措施,能够教给儿童对待工作和花费恰当的价值观念和态度。儿童家务工作的实效性倒在其次;儿童工作主要被认为是对儿童的训练,而非对父母的帮助。贴补不依赖于儿童工作的功效和数量,而是依赖于父母对于该给多少才合适的看法。

正如法国社会学家弗朗索瓦·西米昂(François Simiand)在 1934 年一篇先驱性文章中认识到的那样,金钱是"真实的社会"。金钱的象征功能一直为人类学家所认可并加以分析,但只谈及原始社会的原始金钱。比如说,在《货币现象》(*The Phenomenon of Money*)中,托马斯·克伦普(Thomas Crump)注意到金钱可以同等地体现神圣和亵渎,"因为这一转换是纯粹象征性的,有赖于影响它的是何种文化权力"。[3] 但是他将货币神圣化限定在东方文化或者原始文化之中。对于现代西方社会,有关货币的象征和社会学维度我们知之甚少。文化和社会因素是如何影响到金钱的使用和意义的？儿童的钱只是一个例子：它是如何不同于家庭妇女的"零花钱"或者工资挣取者的薪金的？如果儿童挣的钱，被看作是一个常规的薪资，将会发生什么呢？举例来说，对儿童家务劳动支付报酬的反对，正如对家庭妇女的劳作进行补偿时的不情愿一样，表明了货币的使用是有边界的。如果对家庭劳动支付以"真实"的金钱，那么，家庭就成了另外一个商业场所。

市场和非经济价值的关系不是静止的。比如说，在19世纪，儿童的经济价值合法地与他们的情感价值混杂在一起，而工具性地利用儿童财富亦能接受。下一节将讨论儿童价格与价值间不断变化中的互动的几种可能未来走向。

从神圣的儿童到有价值的"家务儿童"？

本书所描绘的从经济上有用的孩子向经济上无用的孩子的转变，并不是一个时间段明确的事件，而是一个逐渐的、不均匀的过程。和其他社会转变一样，关于儿童的两种观点的边界，从来都不是轮廓鲜明的，也不是绝对的。在19世纪，儿童的情感化观念是与他们的工具性衡量并存的，而即便是在儿童的经济价值被宣称为非法且有碍道德之后，这一价值依然持续存在了较长时间。在这段时间里，儿童的经济价值仍然是受到关注的，特别是在农村区域，有时也存在于城市下层社会阶级之中。比如说，美国童工委员会估计在美国至少有30万移民孩子处在劳作之中。这些孩子，正如罗伯特·科尔斯（Robert Coles）在其调查中所发现的那样，"彼此照看，在两到三岁的时候，便已经会很快地拾取稻穗，外出售卖水和食物了，并且知道多大的硬币或者多少数量的美钞必须带回家里"。[4] 其他的孩子通常会被非法的卖淫圈子、高利润的色情产业，以及毒品经销商驱使跑腿。在职业阶梯的另一端，儿童演员和儿童模特追逐着获利丰厚并通常是迷人的职业生涯。计算机最近给熟练儿童引入了一种新的合法职业，可以帮助将他们的专门技能转化成生意。偶尔也有一些社会实验试图重建有用的孩子。比如说，1970 年代早期，在两位社会学家引导的农村社区研究中，描述了将儿童有意识地整合进职业性的甚至是社会性的成人嬉皮士和后嬉皮士的公社生活之中。[5]

但是，尽管情感性和经济性的儿童观念会偶然地交叠在一起，有用儿童的文化合法性在 19 世纪占据着主导地位；但到了 20 世纪，无价的孩子成了惯常的制度，有用的儿童则成了例外。无论什么社会阶级，大多数的儿童劳动力市场都受到限制，除了回报很低的家务杂活、报纸投递以及来自邻居的偶尔雇佣，比如收割草坪、铲雪以及照看婴儿等。正如最近在加利福尼亚州奥克兰对 764 名六年级学生的调查所显示的那样，儿童"收入的首要来源"是他们的父母。的确，如果儿童如今挣取了"真正"的钱，就会只有很少的规则能对之进行恰当管理。一本女性杂志提醒这些有孩子被雇佣于电视商业的父母们：

就商业化的儿童对他们的家庭该负多少财务责任，父母面临着道德上的两难困境。在对此的争论中，一方说，儿童所挣取的就是儿童自己的。其他人则主张……家庭的其余成员从儿童的利润中获得部分收益是合法的。不幸的是，在此并没有固定的答案……你自己的良心将帮助你作出决定。

当布鲁克·谢尔德（Brooke Shield）在 15 岁做模特每天挣约 1 万美元的时候，她的母亲通过将这笔钱（并非其全部）做信托解决了这一难题。在 1930 年代童星的传统模式中，布鲁克每周收到 10 美元的津贴。[6]

但是在儿童经济和情感价值的关系中，如今我们达到了一个新的历史阶段了吗？神圣的、经济上无用的孩子在 1980 年代过时了吗？显然，针对孩子所在的家庭和更广阔的社会境况，公众的不安和困惑在日益增加。一些学者和作者将这种不安和困惑通过不同的渠道表达了出来。比如，万斯·派卡德（Vance Packard）说道，"我们日益危险的孩子"处在一种"反儿童的文化中"；尼尔·波兹曼（Neil Postman）哀叹"童年的消逝"，而玛丽·文（Marie Winn）也感叹"儿童没有了童年"；莱蒂·伯格雷宾（Letty Pogrebin）问道，"美国人憎恨儿童吗？"；杰梅茵·格里尔（Germaine Greer）更是直截了当地断言现代社会与儿童"深刻地对立"。[7]然而，"儿童问题"在现代家庭生活的观察者那里被以根本不同的路径诊断。这样他们所建议的解决路径也不尽相同，展示了针对儿童价值和价格的不同观点。

在某种意义上，核心的问题在于美国社会有关儿童公共和私人价值的明显对立。比如在《承诺破灭》（Broken Promises）一书中，一个经济学家 W·诺顿·格雷波（W. Norton Grubb）

和一个历史学家马文·雷泽森（Marvin Lazerson）认为，儿童情感化通常止步于家庭的门口："与我们所感受和私下表达的深爱相反，我们缺乏对儿童的'公共之爱'的情感。"一个结果是，通过拒绝将父母般的利他主义向其他人的孩子扩展，美国人"让他们的孩子失望"："美国是儿童中心主义社会（孩子是各人最宝贵的自然财富）的腻人神话，实际上是被改装和歪曲了——我们对其他人的孩子怀有敌意，并且不倾向于支持他们"。父母之爱被"浪费性地"、"非理性地"用在他们自己的孩子身上，而当涉及儿童福利的公共项目时，他们的利他主义非常荒谬地转换成了吝啬。公共支持将花费多少？长期来看它会透支吗？这样来看，神圣的孩子是私人的奢侈品；而需要公众支持的儿童则被冷漠地对待，只有当这种投入在经济上是划算的时候，援助才会被提供。[8]

莱蒂·C·伯格雷宾，《女士》（Ms.）杂志的创始人，也公开谴责美国人对待儿童生命的伪善做派："这个社会跪在童年的商业化神坛之前，其形式是那么的可爱，如'草莓女孩'（Strawberry Shortcake），彼得·潘（Peter Pan），……以及安妮（Annie）。而也正是这个社会，在谋杀它的孩子，掠夺他们，饿死他们……毒杀他们，恨不得他们死。"伯格雷宾为当今美国诊断了一种集体的"儿童恐惧症"："虽然我们大部分人对我们自己的后代有所例外，但我们对于他人的孩子似乎并不热心。"[9] 从这种普遍的观点来看，最为紧急的任务就是通过积极的公共关注来替换掉对待儿童的集体冷漠——用新的和更好的政策来提升儿童福利。儿童的神圣化应该超越私人家庭的边界。

然而，对其他观察者而言，问题远远超出于面对儿童时的公众吝啬或者集体冷漠。除了呼唤更有效的社会政策之外，这（第二）个批评群体还深切地关注儿童在家庭内部的状况。在此刻，我们发现了两大对立阵营明显的分野。一方面是这样一些人，他们担心神圣孩子哪怕是就在我们自己的家里也处于消失的危险之中。比如说，万斯·派卡德洞悉了在美国存在一种日益增长的反对儿童的情感，这在那些拒绝生养任何孩子的人身上有着非常具体的体现。相对于"造人工程的封山育林"，不要儿童成了另一种可取的选择。派卡德宣称，新的工具主义的考虑，可能会贬损无价孩子的情感好处。孩子通常被视为"自我实现"或者职业生涯的障碍，或者是经济负担，或者甚至是物质快乐的妨碍。[10]

玛丽·文和尼尔·波兹曼证明，随着情感和实际成本的增加，儿童过快地被投入到了成人般的行为、衣着、语言、娱乐，甚至涉性行为和形体呈现之中。的确，玛丽·文宣称，"年龄保护"死了，替而代之的是"年龄准备"："过去父母一度努力维护孩子的清纯……为孩子的人生变迁遮风挡雨。新时代却基于这样一种信念在运作：儿童必须较早地沉浸到成人的体验之中去……"持神圣儿童观念的思想家确信，将儿童从这样一个世界（"在这个世界中，成人乃是一心照顾儿童的成人，而儿童就是儿童，依赖于成人，并由此与成人不对等"）中逐出是现代版的《失乐园》，剥夺了儿童的安全和防护。[11]

但是，当玛丽·文和波兹曼为"真正"儿童般的童年的重建而怀旧地恳请的时候，另一些分析者反倒关注那些不正确的、甚至是危险的生存方式,而非神圣的、经济上无用儿童的理想进程的弱化。从这一视角来看,儿童对成人生活的融入,引发了诸如未成年性行为或者吸毒之类的非法行为,此外就是化妆——孩子可能会真的穿同样品牌的牛仔裤,如果是看到他们的父母或者是电视中这样穿的话。但是,无论如何,儿童的经济角色在本质上依然未变。从这一立场出发的发言人强烈赞成对无用孩子做深刻的重新评价。在先进的改革者对有用儿童的社会和心理风险予以坚持的时候,当代的修正主义者指出了维持儿童无用性可能带来的无法预测的社会和心理危险。

比如,在杰梅茵·格里尔的颇具争议性著作《性和命运》(*Sex and Destiny*)中,作者严厉地谴责"儿童世界和成人世界相互渗透"的匮乏,这是我们对儿童深刻的厌恶的明证:"在我们对'儿童在家庭中寄生虫般角色'的坚持背后,潜伏着这样一种确信,即孩子必须从成人的社会中驱逐出去。"格里尔将其对西方儿童的悲观观点与较不发达国家生活的浪漫主义版本进行了比较:"……在这些社会,成人和孩子就同样的笑话开怀大笑,……大城市基本由孩子们在运转——这些孩子们通过他们的技能和主动性对他们的父母和亲属提供支持,在此,孩子和成人栖息在同样残酷的世界之中,肩并着肩共同为生存而奋斗。"她将西方儿童令人讨厌的"消费主义"同传统社会中儿童生活更健全的家族性背景进行了比较:"孩子可能是邋遢的……但是他们对于其所归属的群体有着清楚的意识……你很难看到他们面对超级市场中陈列的商品大声尖叫。"[12]

从1960年代开始,儿童解放思想家们也开始对经济上无用的孩子坦陈批评性意见。比如说，在《生来就有的权利》（*Birthrights*）一书中，理查德·法森（Richard Farson）宣称对儿童权利的追求包括"获得经济能力……工作的权利，获取和管理资金的权利，同工同酬的权利……以及达到财务独立的权利"。儿童"来自忠诚劳动的尊敬和尊严不能够被剥夺……也不能够被排除于成人世界之外"。意识到对儿童的经济歧视是根植于美国文化之中的，法森坚持道："正如废止童工的运动一定程度上是由有关儿童问题的新思维导致的，同样地，现在也是我们该重新思考儿童是什么，应该做些什么的时候了。"[13]

另一种较少意识形态化、但是同样根本性的对非生产性儿童的思考和批评，是由社会学家、心理学家以及律师提出的。在家庭研究领域的一个专家观察到，"虽然没有人倡导……重返儿童剥削的时代，但是人们已经越来越多地认识到，克己的成人和无责任的儿童对双方而言都会有一种挫败感"。[14] 社会学家萨朗·S·布科克建议，我们再也不能这样对待儿童——将他们看作是"昂贵的消费品"，也不应该让儿童远离社区的生产性生活。布科克表示，儿童权利被过于强调了，它是以儿童的义务为代价的。解决方案是"……发展一套创新模式……充分调动起儿童能力的所有方面"。[15] 我们的未充分就业的孩子应该被提供一套新的工作。

心理学家有证据支持这样一种观点：经济上的依赖可能导致儿童的心理障碍。比如说杰罗姆·凯根（Jerome Kagan）指出，有用的孩子能够通过给家庭的福利提供物质的、可见的贡献，来确认他或她的价值感；但对于经济上无用的孩子，自尊首先

7 从有用到无用再回到有用？儿童估价的呈现模式

有赖于心理素质："他不［能］指着一块犁过的田地，或者是满满的柴火堆，说这是他的作用所在。"作为一种结果，这样的孩子可能对他们的价值全无把握，并且过多地依赖于父母爱的表达来对自身加以确认。的确，在 1960 年代，心理学家玛丽·恩格尔（Mary Engel）和她的助手发现，兼职工作不仅对 10 岁到 14 岁的男孩没有负面效应，而且有助于他们的胜任感以及个性的发展。[16]

人类学家的发现支持了真实的生产性活动对儿童的价值，而与之相对的"象征性"家务活则未必。在《六种文化中的儿童》（*Children of Six Cultures*）一书中，比阿特丽斯（Beatrice）和约翰·怀廷（John Whiting）发现农耕社区的儿童工作教会了儿童责任感，并给他们"一种价值感和被他人需要的感觉"。但是，两位作者注意到，这些儿童工作不是装装样子，而是直接地与家庭的经济和福利相关。同样地，在针对加利福尼亚奥克兰大萧条期间儿童生活的一项独特研究中，社会学家小格伦·H·埃尔德表明，经济困难的家庭需要，创造了对"儿童为家庭贡献经济效益和劳动力"的需求——"紧迫的、现实的、有意义的需求，这种需求绝不带任何人为的意味"。于是，这种"成人体验的向下拓展"增加了儿童独立性，可依赖性和在资金管理方面的成熟。埃尔德总结道，如果这些任务不是过度或者剥削性的，而是"被需求的，则会给他们一种归属和使命感的提升，促使他们为超出自我的事项负责"。[17]

一些法律专家甚至质疑童工立法的正确性。直到最近，这些法律（无论是《公平劳动标准法案》还是许多州的童工法律）

依然是难以攻破的"政治圣牛"(political sacred cow，喻不可更改、不受质疑的终极文本)，很少受到挑战，且多未修订过。但是，加州大学伯克利分校的法学教授罗伯特·H·孟津(Robert H. Mnookin)提出了一个新的问题："这些法律是否代表了对年轻人权利的一种不恰当的限制？为什么儿童应该在工作领域被以一种不同于成人的方式对待？我们仍然能够证明包含在童工法律中的限制是正当的吗？"的确，未来学家阿尔温·托夫勒(Alvin Toffler)预测了一种对儿童劳动的可能挑战——当生产活动重新回到家庭的时候。在我们社会的"第三次浪潮"中，儿童劳动法可能成为"生错了时代的设置"，在家庭的背景中很难实施。"电子村落，"托夫勒预言道，"开启了一条可选的途径，将年幼孩子带回到社会性和经济性的生产角色之中。"[18]

这样，神圣的孩子成了聚光灯下的物体，有些人在防卫着，有些人则开启了新的挑战。再一次，正如在20世纪初一样，两种针锋相对的儿童观点被提了出来，但是这一次，改革群体尝试选择性地增加儿童的有用性，让他们成人般参与到一些生产性活动之中去；而传统主义者则墨守着将儿童隔离、置于家中的"进步"理念。儿童地位重估与他们母亲世界的剧烈转型几乎同时发生，并非偶然。现在有14岁以下孩子的母亲大概56%被雇佣。而这一数字仍然在增加。这样，神圣的孩子就丧失了其主要监护人的一心一意的关注，而且这一儿童群体的年龄在缩小。比如说，在1970到1980年之间，6岁以下儿童的母亲在工作的比例上升到了超过40%的比例。更有甚者，母亲群体中有着小于3岁孩子的，进入劳动力市场的速度快于任何其他群体。[19]

传统主义者在对妇女的权利表示支持的同时,对母亲们放弃先前的责任深表不安。正如玛丽·文解释的那样:"随着母亲不再愿意牺牲自己的福利,以承担更多不公平的照看孩子的负担,根本就不愿意要孩子的情形也就更为普遍了。"由于父母都放弃了家庭投身于工作场所,尼尔·波兹曼指出,"儿童某种意义上成了包袱,而且这样的趋势越来越明显,看来,他们的童年最好是能尽可能早地结束。"在《童年的侵蚀》(*The Erosion of Childhood*)一书中,瓦莱丽·P·苏兰斯基(Valerie Polakow Suransky)甚至更为断然地表明,女性解放通常导致了儿童的压力和"商业化",导致"将孩子像商品一样摒弃或将其寄存给没有人情味的或者不恰当的儿童照看机构的权宜想法"。[20]

事实上,儿童在1980年代变得可有可无了吗?对野心勃勃或者有经济压力并以工作为导向的夫妇,无论在经济上还是在情感上都变得无用了吗?家庭显然变得更小型化了,而妇女们也推迟了要孩子的时间,有时甚至到30岁以后。但是很少有夫妻完全不要孩子。例如,最近对自愿不要孩子的研究表明,不考虑孩子的成本,丁克并不被视为有什么好处的状态。自愿要孩子是孩子对父母而言具有情感价值的指标。在避孕盛行的时代,历史学家卡尔·蒂格勒注意到,"最近家庭对孩子的兴趣可以被认为是较高的,高于对无子的选择较少实践操作性(指避孕手段受限——译注)的那个年代。"[21]

但是,如果儿童的情感贬值是值得怀疑的,那么,最好转而对他们的工具性价值做一个严肃的再评估。这就是说,儿童潜在的有用性不是少数不切实际的学者的新奇发现。新的家庭结构以及家庭民主的观念的确能够重建有用的孩子,至少是在家庭内部。根据专家的观点,工作了的母亲不会倾向于回去做全职妈妈。此外,居高不下的离婚率导致单亲家庭的孩子数目急剧增加——通常是跟他们单身的母亲在一起。到了1980年代,所有小于18岁的孩子中几乎有18%的人只跟他们的母亲在一块儿生活。当家庭的结构不断变革时,一家人的地位几乎很难静止不变。在新的家庭中,可能没有无用孩子的位置。

家庭生活的一个新的平等主义观念可能会进一步促进儿童价值的转型。在其对美国妇女与家庭的历史研究中,卡尔·蒂格勒预见了家庭利益与妇女利益之间的持续紧张关系。正如他解释的那样:"现代家庭的核心价值跟妇女解放的潜在价值观念是对立的。妇女运动的立场是平等,而家庭历史性地否认或批判平等……层级制在父亲、母亲和孩子的关系中是非常盛行的。"[22] 而随着价值观念的转变,家庭角色中建立起来的层级制也将崩溃,丈夫、妻子和孩子之间的协作将成为新的主导观念。"全职太太"的"死亡"或让位,会创造兼职的"家庭主男"和"家务儿童"。

的确,培育一个有用的"家务儿童"的手册已经出现了。在一本赫然命名为《协作家庭》(The Cooperating Family)的书中,一个有着3个孩子的母亲,埃莉诺·柏蒙(Eleanor Berman)描述了与丈夫离婚之后,对家庭的改造过程。当她回到全职的工作岗位,无法获得充足的家务帮助的情况下,"柏蒙实验"开始了。她的3个孩子承担起了家务责任,包括购物、清洗和做饭。这一"新的协作体制"的确有效:"我意识到,孩

7 从有用到无用再回到有用？儿童估价的呈现模式 | 243

子们能够承担的职责远远超过我原来想给他们的。他们对做这些家务也不在意，相反好像挺喜欢的样子。"在这一背景下，儿童工作仍然部分地具有教育性——对孩子是"有好处的"；但同时也是功利主义的，对母亲和家庭是有利的："如果我们不害怕让我们的孩子知道……我们真的需要帮助，以及让他们知道'即便是孩子也能在为他们所关心的人提供帮助中扮演重要角色'，如果这样，我们就能在我们的家庭之中实现一种互相关心的精神……"[23]

柏蒙女士充满了热情，但给儿童工作确立新规并不是一个简单的任务。比如，许多研究发现，虽然进入劳动力市场的母亲越来越多，对母亲进入市场领域工作的舆论支持也越来越大，家庭劳动分工的模式——也就是传统的年龄和性别模式——仍然很大程度保持不变。儿童和他们的父亲虽然有些时候会有所帮助，但大体来说，家务劳动仍然是妇女的工作。具有讽刺意味的是，柏蒙女士指出，这可能是"受害者"的错，母亲的"蜂王"综合征让她感觉，"准许孩子们在家务中充分发挥他们的作用……削弱了家庭对于她的需要，威胁到了她的价值感……"[24]但是证据与这一解释不符。实际的原因是丈夫通常不情愿、甚至有时深深地讨厌增加他们的家务职责。比如说，在最近对美国夫妇的研究中，两名社会学家发现，"结了婚的男人对于家务劳动的厌恶是如此的浓烈，以至于它会侵蚀夫妻关系。他们做的家务活越多……夫妻就越多地为此对抗"。[25]

但是孩子在其中作用何在？相关的信息异常地少。我们就是不知道儿童在其中做些什么。女权主义者研究了妇女家务劳动和市场工作之间的关系,认为它首要地涉及家庭内部的性别不平等和儿童照看公共机构的缺乏问题。儿童仍然是成人斗争的旁观者,很少被认为能够提供可能的解决方案。人们对于将男孩和女孩从老套的性别模式中解放出来已经越来越关注,但是对于从老套的年龄模式中解放出来则关注甚少。然而,有限的证据表明,工作着的母亲的孩子,跟随着他们父亲不情愿的步伐,不愿意从事家庭生产性的活动,其对家务杂事的参与增长得很少,甚至没有。[26]

即便存在这么些可以预见的阻力,有用的孩子仍然可能归来。严肃的研究很大程度上忽视了该问题,流行杂志则正在讨论"儿童工作既有规则的重新磋商"。正如《工作母亲》(*Working Mother*)杂志注意到的那样:"母亲一直在工作,这是一回事;而她突然间接受一个工作,放下家里'她的工作',则是另一回事。"故事里一些"匆忙工作着的母亲"在访谈中抱怨,家务杂活成了"我们主要面对的场景之根源"。父母和儿童被指示该如何建立起新的工作关系。在一篇名为"你的父母对你要求得过多吗?"的建议性文章中,《十七岁》(*Seventeen*)杂志对工作母亲或离婚父母的孩子建议:"试着从你父母的角度来看待事物。如果你不做某项家务活,那么谁该做?你的父母,在繁忙的工作之余,真的有时间吗?……考察一下这样的情形……看看什么是真正的公平,并试着将你的家庭当作一个整体来想想……看看每个人能贡献些什么。"[27]

儿童工作的新规定肯定会涉及对儿童挣钱规则的再考量。有一定的迹象表明,儿童自己发现象征性的贴补对于一个倾向于通货膨胀的经济来说真的是太廉价了。正如1981年《金钱》(Money)杂志发动的一份调查中,马萨诸塞州韦兰德的一个10岁女孩评论的那样:"我想成年人可能不明白,一个圣代需要1.25美元,一场电影需要1.50美元,而一张好的唱片需要5到6美元。1美元在以前看来是大数目,但是现在——你是在开玩笑吗?"[28] 但是,儿童在提升他们收入的问题上只有很少的选择。考虑到十几岁的人被雇用的概率是很低的,14岁以下儿童劳动力市场的扩大是不太可能的。儿童的钱仍将首要地来自于他们父母的钱包,偶尔地,也能够从他们的邻居和亲戚朋友那里得到一些。

父母将如何对孩子们额外的家务职责提供补偿呢?难道会从针对无用孩子的象征性、教育性支付,转化为针对有用"家务儿童"的直接薪水?这一20世纪早期的两难困境在1980年代仍然困扰着父母们。当涉及的是对他们自己的孩子提供报酬的时候,即便是经济学家也诉诸于非经济的方针。比如,一个经济学家,给他的孩子"加薪"——"当他们表现得更具责任感和更具判断力的时候。和通货膨胀并无关联"。对加利福尼亚州奥克兰六年级学生的研究表明,父母有关贴补的实践揭示了,它们"很少能表现一个家庭的物质资源,而较多地表明了基本的儿童培育观念"。比如说,较穷些的父母相对于较富些的父母,更倾向于给孩子提供较多的直接获取金钱的途径。同样地,1981年《金钱》杂志的调查发现,一个来自佛罗里达州奥兰多市接受救济家庭的9岁女孩,在她三年级的班级中,收到的贴补乃是最多的之一。[29]

许多父母仍然强烈地反对将孩子的家务劳动当作是可市场化的商品来对待,正如柏蒙女士所指出的那样,"对于他们日复一日对家庭所尽的义务,孩子们不应该期望能够得到金钱的回报"。好在,在许多家庭,非市场性的家务杂活和工作是有区别的。正如一份儿童消费者杂志《便士权力》(Penny Power)所解释的那样:"你能够获得报酬的劳作就有些特别。这是一份工作。"[30]这样,儿童履行两种类型的劳作——没有回报的家务杂活和有补偿的工作。他们接受两种类型的金钱,作为家庭收入之一部分的补偿或者货币馈赠,以及特定工作的工资。

儿童的世界正在发生变化,而他们的家庭职责也可能随着变动的家庭结构和新的平等主义意识形态而被重新界定。一种传承自20世纪早期的观念认为,在儿童的情感价值和功利价值之间必然存在着负向的关系,这一想法目前正在被修正。现在儿童的情感价值可能包括对他们工具价值的一种新的评价。但是,我们需要对儿童的生活进行更多的研究。比如说,在1980年,在美国有超过1100万的儿童生活在贫困之中——通常是在女性主导的家庭之中。对于这些孩子来说,工作和金钱意味着什么?与那些生活在富裕家庭或者双亲家庭的孩子相比,有什么不同?儿童工作和儿童财富在不同的种族和族群或者是性别间是如何变动的?在什么年龄儿童准备好了成为一个有用的"家务儿童"?5岁是不是太小,而12岁是不是太大?儿童的贡献是如何随着他们父母的职业而变动的?

有用的孩子和家庭的内部再组织,不是应对日益增长的母亲市场劳动参与度的解决方案。正如几乎所有的家庭专家所指出的，在工作世界必须承认和适应新的家庭结构之时，美国急切地需要充足的社会政策来支持与孩子相关的家庭福利。但是，在家庭内部，在正确指导、新的态度和防止对他们剥削的保护之下，孩子们也许能够很好地成为一个协作性家庭单元的无价而有用的参与者。

注　释

导言

1. 按照购买力数据计算，1980 年的 10 万到 14 万美元约合 2017 年的 31.5 万到 44 万美元。
2. Kathryn E. Walker and Margaret Woods, *Time Use: A Measure of Household Production of Family Goods and Services* (Washington, D. C.: Center for the Family of the American Home Economics Association, 1976), p. 38. 关于孩子的成本，参看 Thomas J. Espenshade, "Raising a Child Can Now Cost $85 000," *Intercom* 8 (Sept 1980): 1, 10—12.
2. Lynn K. White and David B. Brinkerhoff, "Children's Work in the Family: Its Significance and Meaning," *Journal of Marriage and the Family* 43 (November 1981): 793; 同样参看 Murray A. Straus, "Work Roles and Financial Responsibility in the Socialization of Farm, Fringe, and Town Boys," *Rural Sociology* 27 (Sept. 1962): 257—74.
3. Susan Muenchow, "Children and Money: Teaching Good Habits," *Parents* 58 (dember 1983): 55.
4. 引自 Rose K. Goldsen, *The Show and Tell Machine* (New York: Dial Press, 1977), p. 194.
5. 参见 Sheila B. Kamerman and Alfred J. Kahn, eds., *Family Policy* (New York: Columbia University Press, 1978).
6. Lawrence Olson, *Costs of Children* (Lexington, MA: Lexington Books, 1983), p. 5.
7. Lois W. Hoffman and Jean D. Manis, "The Value of Children in the United states:

A New Approach to the Study of Fertility." *Journal of Marriage and the Familly* 41 (Aug. 1979) :583—96. 至于对劳工阶级母亲而言的孩子的情感价值，参看 Lee Rainwater, *And the Poor Get Children* (Chicago: Quadrangle Books, 1960).

8. William L. Parish and Martin K. Whyte, *Village and Family in Contemporary China* (Chicago: University of Chicago Press, 1978), p. 227. 同样参看 Beatrice B. Whiting and John W. M. Whiting, *Children of Six Cultures* (Cambridge, MA: Harvard University Press, 1977).

9. E. S. Martin, "Children as an Incentive," *Harper's Weekly* 48 (Dec. 10, 1904): 1889.

10. Felix Adler, "Child Labor in the United States," Annual Meeting of the National Child Labor Committee, 1905, 引自 Robert H. Bremner, *Children and Youth in America* (Cambridge, MA: Harvard University Press, 1971) Ⅱ, P. 653.

11. Joseph F. Kett, "Curing the Disease of Precocity, " in *Turning Points*, John Demos and Sarane Spence Boocock eds. (Chicago: University of Chicago Press, 1978), p.S196.

12. Hoffman and Manis, "The Value of Children in the United States, " p. 596. 同样参看 Theodore W. Shultz, "The Value of Children: An Economic Perspective," *Journal of Political Economy* 81 (Mar.-Apr. 1973), S2—S13; Gary S. Becker, *A Treatise on the Family* (Cambridge, MA: Harvard University Press, 1981); Isabel Sawhill, "Eonomic Perspectives on the Family," *Daedalus* 106 (Spring 1977): 116—25; Fred Arnold et al., *The Value of Children* (Honolulu: East-West Population Institute, 1975).

13. 对当年生育理论的批评，参见 Michael B. Katz and Mark J. Stem, "Fertility, Class, and Industrial Capitalism: Erie County, New York, 1855—1915," *American Quarterly* 33 (Spring 1981): 63—92; Boone A. Turchi. "Microeconomic Theories of Fertility: A Critique,"*Social Forces* 54 (Sept. 1975): 107—25; 以及 Judith Blake, "Are Babies Consumer Durables? A Critique of the Economic Theory of Reproductive Motivation,"*Population Studies* 22 (March 1968): 5—25.

14. 比如，参看 Joan Huber, "Toward a Sociotechnological Theory of the Women's Movement,"*Social Problems* 23 (April 1976): 371—88; Wanda Minge-Kalman,

"The Industrial Revolution and the European Family: The Institutionalization of 'Childhood' as a Market for Family Labor," *Comparative Studies in Society and History* 20 (Sept. 1978) :454—68. 关于儿童历史的心理学视角，参看 Lloyd deMause, "The Evolution of Childhood, " in *The History of Childhood*, ed. by Lloyd deMause (New York: Harper & Row, 1975). 关于青少年的历史学视角，参看 Joseph F. Kett, *Rites of Passage* (New York: Basic Books, 1977) ; John R. Gillis, *Youth and History* (New York: Academic Press, 1981) ; Michael B. Katz and Ian E. Davey, "Youth and Industrialization in a Canadian City, " in *Turning Points*, pp. S81—S119.

15. Philippe Ariès, *Centuries of Childhood* (New York: Vintage, 1962), p. 353.
16. Barbara Laslett,"Family Membership, Past and Present," *Social Problems* 25 (June 1978) : 476—90; Tamara Hareven,"Family Time and Historical Time, " *Daedalus* 106 (Spring 1977) : 57—70; Eli Zaretsky, *Capitalism, the Family, and Personal Life* (New York: Harper & Row, 1976).
17. Carl Degler, *At Odds: Women and the Family in America From the Revolution to the Present* (New York: Oxford University Press, 1980), pp. 73—74. 关于妇女的驯化，参看 Barbara Welter, "The Cult of True Womanhood: 1820—1860, " in The American Family in Social-Historical Perspective, ed. by Michael Gordon (New York: St. Martin's Press, 1983), pp. 372—92; Nancy F. Cott, *The Bonds of Womanhood:"Woman's Sphere"in New England, 1780—1835* (New Haven: Yale University Press, 1979).
18. Natalie J. Sokoloff, *Between Money and Love* (New York: Praeger, 1981), p. 214.
19. Winifred D. Wandersee, *Women's Work and Family Values, 1920—1940* (Cambridge, MA: Harvard University Press, 1981), p. 66.
20. Christopher Lasch, *Haven in a Heartless World* (New York: Basic Books, 1979), p. 13.
21. Lawrence Stone, *The Family, Sex and Marriage in England 1500—1800* (New York: Harper & Row, 1977), p. 105; Ariès, *Centuries of Childhood*.
22. Peter Uhlenberg, "Death and the Family," in Gordon, ed., *The American Family*, p. 170.

23. John Demos, "Infancy and Childhood in the Plymouth Colony," in Gordon, ed., *The American Family*, 1978, pp. 157—65.
24. 有一些明显的例外，有关考察其文化维度的研究，参见 Neil J. Smelser and Sydney Halpern, "The Historical Triangulation of Family, Economy, and Education," *in Turning Points*, ed. by Demos and Boocock, pp. S288—S315; Robert Wells, "Family History and the Demographic Transition," in Gordon, ed, *The American Family*, 1978, pp. 516—32; John Boli-Bennett and John Meyer, "Ideology of Childhood and the State," *American Sociological Review* 43 (December 1978): 797—812; Philip Greven, *The Protestant Temperament* (New York: Signet, 1977). Stone 对英国家庭类型变动的解读主要依赖于文化解释，主张"情感性个体主义"的出现是决定性因素（*The Family, Sex and Marriage in England*）。
25. 另一方面，我并没有考察有关堕胎的争议，因为该问题引入了不同的、存在主义和哲学的甚至是政治学的维度于儿童生命的评价。
26. Bernard Barber, "The Absolutization of the Market: Some Notes on How We Got From There to Here," in G. Dworkin, G. Bermant, and P. Brown, eds., *Markets and Morals* (Washington, D. C.: Hemisphere, 1977). 同样参见 Talcott Parsons and Neil J. Smelser, *Economy and Society* (New York: Free Press, 1956); Louis Dumont, *From Mandeville to Marx* (Chicago: University of Chicago Press, 1977).
27. Lester C. Thurow, *Dangerous Currents* (New York: Random House, 1983), pp. 216, 227; Kenneth E. Boulding, "Toward the Development of a Cultural Economics," in Louis Schneider and Charles M. Bonjean, *The Idea of Culture in the Social Sciences* (New York: Cambridge University Press, 1973), p. 47.
28. 比如，参见 Gary S. Becker, *The Economic Approach to Human Behavior* (Chicago: University of Chicago Press, 1976); Jacob Mincer, *Schooling, Experience, and Earnings* (New York: Columbia University Press for the National Bureau of Economic Research, 1974); Louis Lévy-Garboua, ed., *Sociological Economics* (London: Sage, 1979).
29. Mark Granovetter, "Toward a Sociological Theory of Income Differences," in Ivar Berg, ed., *Sociological Perspectives on Labor Markets* (New York: Aca-

demic Press, 1981), p. 37. 经济社会学处于停滞或仅仅在"缝缝补补"中发展。Neil J. Smelser, *The Sociology of Economic Life* (Englewood Cliffs, NJ: Prentice-Hall, 1963), p. 2. 该书为经济社会学提供了全面的历史概览和方法的综合。至于一种重要却不同的理论思路，参见 Arthur L. Stinchcombe, *Economic Sociology* (New York: Academic Press, 1983).

30. Becker, *The Economic Approach*, p. 5. 贝克尔明确否认微观经济学和马克思主义的结构经济学思路之间有直接的相关性，P. 9.
31. Georg Simmel, *The Philosophy of Money*. Trans. by Tom Bottomore and David Frisby (London: Routledge & Kegan Paul, 1978), pp. 365—66, 380, 390—91, 392, 407.
32. Karl Marx, *The Economic and Philosophic Manuscripts of 1844* (New York: International Publishers, 1964), p. 169.
33. Fred Hirsch, *Social Limits to Growth* (Cambridge, MA: Harvard University Press, 1978), p. 87; Peter M. Blau, *Exchange and Power in Social Life* (New York: Wiley, 1967), p. 63. 同样参见 Alfred Sauvy, *Coût et Valeur de la Vie Humaine* (Paris: Hermann, 1977).
34. Richard M. Titmuss, *The Gift Relationship* (New York: Vintage, 1971), p. 198.
35. 在我早期的作品中，基于人寿保险的发展，我强调了价值对经济行为的影响。*Morals and Markets: The Development of Life Insurance in the United States* (New York: Columbia University Press, 1979), 该书追溯了 19 世纪有关诸如死亡态度、风险态度，以及人寿保险接受中赌博之类态度作为文化因素带来的影响。现在，我的关注点更直接地集中于经济和非经济因素的交互作用。同样参见，Charles H. Cooley, "The Sphere of Economic Valuation," *American Journal of Sociology* 19 (September 1913): 188—203.

1 从愤怒到纪念：儿童生命的神圣化

1. New York Times, July 23, 1903, p. 1; May 2, 1926, p. 17. 国际五一节事件被美国儿童健康协会发起为国家性项目的一部分，以关注儿童的生命和健康。参见 Phillip Van Ingen, *The Story of the ACHA* (New York: American Child Health

Association, 1935).

2. George B. Mangold, *Problems of Child Welfare* (New York: Macmillan, 1924, first ed. 1914), p. 36.

3. 同上，p. 123.

4. Lawrence Stone, *The Family, Sex and Marriage in England 1500—1800* (New York: Harper & Row, 1977), pp. 105—06.

5. Philippe Ariès, *Centuries of Childhood* (New York: Vintage, 1962), p. 39; Philippe Ariès, *The Hour of Our Death* (New York: Vintage, 1982), pp. 82, 90, 207.

6. 引自 Mary Beth Norton, *Liberty's Daughters* (Boston: Little, Brown, 1980), P. 89. 孩子的年龄会影响到父母的反应，Norton 注意到，当年长些的孩子死了，父母会丧失他们的镇定。同样参见 Peter Gregg Slater, *Children in the New England Mind* (Hamden, CT: Archon, 1977); Joseph E. Illick, "Child-Rearing in Seventeenth-Century England and America," in *The History of Childhood*, ed. Lloyd deMause (New York: Harper & Row, 1974), pp. 303—50; John F. Walzer, "A Period of Ambivalence: Eighteenth-Century American Childhood," 同上，pp. 351—82.

7. Ann Douglas, *The Feminization of American Culture* (New York: Avon Books, 1977), pp. 251, 243, 245—46; Ariès, *The Hour of Our Death*, p. 460. 在中等或更高阶层的家庭，就算是在 18 世纪末期，其对儿童死亡的关注看来也已经加强。Stone, *The Family, Sex and Marriage*, pp. 247—49; Ariès, *Centuries of Childhood,* p. 401.

8. Philippe Ariès, *Western Attitudes Toward Death* (Baltimore: Johns Hopkins University Press, 1974), p. 68; Ariès, *The Hour of Our Death*, p. 609.

9. Stone, *The Family, Sex and Marriage,* p. 249.

10. Ariès, *The Hour of Our Death*, pp. 90, 536.

11. Mangold, *Problems of Child Welfare*, p. 11. 关于英国和欧洲中产阶层的反应向更低阶层的扩散，参看 Stone, *The Family, Sex and Marriage*, pp. 679—80; Ariès, *Centuries of Childhood*, p. 404; Edward Shorter, *The Making of the Modern Family*, (New York: Basic Books, 1975), pp. 195—96.

12. "Child Health," in Robert Bremner, eds., *Children and Youth in America* (Cambridge, MA: Harvard University Press, 1971) II, PP. 811—12; Kathleen

W. Jones, "Sentiment and Science: The Late Nineteenth Century Pediatrician as Mother's Advisor, " *Journal of Social History* 17 (Fall 1983) : 80—96.

13. Susan Tiffin, *In Whose Best Interest?* (Westport, CT: Greenwood Press, 1982) , pp. 20—23; Sheila M. Rothman, *Woman's Proper Place* (New York: Basic Books, 1978) , pp. 98—99.
14. 同上，p. 104.
15. Bremner, *Children and Youth in America*, pp. 812—15; John Duffy, *A History of Public Health in New York City 1866—1966* (New York: Russell Sage Foundation, 1974) , pp. 213—19; 466—67.
16. 同上，p. 469; Bremner, *Children and Youth in America*, p. 1003; Tiffin, *In Whose Best Interest?* pp. 238—40; James Leiby, *A History of Social Welfare and Social Work in the United States* (New York: Columbia University Press, 1978) , pp. 154—55. 儿童局对婴儿死亡的关注也被认为在政策上是贤明的；它所引起的争议远少于童工和儿童不良行为等议题。主要是因为来自医学界专家的强烈反对，谢泼德—陶尔法案才于1929年寿终正寝。
17. Mangold, *Problems of Child Welfare*, p. 61; Leiby, *A History of Social Welfare*, p. 154; Duffy, *A History of Public Health*, pp. 462, 471, 488.
18. David E. Stannard, *The Puritan Way of Death* (New York: Oxford University Press, 1977) , pp. 55—56, 58.
19. Stone, *The Family, Sex and Marriage*, p. 420. 但是，斯通反对这样一种"简化论的立场，认为死亡率水平和情感投入程度之间存在简单而直接的相关性"，p. 82.
20. Ariès, *Centuries of Childhood,* p. 40. 他将这一变动归因于基督教及其儿童心灵不朽见解的文化影响。同样参见 Yasukichi Yasuba, *Birth Rates of the White Population in the United States, 1800—1860* (Baltimore: Johns Hopkins University Press, 1962) ; Maris Vinovskis 指出，在1800到1860年间，死亡率仍然是稳定的，"Mortality Rates and Trends in Massachusetts before 1860, " *Journal of Economic History* 32 (1972) : 184—213. 然而，两者都赞同，在19世纪的后期，死亡率明显地下降了。
21. Shorter, *The Making of the Modern Family*, pp. 203—4. 关于19世纪中期英国贵族家庭儿童死亡状况改善的相似的解释假说，参看 Randolph Trumbach,

The Rise of the Egalitarian Family (New York: Academic Press, 1978), p. 208。

22. Slater, *Children in the New England Mind*, pp. 19, 161; Stannard, *The Puritan Way of Death*, p. 51. 关于儿童精神价值，早期清教徒和 19 世纪父母的观念有一个非常重要的不同。清教徒相信儿童具有天生的罪业，但在 19 世纪，婴儿遭诅咒的前景被浪漫的儿童概念所替代，儿童是天真的小绵羊，需要保护，而非监视和苛刻的对待。

23. 显然，目前对于斯通和肖特的发现及论据，在心理及个体层面仍然存在一些重要的批评，指出在 18 世纪之前存在着父母对孩子的"真"爱及（因离世引发的）悲伤。Linda Pollock, *Forgotten Children* (Cambridge: Cambridge University Press, 1983).

24. *New York Times*, Nov. 1, 1908, II. p. 11.

25. 参见 George Wolff, *Death From Accidents Among Children and Adolescents* (Washington, D. C.: U.S. Department of Labor, Children's Bureau, 1944); *The Mortality From External Causes 1911—1930* (New York: Metropolitan Life Insurance Company, 1935); "Childhood Mortality From Accidents," *U. S. Children's Bureau Publication* No. 311, 1949. 但是对于 4 岁以下的儿童，在 1910 年所有位列前 5 的死因都是传染病。1920 年，意外死亡从第 4 位往上爬升，到 1940 年成了这一群体排位第 2 的死亡原因。

26. Frederick R. Hutton, "The Dangers of Street Traffic and Danger Signals," *Scientific American Supplement* 75 (Apr. 12, 1913): 235.

27. Arthur Minturn Chase, "Children of the Street," *Outlook* 101 (July 27, 1912). 687; Allan Hoben, "The City Street," in *The Child in the City* (Chicago: Dept of Social Investigation, Chicago School of Civics and Philanthropy, 1912), p. 458; Mary Mortimer Maxwell, "An Englishwoman in New York Discovers the Great American Child," *New York Times*, Nov. 19, 1905, III, p. 6.

28. *Boyhood and Lawlessness* (New York: Survey Associates, 1914), pp. 10—11.

29. 同上，pp. 11, 24—29, 35.

30. Christine Stansell, "Women, Children, and the Uses of the Streets: Class and Gender Conflict in New York City, 1850—1860," *Feminist Studies* 8 (Summer 1982): 309—35.

31. Cary Goodman, *Choosing Sides: Playground and Street Life on the Lower East*

Side (New York: Schocken Books, 1979), p. 80.

32. 同上,关于移民儿童美国化的改革观点,见 David J. Rothman, *Conscience and Convenience* (Boston: Little, Brown, 1980), pp. 206—07.

33. *Statistical Bulletin*, Metropolitan Life Insurance Co., (Feb. 1927), p. 1. 同样参见 "Children Killed in Street Accidents, New York City," *New York Times*, Feb. 2, 1913; Dec. 2, 1914, p. 5; and Frederick S. Crum, "Street Traffic Accidents," *Journal of the American Statistical Association* New Series No. 103 (Sept. 1913): 473—528.

34. Fritz Blocki, "The Most Dangerous Job in the World," *Independent* 114 (May 30, 1925): 605.

35. "Reduction in Child Deaths from Street Accidents in New York City," *The American City* 49 (Feb. 1934): 17; *The Mortality From External Causes*, p. 53.

36. *Safety Education in Schools*, White House Conference on Child Health and Protection (New York: Century Co., 1932), pp. 8—9; *Pedestrian Traffic* (Washington, D. C.: American Automobile Association, 1939); *Statistical Bulletin*, Metropolitan Life Insurance Company (Aug. 1937), p. 1.

37. *New York Times*, June 7, 1935, p. 20; *The Mortality From External Causes*, P. 57. 事故仍然是儿童的第一杀手。但是到了1930年代,相对于其他年龄群体,尤其是15—24岁的年龄群体来说,14岁以下儿童的事故死亡率明显下降了。*Accident Facts* (Chicago: National Safety Council, 1980); Albert P. Iskrant and Paul V. Joliet, *Accidents and Homicide* (Cambridge, MA: Harvard University Press, 1968), pp. 21—2.

38. "Trolley Accidents," *Outlook* 68 (May 25, 1901): 202.

39. 关于不同可见性对社会问题感知度的影响,参见 Robert K. Merton, "The Sociology of Social Problems," in *Contemporary Social Problems*, ed. by Robert K. Merton and Robert Nisbet (New York: Harcourt Brace Jovanovich, 1976), p. 16.

40. "Motormen and Street Boys," *New York Times*, July 15, 1904, p. 6.

41. *New York Times*, May 11, 1911, p. 1. 因为儿童死亡而暴怒的人群的事例俯拾即是,但我很少看到因为成人死亡而出现类似反应的报道。

42. Blocki, "The Most Dangerous Job," p. 604. 在杀人与自杀被广为研究的同时,

意外死亡的社会学和历史学研究却令人吃惊地远未拓展开来。一些重要的例外，参看 Roger Lane, *Violent Death in the City* (Cambridge, MA: Harvard University Press, 1979) ; Lynda P. Malik, *Sociology of Accidents* (Villanova, PA.: Villanova University Press, 1970) ; Austin Porterfield, "Traffic Fatalities, Suicide, and Homicide, " *American Sociological Review* 25 (1960) : 897—900; Barbara A. Hanawalt, "Childrearing Among the Lower Classes of Late Medieval England, " *Journal of Interdisciplinary History* 8 (Summer 1977) : 1—22.

43. "Motormen and Street Boys", "Children in the Streets", *New York Times*, Dec. 9, 1904, p. 8.
44. 同上；*New York Times*, July 19, 1904, p. 6.
45. 同上，Apr.25, 1909, IV, P.4.
46. Henry S. Curtis, *The Play Movement and Its Significance* (Washington, D. C.: McGrath, 1917) , p. 314.
47. *Boyhood and Lawlessness*, p. 37; Chase, "Children of the Street, " p. 689.
48. 同上；"Facilities For Children's Play in the District of Columbia, " U. S. Children's Bureau Publication No. 22, 1917.
49. *New York Times*, Feb. 2, 1913.
50. *New York Times*, Oct. 13, 1913, p. 8.
51. Marcus Dow, "Accident Prevention as Relating to Child Welfare, " Fourth International Congress on School Hygiene, IV (New York, 1914) , p. 616; Frederick L. Hoffman, "Some Vital Statistics of Children of School Age, " Ibid., p. 116.
52. 参见 Lew R. Palmer, "History of the Safety Movement, " in *Industrial Safety*, ed. by Richard H. Lansburgh, *Annals of the American Academy of Political and Social Science* CXXIII (January 1926) : 9—19.
53. "Children are the Chief Victims of Fatal Accidents, " *Statistical Bulletin*, Metropolitan Life Insurance Co., (May 1925) : 3.
54. *Safety of Boston Elevated Railway Co.* 资料呈送给了美国安全博物馆，卷宗见于纽约公共图书馆；"Organizing Children for Safety, " *Literary Digest* 48 (Jan. 3, 1914) : 13—14; Jessica McCall, "The Safety Crusade in Brooklyn, " *The American City* 12 (Apr. 1915) : 305—08.
55. *Safety First for Children* (Safety First League, 1915) . 卷宗见于纽约公共图书馆。

56. *Safety Education: A Plan Book for the Elementary School* (Chicago, Board of Education, 1923), p. 10.
57. Dr. E. George Payne, *Plan of Safety Instruction in Public and Parochial Schools* (Chicago: National Safety Council, 1920), p. 3.
58. "Children's Day," *Safety* 9 (Oct-Nov., 1922): 218; "The Nation's Needless Martyrdom," *Literary Digest* 75 (Oct. 28, 1922): 29.
59. "Children's Day," p. 218.
60. A. W. Whitney, "Introduction," in Payne, *Plan of Safety Instruction*, pp. 5—6. See *New York Times*, Mar. 24, 1926. p. 1; Mar 29, 1926, p. 21; May 2, 1926, p. 17.
61. 同上，Dec.1, 1926, p. 29; Sept. 5, 1926, p. 12.
62. Ida H. Tarbell, "Who Is to Blame for Child Killing?" *Collier's* 70 (Oct. 7, 1922): 12.
63. 见于 *Safety Education in Schools*, White House Conference; Twenty-Fifth Yearbook of the National Society for the Study of Education; William G. Gann, "Role of the School in Traffic Safety," *AAAPSS* 328 (Nov. 1958): 63—72; *New York Times*, Jan. 4, 1931, II, P. 1. 有限的跨文化数据表明，该"儿童"问题并不仅见于美国。事实上，德国和英国先行推出了许多学校安全项目。Dennis O'Neill, "Traffic Accident Trends in Europe and the British Isles," *AAAPSS* 328 (Nov. 1958); "Road Safety for Children—And Others," *Justice of the Peace* 100 (May 2, 1936): 291—92; Colin Ward, *The Child in the City* (London: The Architectural Press, 1978), pp. 116—125. 关于瑞士与俄国的儿童事故情况，参见 *New York Times*, Nov. 22, 1925, IX, p. 6; Apr. 22, 1935, p. 4.
64. Ibid., Mar. 24, 1926, p. 1.
65. Bernard Barber, "Place, Symbol, and Utilitarian Function in War Memorials," in *People and Buildings*, ed. by Robert Gutman (New York: Basic Books, 1972), p. 328.
66. Henry A. Boardmann, "God's Providence in Accidents: A Sermon," (Philadelphia, PA: Parry and McMillan, 1855), 卷宗见于罗格斯大学亚历山大图书馆。*The Chapter of Accidents or Book of Caution to Children* (New York: M. Day, 1829), 列出了19世纪早期一些常见的儿童事故：从椅子上摔下来，玩刀叉、剪子、蜡烛，从窗户摔出，被马踢，骑狂野的马，被发疯的牛挑挪，溺死，玩枪

炮。同样参见 Stone, *The Family, Sex and Marriage*, p. 210.
67. *New York Times*, Feb. 23, 1903, p. 3.
68. Tarbell, "Who is to Blame for Child Killing?" p. 12, Whitney, "Introduction, " p. 6.
69. Dow, "Accident Prevention as Relating to Child Welfare": 614.
70. Hutton, "The Dangers of Street Traffic": 235.
71. *Statistical Bulletin*, Metropolitan Life Insurance Co. (Feb. 1927 and Feb. 1930) ; "Startling Death Rate in New York Streets, " *New York Times*, Oct 27, 1907, V, P. 1.
72. Louis I. Dublin, "Child Health Protection or Neglect: The Ultimate Cost to the Community, " Transactions of the Fourth Annual Meeting of the American Child Health Association, Washington, D. C., 1927, pp. 201, 211.
73. 参见 Dow, "Accident Prevention as Relating to Child Welfare, " p. 612.
74. Marcus Dow, "A Nation's Neglect, " *Outlook* 105 (Sept. 27, 1913) : 304; *New York Times*, Oct. 2, 1893, p. 4.
75. Pressman v. Mooney, 39 *NYS* 44 (1896) . Trial transcript, p. 49.
76. *Statistical Bulletin*, Metropolitan Life Insurance Co. (Apr. 1920, Feb. 1927, May 1925) .
77. Tarbell, "Who is to Blame for Child Killing?" p. 12, *New York Times*: July 15, 1904, p. 6.
78. 同上，Oct. 24, 1915, II, P. 16.
79. 同上，March 30, 1909, p. 8; May 30, 1909, p. 6.
80. 同上，June 25, 1928, p. 23. 参看 *Safety Education in Schools*, White House Conference, p. 9, 以及 Iskrant and Joliet, *Accidents and Homicide*, pp. 25, 40.
81. *New York Times*, Jan. 25, 1912, p. 10. 同样参见 Jan. 23, pp. 8, 20, 26.
82. Ernest Kahlar Alix, *Ransom Kidnapping in America* (Carbondale, ILL.: Southern Illinois University Press, 1978) , pp. 39, 41, 174.
83. 引自 "Child Mortality from Automobile Accidents, " *School and Society* 44 (Oct 24, 1936) : 547—48; "Herod and the Innocents, " *Commonweal* 14 (Aug. 19, 1931) : 375.
84. 关于儿童死亡率的下降，参见 *The Mortality From External Causes*, p. 57, 以及 *Accident Facts*, 1930. 同样参见 *Historical Statistics of the United States* (Washington. D.C., 1975) , p. 36.
85. *New York Times*, May 8, 1932, III, p. 7. 对于家内事故，参见 *Statistical Bulletin*,

Metropolitan Life Insurance Co. (June 1933), p. 4; Iskrant and Joliet, *Accidents and Homicides*, p. 26.

86. Ruth Streitz, *Safety Education in the Elementary School* (New York: National Bureau of Casualty and Surety Underwriters, 1926), pp. 51—52; *Statistical Bulletin*, Metropolitan Life Insurance Co., (Sept. 1928) pp. 1—2; *New York Times*, Nov. 3, 1914, p. 9; Weaver Weddell Pangburn, "Playgrounds—A Factor in Street Safety," *AAAPSS* 133 (Sept. 1925) : 178—85.

87. *Pedestrian Traffic*, pp. 69—70; Philip Davis, "Children and the Street, " *Home Progress* 5 (July 1916) : 514.

88. *Safety Education in Schools*, White House Conference, p. 24; Pangburn, "Playgrounds, " p. 184; *Safety Education: A Plan Book for the Elementary School*; "The Nation's Needless Martyrdom."

89. *New York Times*, Dec. 19, 1926, p. 6; Roland B. Woodward, "Organizing Rochester's School Boys for Accident Prevention," *American City* 13 (Sept 1915) : 208—9.

90. 参见 *Statistical Bulletin*, Metropolitan Life Insurance Co. (Dec. 1922; Mar. 1933); *The Mortality From External Causes*, pp. 57, 60. 意外死亡率的性别差异持续存在着。Iskrant and Joliet, *Accidents and Homicides*, p. 23. 儿童意外死亡率的种族差异是比较小的，一岁以下婴儿的死亡率则是个例外。在所有的年龄性别群体中，黑人儿童的死亡率都一定程度高于白人儿童。而忽略死亡原因，种族间死亡率的差异更为明显；在有些时候非白人儿童的死亡率是白人儿童的三倍。在控制了传染性疾病之后，意外死亡在非白人儿童的死亡诱因中突显出来。参见 Wolff, *Deaths from Accidents Among Children and Adolescents*.

91. Mark Baldassare, "Residential Density, Household Crowding, and Social Networks, " in *Networks and Places*, by C. S. Fischer et al. (New York: Free Press, 1977), p. 112.

92. 引自 *Six Safety Lessons* (Washington, D. C.: Highway Education Board, 1921), p. 48.

93. Sarane Spence Boocock, "The Life Space of Children, " in *Building for Women*, ed.by Suzanne Keller. (Lexington, MA: Lexington Books, 1981), pp. 98—99; Elliot A. Medrich, Judith Roizen, Victor Rubin, and Stuart Buckley, *The Serious*

Business of Growing Up (Berkeley, CA: University of California Press, 1982), p. 77.

94. *The Home and the Child*, 1931, White House Conference on Child Health and Protection (New York: Arno Press and The *New York Times*, 1972), pp. 10, 13, 23, 47—8, 52.

95. Boocock, "The Life Space of Children," pp. 105, 111. 1963—1965 年间进行的对6—11岁儿童的全美健康调查数据表明，低于5%的孩子与他们的父母同睡一间房或同一张床，超过40%的孩子跟一个兄弟或姐妹同睡一室，但不同床。该数据没有进行阶层细分。*Vital and Health Statistics* Series II, Number 108 (Washington, D. C.: U. S. Government Printing Office, November 1971), p. 3.

96. Jacques Donzelot, *The Policing of Families* (New York: Pantheon, 1979), p. 47.

97. Stephen S. Wise, "Justice to the Child," *AAAPSS* 35 (March 1910) : 1.

2 从有用到无用：童工上的道德冲突

1. 关于童工统计，参见 "Children in Gainful Occupations at the Fourteenth Census of the United States," (Washington: Government Printing Office, 1924); Grace Abbott, *The Child and The State* (Chicago: The University of Chicago Press, 1938) I: pp. 259—69; Raymond G. Fuller, "Child Labor," *International Encyclopedia of the Social Sciences* (1930) pp. 412—24.

2. A. J. McKelway, "The Awakening of the South Against Child Labor," *Proceedings of the Third Annual Conference on Child Labor* (New York: 1907), p. 17.

3. Josephine J. Eschenbrenner, "What is a Child Worth?" National Child Labor Committee, No 236, p. 2.

4. Representative Sumners, cited in *The American Child* 6 (July, 1924) : 3.

5. Elizabeth Fraser, "Children and Work," *Saturday Evening Post* 197 (Apr. 4, 1925) : 145.

6. Michael R. Haines, "Poverty, Economic Stress, and the Family in a Late Nineteenth-Century American City: Whites in Philadelphia, 1880," in Theodore

Hershberg, *Philadelphia* (New York: Oxford University Press, 1981) : 265; Claudia Goldin, "Family Strategies and the Family Economy in the Late Nineteenth Century: The Role of Secondary Workers, " ibid, p. 284.

7. Editorial, *Journal of Home Economics* 7 (Aug. 1915) : 371.
8. Daniel T. Rodgers, *The Work Ethic in Industrial America 1850—1920* (Chicago: The University of Chicago Press, 1978) , p. 131.
9. John Demos, *A Little Commonwealth* (New York: Oxford University Press, 1972) , pp. 140—1. 同样参见 Edmund S. Morgan, *The Puritan Family* (New York: Harper Row, 1966) , p. 66.
10. *Report on Condition of Woman and Child Wage-Earners in the United States, VI* (Washington, D. C., 1910) , p. 48.
11. Niles' Register, Oct. 5, 1816, 引自 Edith Abbott, "A Study of the Early History of Child Labor in America, " *American Journal of Sociology* 14 (July 1908) : 25. 同样参见 *Report on Woman and Child Wage-Earners*, pp. 49, 52; Stanley Lebergott, *Manpower in Economic Growth* (New York: McGraw Hill, 1964) , pp. 48—51; Robert H. Bremner, ed., *Children and Youth in America* (Cambridge, MA: Harvard University Press, 1971) I: pp. 145—148. 关于19世纪英国和法国童工的情况，参见 Louise A. Tilly and Joan W. Scott, *Women, Work, & Family* (New York: Holt, Rinehart and Winston, 1978). 美国纺织厂早期的雇佣明显不局限于贫困的孩子，而是包括"来自家里较有钱的农场主、机修工和厂商的孩子"。Bagnall, *Samuel Slater and the Early Development of the Cotton Manufactures in the United States* (1890) , 引自 Forest Chester Ensign, *Compulsory School Attendance and Child Labor,* Ph. D. diss., Columbia University, 1921.
12. Fuller, "Child Labor, "IESS, p. 419; Bremner, ed., *Children and Youth in America* II, p. 601.
13. John Modell, "Changing Risks, Changing Adaptations: American Families in the Nineteenth and Twentieth Centuries, " Allan J. Lichtman and John R. Challinor, eds. *Kin and Communities* (Washington, D. C.: Smithsonian Institution Press, 1979) , P. 128. 有关工业化的早期阶段，家庭作为一个劳动单元的重要性，参见 Neil J. Smelser, *Social Change and the Industrial Revolution* (Chicago: University of Chicago Press, 1959). Michael Anderson, *Family Structure in Nineteenth-*

Century Lancashire (Cambridge: Cambridge University Press, 1971); Tamara Hareven, *Family Time and Industrial Time* (Cambridge: Cambridge University Press, 1982), 该书论证了家庭以劳动单元的形式存在于 19 世纪甚至是 20 世纪。

14. 同上。
15. 参见 "Child Labor and the Teachers, " *New York Times*, July 8, 1905, p. 7; Joseph M. Hawes, *Children in Urban Society* (New York: Oxford University Press, 1971).
16. Edwin Markham, "The Smoke of Sacrifice, " *Cosmopolitan* 42 (Feb. 1907): 397. See Philip S. Foner, *Women and the American Labor Movement* (New York: The Free Press, 1979), pp. 283—89. 关于美国童工委员会的历史, 参见 Walter I. Trattner, *Crusade for the Children* (Chicago: Quadrangle Books, 1970), 关于纽约州童工改革的生动描述, 参见 Jeremy Felt, *Hostages of Fortune* (New York: Syracuse University Press, 1965).
17. 关于真实工资提高对童工减少的影响, 参见 Claudia Goldin, "Household and Market Production of Families in a Late Nineteenth Century American City, " *Explorations in Economic History* 16 (1979): 129. 关于童工和义务教育立法的发展, 参见 Ensign, *Compulsory School Attendance and Child Labor*; Miriam E. Loughran, *The Historical Development of Child-Labor Legislation in the United States* (Washington, D. C.: Catholic University of America, 1921).
18. Paul Osterman, *Getting Started: The Youth Labor Market* (Cambridge, MA: The MIT Press, 1980), pp. 60—71. 关于美国和 19 世纪英国童工减少的另外的经济学解释, 参见 Allen R. Sanderson, "Child Labor Legislation and the Labor Force Participation of Children, " *Journal of Economic History* 34 (Mar. 1974): 298—99; Clark Nardinelli, "Child Labor and the Factory Acts, " *Journal of Economic History* (Dec., 1980): 739—53.
19. Niles' Register (June 7, 1817): 226; Joan Huber, "Toward a Sociotechnological Theory of the Women's Movement, " *Social Problems* 23 (Apr. 1976): 371—88.
20. Osterman, *Getting Started*, pp. 56—59; Selwyn K. Troen, "The Discovery of the Adolescent by American Educational Reformers, 1900—1920, " in Lawrence Stone ed., *Schooling and Society* (Baltimore: Johns Hopkins University Press, 1976), pp. 239—51.

21. 关于早期的童工立法，参见 William F. Ogburn, *Progress and Uniformity in Child-Labor Legislation,* Ph. D. diss. (New York: Columbia University, 1912) ; Loughran, *The Historical Development of Child Labor Legislation; Report On Condition of Woman and Child Wage-Earners in the United States VI;* Elizabeth H. Davidson, *Child Labor Legislation in the Southern Textile States* (Chapel Hill, NC: The University of North Carolina Press, 1939).
22. Elizabeth Sands Johnson, "Child Labor Legislation, "in John R. Commons,ed., *History of Labor in The United States, 1896—1932* (New York: Macmillan, 1935) , p. 446. 关于童工争议立法层面的生动阐述，参见 Stephen B. Wood, *Constitutional Politics in the Progressive Era* (Chicago: Chicago University Press, 1968) ; Thomas George Karis, *Congressional Behavior at Constitutional Frontiers,* Ph. D. diss. (New York: Columbia University, 1951).
23. Davidson, *Child Labor Legislation*, p. 57.
24. 童工修正案还被视作是共产主义者的"图谋"，试图将美国的儿童国家化。参见 Anne Kruesi Brown, "Opposition to the Child Labor Amendment Found in Trade Journals, Industrial Bulletins, And Other Publications for and By Business Men, " M. A. diss. (Chicago, 1937) ; Katharine DuPre Lumpkin and Dorothy Wolff Douglass, *Child Workers in America* (New York: Robert McBride & Co., 1937) , chapters 12, 13; "The Child Labor Amendment, " *University of Texas Bulletin* No. 2529 (Aug. 1, 1925) ; Tom Ireland, *Child Labor* (New York: G. P. Putnam's Sons, 1937).
25. *Charities* 11 (Aug. 8, 1903) : 130.
26. Fraser, "Children and Work, " p. 146.
27. Iredell Meares, "Should the Nation Control Child Labor?" *Dearborn Independent*, Nov. 8, 1924; "The Child Labor Amendment, " pp. 146, 148.
28. 给 *New York Chamber of Commerce Bulletin* 的信，XVI, No. 5 (Dec. 1924) : 50, 引自 Brown, *Opposition to the Child Labor Amendment,* pp. 35—36.
29. 给 *Manufacturers Record* 的信，LXXXVI, No. 15 (Oct. 9, 1924) : 91, 引自 Brown, *Opposition to the Child Labor Amendment*, p. 34.
30. Mrs. William Lowell Putnam, "Why the Amendment Is Dangerous, " *The Woman Citizen* 9 (Dec. 27, 1924) : 12; "The Twentieth Amendment, " The Forum 73

(Feb. 1925) : 281.

31. "What the Child Labor Amendment Means, " in Abbott, *The Child and the State* I, p. 546; Lumpkin and Douglas, p. 219.
32. *Report on Condition of Woman and Child Wage-Earners* VII, p. 43; Mary Skinner, "Child Labor in New Jersey, " U. S. Department of Labor, Children's Bureau Publication No. 185 (Washington, D. C., 1928) .
33. Tamara K. Hareven, "Family and Work Patterns of Immigrant Laborers in a Planned Industrial Town, 1900—1930, " in Richard L. Ehrlich, *Immigrants in Industrial America* (Charlottesville: University Press of Virginia, 1977) , p. 63. 关于决定童工使用中, 阶级相对于种族的重要性, 参看 John Modell, "Patterns of Consumption, Acculturation, and Family Income Strategies in Late Nineteenth-Century America, " in Tamara K. Hareven and Maris A. Vinovskis, *Family and Population in Nineteenth-Century America* (Princeton, NJ: Princeton University Press, 1978) ; Goldin, "Household and Market Production of Families"; Miriam Cohen, "Changing Education Strategies Among Immigrant Generations: New York Italians in Comparative Perspective, " *Journal of Social History* (Spring 1982): 443—66. 直到1920年代, 黑人儿童相对于移民儿童较少在劳动力市场中被雇佣, 参见 Elizabeth Pleck, "A Mother's Wages: Income Earning Among Married Italian and Black Women, 1896—1911, "in Michael Gordon, *The American Family in Social-Historical Perspective*, 2nd (New York: St. Martin's Press, 1978).
34. *Report On Condition of Woman and Child Wage-Earners* VII, p. 158; Goldin, "Household and Market Production, "pp. 118—19.
35. Viola I. Paradise, "Child Labor and the Work of Mothers in Oyster and Shrimp Canning Communities on the Gulf Coast, " U. S. Department of Labor, Children's Bureau Publication No. 98 (Washington, D. C., 1922) , pp. 11, 17.
36. "Industrial Homework of Children, " U. S. Department of Labor, Children's Bureau Publication No. 100 (Washington, D. C., 1924) , p. 23.
37. "Child Labor, The Home and Liberty, " *The New Republic* 41 (Dec. 3, 1924) : 32:
38. *Report on Condition of Woman and Child Wage-Earners* I: p. 353.

39. Virginia Yans-McLaughlin, *Family and Community: Italian Immigrants in Buffalo, 1880—1930* (Ithaca, NY: Cornell University Press, 1971), p. 193.
40. Sands Johnson, "Child Labor Legislation" p. 429; Felt, *Hostages of Fortune* pp. 22—23.
41. *New York Times*, Dec. 7, 1924, p. 19.
42. 引自 *The American Child* (Apr. 1925) : 6. 天主教徒对童工修正案的强烈反对，还部分地是因为明显感到父母的权威受到了威胁。Rev. Vincent A. McQuade, *The American Catholic Attitude on Child Labor Since 1891* (Washington, D. C.: Catholic University of America, 1938).
43. J. W. Crabtree, "Dr. Pritchett, Dr. Butler and Child Labor," *School and Society* (New. 8, 1924) : 585. 童工的反对者调用了种种不同的论据，从过早雇佣的身体和道德困境到雇佣年幼儿童的经济低效率性。我的探讨集中在1870年代到1930年代的论据，它们集中体现了儿童经济价值和情感价值之界定的变动。
44. 引自 *New York Times*, Feb. 2, 1925, p. 21.
45. 引自 "The Nation and Child Labor," *New York Times*, Apr. 24, 1904, p. 6.
46. Felix Adler, "Child Labor in the United States and Its Great Attendant Evils," *Annals of the American Academy of Political and Social Science* XXV (May 1905) ; Charles K. Gilbert, "The Church and Child Labor," in *The American Child* 9 (Aug. 1927) : 4.
47. A. J. McKelway, "The Evil of Child Labor", *Outlook* 85 (Feb. 16, 1907) : 364.
48. Davidson, *Child Labor Legislation*, pp. 65—6; Elinor H. Stoy, "Child-Labor," *Arena* 36 (Dec. 1906) : 586; "Education, Psychology, and Manufacturers," *The American Child* 8 (Nov. 1926) : 2.
49. 引自 *New York Times,* Feb. 2, 1925, p. 21.
50. "Potters' Clay," *The American Child* 8 (Jan. 1926) : 3.
51. Marion Delcomyn, "Why Children Work," *Forum* 57 (Mar. 1917) : 324—25.
52. Jacob Riis, "The Little Laborers of New York City," *Harper's New Monthly Magazine* XLVII (Aug. 1973) : 327.
53. 读者来信，*NewYork Times*, Nov. 4, 1910, p. 8.
54. Alice L. Woodbridge, "Child Labor an Obstacle to Industrial Progress," *Arena* 10 (June 1894) : 158.

55. 编者按，*New York Times*, Dec. 17, 1902, p. 8.
56. Mrs. A. O. Granger, "The Work of the General Federation of Women's Clubs Against Child Labor, " *Annals of the American Academy* 25 (May 1905) : 104; A. J. McKelway, "The Leadership of the Child, " ibid. 32 (July 1908) : 21.
57. 引自 Yans-McLaughlin, *Family and Community*, p. 190.
58. "The Cost of Child Labor, " *National Child Labor Committee* 5 (New York: 1905) : 35.
59. Edward T. Devine, "The New View of the Child, " *Annals of the American Academy* 32 (July 1908) : 9. 但是，改革者认识到，有必要对不工作的儿童的家庭提供津贴，以保证其资金需求。1905 年，童工委员会在一些城市建立了奖学金体系，以贴补那些需要帮助的送孩子上学的家庭，每周的支付与孩子先前的收入相等。显然，大多数奖学金落在了寡妇或弃妇的孩子身上。

3 从童工到儿童工作：重新定义经济世界的儿童

1. *Report on Condition of Woman and Child Wage-Earners in the United States* 7 (Washington, D. C., 1910) : 15.
2. Raymond G. Fuller, "Child Labor Versus Children's Work, " *The American Child* 3 (Feb. 1922) , 281.
3. Theresa Wolfson, "Why, When, And How Children Leave School, " *The American Child* 1 (May 1919) : 61.
4. William Noyes, "Overwork, Idleness or Industrial Education, " *Annals of the American Academy of Political and Social Sciences* 27 (Mar. 1906) : 87. 还有一种对学徒工作的怀旧的回忆，认为它是一种"好"的工作形式。
5. Arthur D. Dean, "Child-Labor or Work for Children, " *The Craftsman* 25 (Mar. 1914) : 515.
6. Raymond G. Fuller, *Child Labor and the Constitution* (New York: Thomas Y. Crowell, 1923) , p. 32.
7. Fuller, "Child Labor Versus Children's Work, " p. 281.
8. Fuller, *Child Labor and the Constitution*, p. 28.

9. "Illiteracy Promoted by Perjury, " National Child Labor Committee pamphlet No. 2 (New York, 1905) , p. 7.
10. 参见 William F. Ogburn, "Progress and Uniformity in Child Labor Legislation", 博士论文, New York: Columbia University Press, 1912, pp. 90, 103; "Child Labor, " *White House Conference on Child Health and Protection* (New York: Century Co., 1932) , pp. 27—30; Elizabeth Sands Johnson, "Child Labor Legislation, " in John R. Commons, *History of Labor in the United States, 1896—1932* (New York: Macmillan, 1935) , pp. 413, 428—30.
11. Edwin Markham, "The Smoke of Sacrifice, " *Cosmopolitan* 42 (Feb. 1907) : 393.
12. Thomas R. Dawley, *The Child That Toileth Not* (New York: Gracia Publishing Co., 1912) , p. 140. Dawley 的观点有一些先例。在 1909 年, Charles W. Stiles, 一个钩虫病专家宣称, 贫穷农庄家庭孩子在进棉纺厂工作之后, 身体明显更好了。参见 A.J. McKelway, "The Mill or the Farm?" *Annals of the American Academy*, supplement (Mar. 1910) : 52—57.
13. Grace Abbott, *The Child and the State* (Chicago: University of Chicago Press, 1938) , p. 474.
14. Wiley H. Swift, "Is the Use of Children in Agriculture a Child Welfare Problem?" *Proceedings of The National Conference of Social Work*, 1924, p. 170.
15. "Child Labor, " *White House Conference*, p. 213. 受到其所在乡村区位的保护, 蔬菜和水果的罐头制造商通常寻求并能够逃避工业童工立法的管制。
16. "Child Labor in North Dakota, " U. S. Children's Bureau Publication, No. 129 (Washington, D. C., 1923) : 21—25, 39.
17. Frances S. Bradley, M. D., and Margaretta A Williamson, "Rural Children in Selected Counties of North Carolina, " U. S. Children's Bureau Publication No. 33 (Washington, D. C., 1918) : 85, 88, 99.
18. E. C. Lindeman, "Child Labor Amendment and the Farmers, " reprinted in"The Child Labor Amendment, " *University of Texas Bulletin* No. 2529 (Aug. 1, 1925) : 87. 关于农业劳动中儿童雇佣研究的综述, 参见 White House Conference, pp. 222—61.
19. Fred S. Hall, *Forty Years 1902—1942: The Work of the New York Child Labor*

Committee (New York: The New York Child Labor Committee, 1942), p. 77.
20. Franklin N. Brewer, "Child Labor in the Department Store," *Annals of the American Academy* 20 (1902): 167—77.
21. Fuller, *Child Labor and the Constitution*, p. 76.
22. *White House Conference*, p. 147. 关于街头工作的管制，同上，pp. 164—68.
23. Edward N. Clopper, *Child Labor in City Streets* (New York: Garrett Press, 1970, 1st ed. 1912), pp. 6—7.
24. Myron E. Adams, "Children in American Street Trades," *Annals of the American Academy* XXV (May 1905): 3.
25. *Survey* 30 (June 14, 1913): 380.
26. Jacob A. Riis, *How the Other Half Lives* (New York: Dover Publications, 1971, 1st ed 1890), p. 153.
27. Clopper, *Child Labor in City Streets*, p. 7. 除了卖报纸之外，其他一般性儿童街头工作包括：游走兜售、擦皮鞋、信息服务、传递服务、跑腿以及门市照看等。
28. Nettie P. McGill, "Child Workers on City Streets," U.S. Children's Bureau Publication, No. 188 (Washington, D. C., 1928): 4.
29. Adams, "Children in American Street Trades," pp. 11, 14.
30. 引自 Clopper, *Child Labor in City Streets*, p. 15。
31. "Children in Gainful Occupations," Fourteenth Census (Washington, D. C., 1924): 53.
32. McGill, "Child Workers in City Streets," pp. 6—7, 36—7.
33. Charles W. Dabney, "Child Labor and the Public Schools," *Annals of the American Academy* 29 (Jan.1907), p. 112. 参见 *White House Conference*, pp. 128—9; "Children in Gainful Occupations," pp. 52, 59. 大多数街头管制，对女孩设置的最低年限也比对男孩高。
34. "Children in Gainful Occupations," p. 16.
35. Hall, *Forty Years*, p. 89. 没有儿童家庭劳动者的精确人数的数据。
36. "Industrial Home Work of Children," U.S. Dept. of Labor, Children's Bureau Publication No. 100 (Washington, D. C., 1924): 22.
37. Fuller, *Child Labor and the Constitution*, p. 87.

38. Noyes, "Overwork, Idleness or Industrial Education?"
39. Jessie P. Rich, "Ideal Child Labor in the Home," *Child Labor Bulletin* 3 (May 1914) : 7.
40. George A. Hall, "Unrestricted Forms of Child Labor in New York State," *Proceedings* of the Twelfth New York State Conference of Charities and Correction, 1911, p. 104.
41. Rich, "Ideal Child Labor in the Home," p. 8.
42. Fuller, *Child Labor and the Constitution*, p. 28.
43. *Journal of Education* 78 (Oct. 2, 1913) : 325.
44. 204 Mass. 18, 90 N. E. 394.
45. "Children on the Colorado Stage," *Survey* 27 (Oct. 14, 1912) : 996. 令人吃惊的是，儿童演出方面的信息很少。正如儿童健康和保护白宫委员会1932年发现的那样："在所有的儿童雇佣之中，没有比他们在剧场演出和其他公共娱乐中的雇佣更不为人所知的了"，P. 51.
46. "Children of the Stage," 社论, *The Christian Advocate* 85 (Sept. 1, 1910) , p. 1211.
47. 读者来信, *New York Times*, Dec. 25, 1882, p. 2. 参见 *Manual of the New York Society for the Prevention of Cruelty to Children* (New York: published by the Society, 1913) , pp. 64—69.
48. "The Protection of Child Performers," *The Nation* 33 (Dec. 29, 1881) : 508.
49. "Children of the Stage," *New York Times* June 16, 1889, p. 16.
50. Arthur Hornblow, "The Children of the Stage," *Mumsey's Magazine* 12 (Ot. 1894) : 33.
51. "Children of the Stage," *Editorial New York Times* Apr. 19, 1892, p. 4.
52. "Where Children Are Chosen for Positions on the Stage," *New York Times* Apr. 17, 1904, p. 22.
53. "Stage Children of America" (New York: Alliance for the Protection of Stage Children, 1911) , p. 1.
54. "Children Readmitted to Louisiana's Stage," *Survey* 28 (Aug. 10, 1912) : 629.
55. *White House Conference*, p. 196; F. Zeta Youmans, *Stage Children and the Law* (Chicago: Juvenile Protective Association, 1923) , p. 5. 同样参见 Benjamin B.

Blyden-burgh, "The Child and the Theatre," 18 *Case and Comment* (Mar. 1912) : 584—86. 有关儿童演出管制的混乱和相互冲突,非美国所独有,相关参照信息,参见 George K. Behlmer, *Child Abuse and Moral Reform in England*, 1870—1908 (Stanford, CA: Stanford University Press, 1982) . p. 104; "The Age of Admission of Children to Employment in Non-Industrial Occupations," *International Labour Conference* (Geneva: International Labour Office, 1931) , pp. 19—28.

56. *New York Times*, Dec. 7, 1911, p. 12. 关于剧场雇佣的儿童的确切数字并无足够的资料支撑。1920 年普查所列 400 名年龄在 10—15 岁之间儿童处于"演员或剧团成员"生涯之中,明显是一个低估。

57. Hornblow, "The Children of the Stage," p. 33.

58. Elbridge T. Gerry, "Children of the Stage," *North American Review* 151 (July 1890) : 18—19.

59. "Children on the Stage," *New York Times* Apr. 12. 1868, p. 11.

60. 引自一封 Judge Brackett 致 Ligon Johnson 的信,Apr. 11, 1910; 关于表演艺术研究中心的材料,参见 Francis Wilson, "The Child on the Stage," *Collier's* 45 (May 21, 1910) : 19.

61. Everett W. Lord, "Child Labor on the Stage," *Survey* 24 (May 21, 1910) : 320. 虽然少数异常成功的儿童演员的确薪水特别高,但一般来说大多数儿童演员却所得甚少,参见 *White House Conference Report*, p. 193.

62. "Child Labor in Massachusetts," *Report of the Massachusetts State Child Labor Committee on the Legislative Campaign 1910*, p. 10; Everett Lord, "Children of the Stage," National Child Labor Committee publication No. 137a, 1910.

63. Owen R. Lovejoy, "Employment of Children on the Stage," *Child Labor Bulletin* 1 (Nov. 1912) : 78.

64. Henry Baird Favill, "Child Labor As Related To The Stage," National Child Labor Committee Publication No. 165, 1911, p. 15.

65. Wilson, "The Child on the Stage." Wilson(1854—1935)年方 7 岁就开始了他的演员生涯。1913 年,他当任了当时新成立的演员公正协会的会长。

66. Gerry, "Children of the Stage," p. 17.

67. 读者来信,*Survey* 24 (June 18, 1910) : 496. 儿童演出支持者在反对禁止儿童

的舞台工作的同时，也意识到其需要恰当的规制。参见 "Stage Children of America," p. 1.
68. 读者来信，*New York Times*, June 26, 1910, p. 8.
69. "Children on the Stage," *New York Times* Apr. 12, 1868, p. 11.
70. "Lillian Russell's Juvenile Pets," *New York Herald* Jan. 10, 1892, p. 9.
71. 引自 "Defending the Child Actors," *Literary Digest* 41 (Nov. 12, 1910) : 861.
72. "Stage Children of America," pp. 7—8.
73. 引自 *New York Times*, Dec. 7, 1911, p. 12. 1914 年，纽约市开设了专业儿童学校，为儿童演员提供有弹性的学习安排，这使得舞台工作和教育能够正式地得到兼顾。
74. Wilson, "The Child on the Stage."
75. "Children of the Stage," *Bellman* 10 (Mar. 25, 1911) : 359.
76. 致芝加哥鲍尔剧团经理 Harry Powers 的信，文献出自表演艺术研究中心 (the Performing Arts Research Center)。
77. Francis Wilson, 读者来信，*Survey* 24 (June 18, 1910) : 498.
78. *New York Times* Apr. 12, 1868, p. 11. 关于女性观众，参见 Elsie Leslie, "Children on the Stage," *Cosmopolitan* 47 (Sept. 1909) : 511; Margaret G. Mayorga, *A Short History of the American Drama* (Dodd, Mead, 1932), p. 265; Alexander Hume Ford, "Children of the Stage," (1903), 文献出自表演艺术研究中心, p. 356.
79. "Stage Children of America," p. 16.
80. Mary E. Leonard, "Children On The Stage And Off," *New England Magazine* 42 (June 1910) : 494.
81. Eleanor Robson, "Happy Experiences of the Child Who Acts, and His Beneficent Influence on Grown-Up Actors Upsets Old-Fashioned Theories," *New York Times* Dec. 15, 1907, VI, p. 1.
82. 同上。有关舞台儿童性别的信息很少。总体来看，20 世纪之交，年幼的女孩比男孩更倾向于出现在舞台上，而且出演男性角色。
83. "The Show-Child: A Protest," *Longman's Magazine*. Reprinted in *Living Age* 208 (Jan. 11, 1896) : 113.
84. F. Zeta Youmans, "Childhood, Inc.," *Survey* 52 (July 25, 1924) : 462.

85. 参见 Jeremy Felt, "The Child Labor Provisions of the Fair Labor Standards Act," *Labor History* 11 (Fall 1970): 467—81; "Second Thought On the Child Labor Amendment," *9 Massachusetts Law Quarterly* 15—21 (July 1924); "Comments," *7 Fordham Law Review* 223—25 (May 1938); Anne Kruesi Brown, "Opposition to the Child Labor Amendment," Ph. D. diss., Chicago, 1937, pp. 46—49.

86. Rich, "Ideal Child Labor in the Home," p. 4. 有趣的是，两个合法的工作岗位在雇佣中产阶级的孩子。比如，报纸递送员比起城市报童更倾向于来自较殷实的家庭。Nettie P. McGill, "Children in Street Work," U. S. Department of Labor, Children's Bureau, Publication No. 183 (Washington, D. C., 1928), p. 38. 虽然与儿童演员的社会阶级相关的信息有限，但大体看来，特别是在20世纪，较低阶级的孩子同中产阶级孩子一样，涉足了表演事业。参见 Ford, "Children of the Stage", "What of the Stage Child?" (Minneapolis, MN: Women's Cooperative Alliance, 1929).

87. McGill, "Child Workers On City Streets," U. S. Department of Labor, Children's Bureau Publication No. 188 (Washington, D. C., 1928), p. 37; "Your Boy's Christmas Money," *Ladies' Home Journal* 27 (Nov. 1, 1910): 1. 报界非常高兴，倡导将报纸工作界定为是教育，而非"真正的"工作。

88. John Mason, "The Education of the Stage Child," *New York Dramatic Mirror* (Mar. 8, 1911): 5.

89. Lillian Davidson, "Idle Children," *Home Progress* 6 (June 1917): 474.

90. Helen C. Candee, "In the Beginning," *Outlook* 49 (May 5, 1894): 787.

91. Henriette E. Delamare, "Teaching Children to be Helpful at Home," *Home Progress* 3 (Nov. 1913): 115.

92. "The Home and the Child," *White House Conference on Child Health and Protection*, 1931 (New York: Arno Press & The *New York Times*, 1972), p. 90.

93. Amey E. Watson, "The Reorganization of Household Work," *Annals of the American Academy of Political and Social Science* 160 (Mar. 1932): 174.

94. Miriam Finn Scott, "The Perfect Child," *Ladies' Home Journal* 39 (June 1922): 30.

95. Ethel Packard Cook, "All Hands Help," *Parents Magazine* 9 (July 1934): 19.

96. William F. Ogburn, "The Changing Family with Regard to the Child," *Annals of the American Academy* 151 (Sept. 1930) : 23.
97. "The Adolescent in the Family," *White House Conference on Child Health and Protection*, 1934 (New York: Arno Press & The *New York Times*, 1972), p. 37.
98. Mary Beth Norton, *Liberty's Daughters* (Boston, MA: Little, Brown, 1980), pp. 23—24. See Thomas D. Elliot, "Money and the Child's Own Standards of Living," *Journal of Home Economics* 24 (Jan. 1932) : 4—5.
99. Edward T. Devine, "The New View of the Child," *Annals of the American Academy* 32 (July 1908) : 9. 参见 Editorial, *Journal of Home Economics* 7 (Aug. 1915) : 372. 关于20世纪最初几十年职业教育的发展，参见 Marvin Lazerson and W. Norton Grubb, *American Education and Vocationalism* (New York: Teachers College Press, 1974).
100. Tamara K. Hareven. *Family Time and Industrial Time* (New York: Cambridge University Press, 1982), p. 189; Thomas Dublin, *Women at Work* (New York: Columbia University Press, 1979), pp. 174—5.
101. *Report on Condition of Woman and Child Wage-Earners in the United States* (Washington, D. C., 1910) 1: 352—54; Ruth S.True, *The Neglected Girl* (New York: Survey Associates, 1914), p. 48; *Boyhood and Lawlessness* (New York: Survey Associates, 1914), pp. 68—69. 同样参见 Louise Bolard More, *Wage-Earners' Budgets* (New York: Henry Holt and Company, 1907), p. 136. John Modell 指出19世纪的末期，美国土生土长的劳工阶级家庭，可能会以一种不同于对待其他收入的方式来对待儿童的工资，这就意味着，"并非每一美元都等同"。儿童的收入并不如同父亲所挣取的工资那样在家庭中自由支配。另一方面在爱尔兰家庭中，儿童的工资则更倾向于同家庭一般收入不存在差别。"Patterns of Consumption, Acculturation, and Family Income Strategies in Late Nineteenth-Century America," in *Family and Population in Nineteenth-Century America*, ed. by Tamara K. Hareven and Maris A. Vinovskis (Princeton, NJ: Princeton University Press, 1978), pp. 220—25.
102. *Report on Condition of Woman and Child. Wage-Earners in the United States* 7 (Washington, D. C., 1910) : 94—97. Boyhood and Lawlessness, p. 69; Katharine Anthony, *Mothers Who Must Earn* (New York: Survey Associates,

1914), p. 136.

103. 参见 Hareven, *Family Time and Industrial Time*, p. 189; Louise C. Odencrantz, *Italian Women in Industry* (New York: Russell Sage, 1919), pp. 175—77; Leslie W. Tentler, *Wage-Earning Women* (New York: Oxford University Press, 1979), pp. 89—90; Report on Condition 7: 95—96. 在 *Children of the Great Depression* (Chicago: University of Chicago Press, 1974) 一书中，Glen H. Elder 发现，女孩比男孩更倾向于在需要的时候由父母提供一笔钱，而不是领取常规性的津贴。这样一来，也就增加了她们对父母的依赖（pp. 72—73）。

104. *Boyhood and Lawlessness*, p. 69.

105. Gertrude E. Palmer, "Earnings, Spendings and Savings of School Children," *The Commons* 8 (June 1903): 3—6.

106. 同上，pp. 1, 7—10; introduction to Edwin A. Kirkpatrick, *The Use of Money* (Indianapolis: Bobbs-Merrill, 1915), p. 1.

107. Helen B. Seymour, "Money Matters with Young People," *Outlook* 48 (Sept. 23, 1893): 553.

108. 同上，Palmer, "Earnings, Spendings and Savings," p. 3.

109. *Home Progress* 6 (Nov. 1916): 141.

110. Seymour, "Money Matters," p. 553.

111. "The Adolescent of the Family," p. 38.

112. 参见 *New York Times*, Nov. 7, 1903, p. 2; "The Adolescent in the Family," P. 229.

113. *Boyhood and Lawlessness*, p. 68. 关于儿童的领养，参见第六章；有关津贴与社会阶级的资料，参见结论。

114. Seymour, "Money Matters," p. 553.

115. Frances F. O'Donnell, "Every Child Needs an Allowance," *Parents Magazine* 5 (Mar. 1930): 18.

116. Mercedes Lake, "Teach The Children Business Principles," *The Delineator* 89 (July 1916). 关于消费者主义与家庭经济，参见 Robert S. Lynd, "Family Members as Consumers," *Annals of the American Academy* 160 (Mar. 1932): 86—93.

117. *New York Times*, July 4, 1931, p. 11; "Have You a Little Miser in Your Home?" *The Literary Digest* 110 (July 18, 1931): 44.

118. Lake, "Teach the Children". 在 *Middletown* 一书中，Lynds 注意到，父母亲同他们一文不名却大手大脚的十多岁孩子之间就"如何用钱"的问题，引发了经济上的摩擦（p. 141）。Robert S. Lynd and Helen M. Lynd, *Middletown* (New York: Harcourt Brace Jovanovich, 1956).
119. Angelo Patri, "Your Child's Allowance," The *Delineator* 102 (Jan. 1923) : 3. 在 1915 年之后，学校也进行了"看紧钱袋"的教育。关于节俭教育，参见 *Addresses and Proceedings of the National Education Association*, 1920, pp. 117—133.
120. John R. Seeley, R. Alexander Sim, and Elizabeth W. Loosley, *Crestwood Heights* (New York: John Wiley Sons, 1967, first ed. 1956) , p. 188.
121. Benedict Burrell, "The Child and Money," *Harper's Bazaar* 33 (Nov. 3, 1900) : 1721.
122. Charlotte Perkins Gilman, "Child Labor in The Schools," *Independent* 64 (May 21, 1908) : 1135.
123. Burrell, "The Child and Money," p. 1721.
124. Sidonie M. Gruenberg, "Learning the Use of Money," in *Guidance of Childhood and Youth*, ed. by Benjamin C. Gruenberg (New York: Macmillan, 1926) , pp. 121—22.
125. Burrell, "The Child and Money," p. 1721.
126. "Teaching Children the Use of Money," *Parents Magazine* 6 (Dec. 1931) : 48.
127. Elliot, "Money and the Child's Own Standards of Living," p. 4.
128. Sidonie M. Gruenberg, "The Dollar Sign in Family Life," *Parents Magazine* 9 (Dec. 1934) : 85—86.
129. "Teaching Children The Use of Money," p. 47; "How Children Earn Money," *Journal of Home Economics* 26 (Jan. 1934) : 289; "Have You a Little Miser in Your Home?"
130. Sidonie M.Gruenberg, 引自 *New York Times*, Feb. 10, 1932, p. 25. 同样参见 Tender, *Wage-Earning Women*, p. 92.
131. Nettie P. McGill, "Child Workers on City Streets," U. S. Children's Bureau Publication No. 188 (Washington, D. C., 1928) , pp. 29—30, 39. 同样参见 Howard G. Burdge, *Our Boys*, Ph. D. diss., Columbia University, 1921, p. 215.

132. Dr. R. S. Woodworth, "From the Psychologist's Point of View, " *The American Child* 8 (Oct. 1926) : 4. 父母同孩子经济关系的新思维同样修正了父母养儿防老的预期。正如《美国家庭》(American Home) 中的一篇文章所述:"儿童不再被视作是一种养老金——许多人所企盼的, 早年的照看付出能换得晚年的资金回报。" Dorothy Blake, "My Children Owe Me Nothing, " 14 (Nov. 1935) : 491.

133. Diana Serra Cary, *Hollywood's Children* (Boston: Houghton Mifflin, 1979) , p. 91. 同样参见 Norman J. Zierold, *The Child Stars* (New York: Coward-McCann, 1965) 以 及 "Child Movie Stars Make Millions—For Others!" *Chicago Sunday Tribune*, July 18, 1937.

134. Harry Hibschman, "The Jackie Coogan Case, " 72 *United States Law Review* 214 (Apr. 1938) . 库根的胜利更多地是象征意味的; 他只被裁定赔偿 126 000 美元。早期还有两个案子挑战了父母对孩子工资支配和占有的权利。参见 Rounds Brothers v. McDaniel 133 Ky. 669, 118 S. W. 956 (1909) and Jacobs v. Jacobs, 130 Iowa 10, 104 N.W. 489 (1906).

135. "Whose Is The Money A Child Film Star Earns?" *Sunday News*, Apr. 24, 1938, p. 55. 文献出自表演艺术研究中心。一项国家童工委员会 1941 年主持的研究发现, 多数儿童演员挣的钱被用于他们自己的花费与训练之上, 如参加跳舞、音乐、话剧班。Anne Hood Harren and Gertrude Folks Zimand, *Children in the Theater* (National Child Labor Committee, 1941) , pp. 52—54.

136. "Guarding Their Pots of Money, " *Silver Screen* (1938). 文献出自表演艺术研究中心。杰基·库根自己每周有 6. 25 美元的津贴收入。

137. *New York Times*, Oct 24, 1937, IV, p. 2.

4 从正式的埋葬到恰当的教育: 儿童保险的情况

1. John F. Dryden, "Industrial Insurance is Family Insurance, of Which Infantile Insurance is an Essential Part: Is it Against Public Policy?" 马萨诸塞州保险立法委员会上的证言, Mar. 1895, p. 22. 文献出自 Metropolitan Life Insurance Co., New York; Solomon S. Huebner, *Life Insurance* (New York: Appleton, 1921), p.

276.

2. George K. Behlmer, *Child Abuse and Moral Reform in England, 1870—1908* (Stanford, CA: Stanford University Press, 1982), p. 131.

3. *History of the Prudential Company* (London: Holborn Bars, 1880), p. 12.

4. Frederick H. Hoffman, *Life Insurance for Children* (Newark, NJ: Prudential Press, 1903), p. 4.

5. Benjamin Waugh, "Child-Life Insurance," *Contemporary Review* 58 (July 1890): 59.

6. Elizur Wright, *Politics and Mysteries of Life Insurance* (Boston: Lee & Shepard, 1873), p. 65.

7. Behlmer, *Child Abuse and Moral Reform*, p. 121; Thomas Carlyle, *Past and Present* (New York: Charles Scribner's, 1918), pp. 4—5; Johan Huizinga, *Homo Ludens* (New York: Harper & Row, 1970), p. 73; Florence Edler de Roover, "Early Examples of Marine Insurance," *Journal of Economic History* 5 (May 1945): 196. 在16世纪和17世纪的欧洲，有两项对儿童生命进行保险的雄心勃勃的尝试都以失败告终。1565年Berthold Holtzschucher提出对所有儿童实施强制性保险。在孩子出生之后，父母必须存放一笔额外的钱；到结婚的时候，孩子能够得到一笔相当于存款3倍的资金。如果孩子死亡，这笔资金包括利息将提供给付款人。在高儿童死亡率的背景之下，该计划明显是在给社区提供回报。但是它失败了，正如1603年George Obrechet所作的类似方案一样。A. Fingland Jack, *An Introduction to the History of Life Insurance* (New York: E. P. Dutton, 1912), pp. 207—10.

8. Alexander Colin Campbell, *Insurance and Crime* (New York: G. P. Putnam's Sons, 1902), p. 283.

9. René Goupil, "De la Considération de la mort des personnes dans les actes juridiques", 博士论文，Université de Caén, Faculté de Droit, 1905, p. 101; L. François, "L'Assurance populaire en particulier l'assurance des enfants," in *Reportsy, Memoirs and Proceedings of the Fifth International Congress of Actuaries*, Alfred Manes ed. (Berlin: Mittler, 1906), p. 10; Albert Quiquet, "L'Assurance des enfants en France," 同上，pp. 85—95. 在德国、荷兰、丹麦以及比利时对儿童保险的反对更为温和，而且这里很少有法律限制。Aage Hostrup, "Industrial and

Children's Insurance in Denmark," 同上, pp. 17—20; I. M. Vas Dias, "L'Assurance populaire et l'assurance des enfants," 同上, pp. 115—29; Julius Wendt, "Die Kinderversicherung," 同上, pp. 39—57.

10. Behlmer, *Child Abuse and Moral Reform*, p. 123. 有关杀婴，参见 Thomas McKeown, *The Modem Rise of Population* (New York: Academic Press, 1977) ; William L. Langer, "Checks on Population Growth: 1750—1850," *Scientific American* 226 (1972) : 93—99.
11. Charles Coolidge Read, "The Insurance of Children," 马萨诸塞州保险立法委员会上的证言, Apr. 4, 1895, pp. 19—20. 卷宗见于 Metropolitan Life Insurance Co., New York.
12. Alexander McKenzie, Letter from First Church in Cambridge to Metropolitan Life Insurance Co., Mar. 16, 1895. 文献出自 Metropolitan Life Insurance Co., New York; Marquis James, The *Metropolitan Life* (New York: Viking, 1947) , p. 122.
13. Read, "The Insurance of Children," pp. 4, 51.
14. Read, "The Insurance of Children," p. 39. Haley Fiske, "The Insurance of Children," 马萨诸塞州保险立法委员会上的证言, Mar. 20—21, 1895, p. 4. 卷宗见于 Metropolitan Life Insurance Co., New York.
15. Waugh, "Child-Life Insurance," p. 54.
16. 45 Maine 105 (1858). 同样参见 Loomis v. Eagle Life Co. 6 Gray 396 (1856). 虽然这些里程碑似的案例关注的是年龄超过 14 岁的未成年人，但是它们为向更年幼些的儿童提供保险带来了先例。
17. Cornelius Walford, *Insurance Cyclopedia* (London: Layton, 1871) .
18. 在 1893 年科罗拉多州保险立法听证委员会上保诚人寿公司代表的陈述。Frederick H. Hoffman, *History of the Prudential Life Insurance Company* (Newark, NJ: Prudential Press, 1900) , pp. 198—99.
19. Dryden, "Industrial Insurance is Family Insurance," p. 16. See 15 Hun. 74 (1878) .
20. Letter by Chas. F. Donnelly, printed in Read, "The Insurance of Children," p. 28.
21. Waugh, "Child-Life Insurance," p. 41.
22. *The Insurance Monitor* 29 (Feb. 1881) : 88.
23. Waugh, "Child-Life Insurance," p. 41; M. J. Savage, 马萨诸塞州保险立法委员会上

的证言，Mar. 29, 1895, p. 28. 文献出自 Metropolitan Life Insurance Co., New York.
24. Report on the Examination of the Metropolitan Life Insurance Company, State of New York, Insurance Department. (New York: J. B. Lyno Co., 1911), p. 33. see Quincy L. Dowd, *Funeral Management and Costs* (Chicago: University of Chicago Press, 1921).
25. Hoffman, *Life Insurance for Children*, Bishop Grafton, Letter to the Milwaukee Sentinel, Dec. 28, 1902. 文献出自 Metropolitan Life Insurance Co., New York.
26. John D. Long, "The Insurance of Children," 马萨诸塞州保险立法委员会上的证言，April 4, 1895, p. 1. 卷宗见于 The Metropolitan Life Insurance Co., New York.
27. 同上，pp. 14, 35; 摘自 Official Reports of State Commissioners and Superintendents of Insurance between 1880—1901. Pamphlet on file at Metropolitan Life Insurance Co., New York.
28. "Child Insurance as Regarded by Anti-Cruelty and by Charity Societies," 1897. Pamphlet on file at Metropolitan Life Insurance Co., New York.
29. Report from the Insurance Commission of Wisconsin, June 1, 1904, in "Child Insurance in the Legislatures," 1909. Pamphlet on file at the Metropolitan Life Insurance Co., New York, p. 4; *Weekly Underwriter*, July 24, 1880.
30. Hoffman, *History of the Prudential Life Insurance Company*, pp. 108—9, 220, 225—28; Long, "The Insurance of Children," p. 13.
31. 同上，p. 11; The Spectator, Mar. 13, 1890.
32. Haley Fiske, "Industrial Insurance," *Charities Review* 8 (Mar. 1898): 37; Bulletin of the Bureau of Labor, 1906, pp. 613—14, Fiske, "The Insurance of Children," p. 24.
33. 引自 Hoffman, *History of the Prudential Life Insurance Company*, p. 279.
34. Jacob A. Riis, *How the Other Half Lives* (New York: Dover Publications, 1971, 1st ed. 1890), p. 136.
35. Jacob A. Riis, *Out of Mulberry Street* (New York: Century Co., 1898), pp. 205—9.
36. *New York Times*, Oct. 23, 1908, p. 6; Oct. 24, 1908, p. 8.
37. Letter reprinted in Fiske, "The Insurance of Children," pp. 8—9.

38. Louise C. Odencrantz, *Italian Women in Industry* (New York: Russell Sage Foundation, 1919), p. 201.
39. Katharine Anthony, *Mothers Who Must Earn* (New York: Russell Sage Foundation, 1914), pp. 138—39; *Report on Condition of Woman and Child Wage-Earners in the United States* 4 (Washington, D. C., 1910): 304; Louise Bolard More, *Wage-Earners' Budgets* (New York: Henry Holt and Co., 1907), pp. 42—3.
40. Read, "The Insurance of Children," p. 24.
41. Frederick L. Hoffman, "Pauper Burials and the Internment of the Dead in Large Cities," presented at the National Conference of Social Work, June 4, 1919, p. 48. 文献出自纽约公共图书馆。
42. More, *Wage-Earners' Budgets*, p. 145.
43. Ruth S. True, *The Neglected Girl* (New York: Russell Sage Foundation, 1914), p. 100.
44. Margaret J. Bacon, "Savings and Insurance and Their Relation to the Family Budget," Proceedings of the Twenty-Ninth New York State Conference on Social Work, Rochester, New York, 1928, p. 98.
45. Lee F. Frankel, "Industrial Insurance and its Relation to Child Welfare," *Child Welfare Conference Proceedings*, 1909, p. 9. 文献出自大都会人寿保险公司。公司并不对初生婴儿的第一年提供保险，直到1920年代，婴儿死亡率开始明显降低时，该格局才发生变化。黑人儿童直到1881年才被提供保险——虽然黑人儿童投保的回报要低于白人儿童。这一种族歧视被解释为"经济事务"，就是说，黑人的死亡率更高。Dryden, "Industrial Insurance is Family Insurance," p. 30.
46. Long, "The Insurance of Children," p. 10.
47. Dryden, "Industrial Insurance is Family Insurance," p. 6.
48. Hoffman, *Life Insurance for Children*, p. 23; Dr. Hugh Jones, "The Perils and Protection of Infant Life," *Journal of the Royal Statistical Society* 57 (1894): 1—98; Behlmer, *Child Abuse and Moral Reform*, p. 133.
49. Frankel, "Industrial Insurance," p. 1.
50. 参见 Walter E. Thornton, "Juvenile Insurance," in Abstract of the Proceedings of the Fiftieth Annual Meeting of the Association of Life Insurance Medical

Directors of America, 26 (1940) : 68; Dr. W. H. Scoins, "Juvenile Insurance, "in Report of the Sixty-seventh Annual Meeting of the National Fraternal Congress of America (1953) , p. 122; *Consumers Reports* 47 (Jan. 1982) : 5.
51. Warnock v. Davis, 104 U. S. 775 (1882) .
52. Thornton, "Juvenile Insurance, " p. 33.
53. "Families and Their Life Insurance: A Study of 2,134 Massachusetts Families and Their Life Insurance Policies, " Prepared for the Temporary National Economic Committee, 76th Cong., 3d sess. (Washington, D. C.: Government Printing Office, 1940) , p. 61; David W. Gregg, *Life and Health Insurance Handbook* (Homewood, IL: Irwin, 1964) , p. 105; *The 1949 Buyer* (Hartford, CT: Life Insurance Agency Management Association, 1950) .
54. June M. Milan, "Juvenile Insurance—An Invaluable Tool to Open Bigger Sales, " *Life Association News* 71 (June 1976) : 79.
55. Julius Vogel, "Juvenile Insurance, " Proceedings of the Home Office Life Underwriters Association, 1969, p. 60.
56. Robert I. Mehr, *Life Insurance* (Dallas, TX Business Publications, 1977) , p. 118.
57. *Consumers Union Report on Life Insurance* (New York: Bantam Books, 1974) ; Consumers' Reports 47 (Jan. 1982) : 5.
58. *Young Lives and Life Insurance*, 1964; William L. Willard, *Juvenile Insurance Today* (Indianapolis, IN: Research & Review Service of America, 1979) ; *Give Your Son A Hand*, 1958 sales booklet on file at Metropolitan Life Insurance Co., New York; H. P. Gravengaard, *Juvenile Insurance* (Cincinnati, OH: Diamond Life Bulletins, 1951) .

5　从意外死亡到意外生育：对儿童的法律权衡的改变

1. *New York Times*, Jan. 20, 1979, D, p. 1; Southern Ry. v. Covenia, 100 Ga. 46, 29 S.E. 219 (1896) .
2. Pennsylvania Coal Co. v. Nee, 9 Sadler 579, 13 A. 841 (1888). 旧金山的案例被《纽约时报》报道为，"offer sure to be scorned, " Oct. 24, p. 16; Oct. 22, p. 14,

1922.

3. Louisville &. Nash. R.R. v. Creighton, 106 Ky. 42, 50 S. W. 227 (1899)。在对损失提供补偿之外，一些州基于过失人罪责的大小，还进行一定的处罚。有关民事侵权和犯罪的清楚解释，参见 William L. Prosser, *Law of Torts*, 4th ed. (St. Pual, MN: West Publishing Co., 1971), pp. 7—9.

4. Robert A. Silverman, *Law and Urban Growth* (Princeton. NJ: Princeton University Press, 1981), pp. 114—15. 总趋势是取消所有限制或提高最大赔偿额。到了 1975 年，只有堪萨斯州和西弗吉尼亚还保留着法定的上限。

5. Baker v. Bolton, 1 Campb. 493, 170 Eng. Reprint 1033 (1808). 关于 wergild，参见 Georg Simmel, *The Philosophy of Money*, trans. Tom Bottomore and David Frisby (London: Routledge & Kegan Paul, 1978), pp. 355—59.

6. Hyatt v. Adams, 16 Mich. 180 (1867).

7. 美国的死亡条例模仿了 1846 年的 Lord Campbell 法案，该法案在英国创立了意外死亡的修复权，但被认为是限于对金钱损失提供赔偿。参见 Malone, "The Genesis of Wrongful Death," 17 *Stanford Law Review* 1043 (1965); Smedley, "Wrongful Death—Bases of the Common Law Rules," 13 *Vanderbilt Law Review* 605 (1960); Hans A. Fischer, *Los Daños Civiles y su Reparación* (Madrid: Librería General de Victoriano Suarez, 1928), pp. 229—39.

8. 关于 20 世纪之交事故诉讼的兴起，参见 Lawrence M. Friedman, *A History of American Law* (New York: Simon and Shuster, 1973), pp. 422—23; 关于工业事故，参见 Carl Gersuny, *Work Hazards and Industrial Conflict* (Hanover, NH: University Press of New England, 1981). 本章基于 19 世纪和 20 世纪第一和第二手资料展开广泛的定性分析。这些资料包括：法院判决、死亡条例、法律评论文章、律师指导手册、审判记录以及有关民事侵权和家庭法的论文。Francis B. Tiffany 有两个版本的 *Death by Wrongful Act* (St. Paul, MN: West Publishing Co., 1893, 1913)，提供了有关 19 世纪和 20 世纪早期有用的数据。Stuart M. Speiser 的 *Recovery for Wrongful Death* (New York: Lawyers Co-Operative Publishing Co., 1975) 一书为当代材料中广为研究的独立资源。法庭案例的选择依据英美案件索引和美国法律报告来进行。法律评论文章对于我们判定每一个历史时期的里程碑式或争议性决议很有帮助。研究者们对发展出人类生命精确的货币评估理论颇感兴趣，但这受到法院判决的否定。补偿公式被认为是矛盾的，缺乏分析性思维过程。Richard Zeckhauser, "Procedures for Valuing Lives, " *Public Policy* XXIII (Fall 1975) , P. 450. 的确，意外死亡的伤害由陪审团来确定，这里并不依赖于任何固定的数学公式。由于并不存在统一的死亡法案，法院判决在州际之间差别甚大。但是如果陪审团的裁断回避在生命价值与金钱价值之间建立精确的关联，那么这也就提供了重要的社会学信息。比如说，在决定儿童死亡补偿时，陪审团或明或暗地被儿童情感和经济价值的社会概念所引导。本章探寻的是这一概念的显著性改变。

9. 12 American State Reports 371 (1889) .
10. Gulf, C. & S.F. Ry. v. Brown, 33 Tex. Civ. App. 269, 76 S. W. 794. See also the early leading case of O'Mara v. Hudson River R. R., 38 N.Y. 445 (1868) . Pressman v. Mooney, 5 A. D. 121, 39 N.Y.S. 44 (1896) . Trial transcript, p. 22.
11. Little Rock &. F. S. Ry. v. Barker, 33 Ark. 350 (1878) .
12. Plummer v. Webb, 19 Fed. Cas. 894 (No. 11234) ; Shields v. Yonge, 15 Ga. 349 (1854). 另外两个儿童死亡案是 Ford v. Monroe 20 Wend 210 (1838) 和 James v. Christy, 18 Mo. 162 (1853). 在准许对儿童的死亡进行补偿的时候，法院通常引用主人在仆人意外死亡时的行动权利。在早期美国第五决议中，关注为妻子的死亡而诉讼的丈夫的权利。Cross v. Guthery 2 Root 90, 1Am. Dec. 61 (1794).
13. 参见 Tiffany, *Death by Wrongful Act*, pp. 196—207; 18 *English and American Annotated Cases* 1225—1231 (1911).
14. Louisville, N. A. & C. Ry. v. Rush, 127 Ind. 545, 26 N. E. 1010 (1891). 早期的先驱性案例关注女儿的死亡。在 Oldfield v. New York & H. R. R., 14 N. Y. 310 (1856) 一案中，一个六岁女孩的父母被补偿了 1 300 美元。在 Houghkirk v. Delaware & Hudson Canal Co., 92 N. Y. 219 (1883) 一案中，一个园丁和他的妻子因为失去了他们六岁的女儿得到了 5 000 美元。
15. Ihl v. Forty-Second St and G. S. F. R. R., 47 N. Y. 317 (1872) ; Oldfield v. New York and H. R. R. Co., 14 N.Y. 310 (1856) ; Lehman v. Brooklyn, 29 Barb. 234 (1859) ; Tiffany, *Death by Wrongful Act*, p. 198. 关于 19 世纪美国法院倾向于给年轻孩子提供赔偿的趋势，参见 "The Value of Children" 和 "The Pecuniary Value of Life and Limb, " 1 *University Law Review* 55 (1893).
16. Brunswig v. White, 70 Tex. 504, 8 S.W. 85 (1888) . 判决金额为 7 500 美元。

17. Cincinnati St Ry. v. Altemeier, 60 Ohio St. 10, 53 N.E. 300 (1899).

18. Chicago v. Major, 18 III 349 (1857). 同样参见 160 Pa. 647 (1894). 但是法院通常否决对受伤儿童的补偿，在电车或其他城市车道上的过失特征被界定为是双方共同的忽视。Silverman, *Law and Urban Growth*, p. 104.

19. Chicago &. N. W. Ry. v. Des Lauriers, 40 III. App. Ct 654 (1890). 1981 年在纽约的一项控诉决议中，州法院提供了对这种家庭照看的法律认定的现代版本。法院否定在年幼的兄弟姐妹的照看中存在人为疏忽的动机，它解释说，相信孩子对自己的兄弟姐妹好"可能是教导孩子承担责任或投入情感的一部分……就是这些'素材'将家庭捆绑在了一起"。Smith v. Sapienza, 52 N.Y. 2d 82, 417 N. E., 2d 530, 436 N.Y.S. 2d 236 (1981).

20. Potter v. Chicago & N.W. Ry., 21 Wis. 377 (1867).

21. "What is the Value of a Human Life in Dollars?" *New York Times*, July 1, 1906, III, p. 6. 同样参见 Miles M. Dawson, "Valuation in Actions for Damages for Negligence, of Human Life, Destroyed or Impaired, " *Proceedings of the Fourth International Congress of Actuaries* (New York: Actuarial Society of America, 1904), pp. 928—39; Erastus E. Holt, "Physical Economics, " *Journal of the American Medical Association XLVII* (July 21, 1906), pp. 194—203.

22. Graham v. Consolidated Traction Co., 62 N.J.L. 90: 40 A. 773 (1898), 64 N.J.L. 1044 A. 964 (1899), 65 N.J.L.539, 47 A. 453 (1900).

23. 21 *New Jersey Law Journal* 292, 349 (1898).

24. *Jersey City Evening Jouraal* July 21, 30, 1898, p. 4; Nov. 12, 1900, p.1; Jersey City News, Nov. 14, 1899, p. 3; Nov. 14, 1900, pp. 2, 23; *New Jersey Law Journal* 354 (1900).

25. *New York Times*, Jan. 15, 1895, p. 14. See Lee v. Publishers George Knapp & Co., 137 Mo. 385, 38 S.W. 1107 (1897 one-cent verdict), Silberstein v. Wm. Wicke Co., 22 N.Y.S. 170 (1892, six-cent award); Sceba v. Manistee Ry., 189 Mich 308, 155 N.W. 414 (1915, $71 award), Snyder v. Lake Shore &. Mich. S. Ry., 131 Mich. 418, 91 N.W. 643 (1902, $250 award); J. L. Bernstein, "Is It Cheaper to Kill?" 74 *New Jersey Law Journal* 113.

26. *New York Times* Jan. 23, 1899, p. 1.

27. Morris v. Metropolitan St. Ry., 51 A. D. 512, 64 N.Y.S. 878 (1900); *New York*

Times, May 12, 1900, p. 16; July 11, 1901, p. 12; Arnold v. State of New York, 163 App. Div. 253.
28. 64 N.Y.S. 880.
29. Morris v. Metropolitan, 审判记录, p. 20.
30. *New York Times*, May 12, 1900, p. 16; McGarr v. National & Providence Worsted Mills, 24 R.I. 447, 53 A. 320 (1902) ; Tiffany, *Death by Wrongful Act*, p. 358.
31. Sceba v. Manistee Ry., 189 Mich. 317, 155 N.W. 414 (1915) ; *Current Literature* 32 (Jan. 1902) : 5.
32. Louisville & Nash. R. R. v. Creighton, 106 Ky. 53, 50 S.W. 227 (1899) ; *Current Literature* 32 (Jan. 1902) : 6.
33. "The Value of a Child, " *Boston Morning Journal*, Nov. 20, 1901, p. 4.
34. Professor Walter Rauschenbusch, "Is the Baby Worth a Dollar?, " *Ladies' Home Journal* 27 (Oct 1, 1910) : 19.
35. McCleary v. Pittsburgh Rys., 47 Pa. Super. 366 (1911) , 否决了一项为一个 6 岁小孩提供 147 美元赔偿的判决。
36. Aaron Stern, "Action for Wrongful Death in New York, " 12 *New York University Law Quarterly Review* 390 (1935). 无论年龄，为交通事故中的受害者提供恰当赔偿都成为一个严肃的问题，参见 "Compensation for Automobile Accidents, A Symposium, "32 *Columbia Law Review* 785 (1932) .
37. Schendel v. Bradford, 106 Ohio St. 387. 140 N.E. 155 (1922). 关于儿童死亡案件的反应，参见 Stern, "Action for Wrongful Death in New York"; "Damages—Measure of Damages in Case of Death of Minor Child, " 13 *Virginia Law Review* 392 (1926—27) ; "Comments—Actions for Wrongful Death in Pennsylvania, " 2 *University of Pittsburgh Law Review* 167 (1936) ; "Death—Measure of Damages Under Wrongful Death Statutes—Elements of Compensation for the Death of a Minor Child, " 16 *Minnesota Law Review* 409 (1932) ; Leo V. Killian, "Wrongful Death Actions in California— Some Needed Amendments, " 25 *California Law Review* 170 (1936) ; "Damages: Recovery by a Parent for Wrongful Death of a Child, " 25 *California Law Review* 103 (1936) ; New York Law Revision Commission, *Reports, Recommendations, and Studies* 215 (1935) .

38. Louis I. Dublin and Alfred J. Lotka, *The Money Value of Man* (New York: Ronald Press, 1930), pp. 48—49 and chapter 3; William F. Ogburn, "The Financial Cost of Rearing a Child: Standards of Child Welfare," U. S. Children's Bureau Publication No. 60, 1919; George M. Crogan, "Value of Human Life in Dollars can be Expressed," *New Jersey Law Journal* 1, 1936. 关于早先对生命货币化权衡的反对，参见 Viviana A. Zelizer, *Morals and Markets: The Development of Life Insurance in the Untied States* (New York: Columbia University Press, 1979).

39. 见 "Ten Stories for Legislators," *The American Child* 7 (Mar. 1925): 1, 6—7. 有关非法雇佣的未成年人的补偿，见 Ellen Nathalie Matthews, "The Illegally Employed Minor and the Workmen's Compensation Law," U. S. Children's Bureau Publication No. 214, 1932. 雇主也维持着一个固定的额外赔偿计划，潜在地要低于伤害民事诉讼中的赔偿水平。

40. 58 W. Va. 216 (1905)，引自 Speiser, *Recovery for Wrongful Death*, p. 335. 该案涉及的是一个年长些的儿子，其父母在经济上有独立性。佛罗里达法案与宪法一致，立足于 Davis v. Florida Power Co., 64 Fla. 246 (1912).

41. Munro v. Pacific Coast Dredging Reclamation Co., 84 Calif. 515, 24 P. 303 (1890). 同样参见 Bond v. United Railroads, 159 Calif. 270 (1911) 以及 Wrongful Death Actions in California. 威斯康星州的法令准许总额"不超过 2 500 美元来赔偿友谊和陪伴的损失"，14 ALR 2d 499–500.

42. Winner v. Sharp, 43 So. 2d 634 (1949). 关于加利福尼亚和佛罗里达对伤害予以实质性补偿的趋势，参见 25 *California Law Review* 103 (1936) 以及 Ed Reichelt, "Damages—Measure of Damages Recoverable by Parents for Wrongful Death of Infant," 2 *Baylor Law Review* 350. Reichelt 注意到，"父母因为未成年孩子的死亡产生的损失……形成了一个独特的范畴和特殊的道德关注，非常明显地区别于其他的死亡要求权"。有关 1920 年代和 1930 年代民事侵权法对情感压力的重视，参见 G. Edward White, *Tort Law in America* (New York: Oxford University Press, 1980). 这里存在两种非货币损失：陪伴和安慰的损失，以及生者情感的苦恼和忧伤。

43. 关于在货币—损失赔偿州中更大的儿童死亡赔偿，见 New York Law Revision Commission; Briscoe B. Clark, *Law of Damages* II (New York: E. Thompson

Co., 1925); Dublin and Lotka, *The Money Value of a Man* (1946 ed.), p. 95; "Damages for the Wrongful Death of Children," 22 *University of Chicago Law Review* 538 (1955); 14 ALR 2d. 550 (1950); 22—3 NACCA *Law Journal* 123. 随着社会和法律的变迁，更具实质性赔偿的判决是渐进的；一些法院仍然提供名义上的赔偿额度。

44. 22 *University of Chicago Law Review* 544. 金钱的价值被添加到了"无用"儿童的身上，通常在评估损失的过程中会包含后货币利润。参见 Ginocchi v. Pittsburgh &. L.E.R. Co. 283 Pa. 378, 129 A. 323 (1925); 以及 Atkeson v. Jackson Estate, 72 Wash.233 (1913).

45. 19 Law Notes 63 (1915); Werpupp v. N.J. St. Ry.; Eastwood v. same, Essex Circuit Court, May 13, 1904. 参见 27 *New Jersey Law Journal* 172 (1904); *New York Times*, May 14, 1904, p. 1.

46. 见 19 *Law Notes* 63 以及 Louis I. Dublin, "Child Health Protection or Neglect: The Ultimate Cost to the Community," *Transactions of the Fourth Annual Meeting of the American Child Health Association* (Washington, D. C., 1927), p. 204.

47. New York Law Revision Commission, p. 61. 其他一些研究表明在儿童死亡中并不存在太大的性别差异。Michael O. Finkelstein, "Compensation for Wrongful Death," in *Quantitative Methods in Law* (New York: Free Press, 1978), p. 259 and Kathryn A. Belfance, "The Inadequacy of Pecuniary Loss as a Measure of Damages in Actions for the Wrongful Death of Children," 6 *Ohio Northern University Law Review*: 522. 1904 年新泽西的判决（而不是 1915 年的判决）部分地是由受害者的年龄导致的。因为他们是十几岁的青少年，法官以其未来收入来评估损失。成人赔偿数额上的性别差异，特别是男性工薪挣取者和家庭主妇之间的差额则很大。"Legal Worth of a Woman, By Sections and Entire," 48 *Albany Law Journal* 455 (1893); Thomas F. Lambert, "How Much is a Good Wife Worth?" 41 *Boston University Law Review* (19Ql).

48. Craig Spangenberg, "Proof of Damages for Wrongful Death—The Worthless Child," *Wrongful Death and Survivorship*, Report of the NACCA Sixth Circuit Regional Meeting and Seminar (Cincinnati, 1957). pp. 65—66; Thomas F. Lambert, "History and Future," 同上，p. 22. 案子为 Courtney v. Apple, 345

Mich. 223, 76 N.W. 2d 80 (1956).

49. NACCA *Law Journal* 26—27, pp. 211—12. 见 Wycko v. Gnodtke, 361 Mich. 331, 105 N.W. 2d 118 (1960).

50. Hoyt v. United States, 286 F.2d 356 (5th Cir., 1961). 关于 1971 年州法院通过法案或法官判决为道德痛苦或陪伴损失的赔偿许可，见 Speiser, *Recovery for Wrongful Death* I, pp. 308—37. 这些儿童死亡案件的独特性进一步被华盛顿州和俄克拉何马州所认识，它们修改了死亡法案，包含了对父母－孩子关系损害的修复。参见 Ellen M. Hamilton, "Wrongful Death of Children in Oklahoma: Statutory Expansion of Recoverable Damages," 11 *Tulsa Law Journal* 98 (1975). 儿童伤害案件的趋势与之相似。Jean C. Love, "Tortious Interference with the Parent-Child Relationship: Loss of an Injured Person's Society and Companionship," 51 *Indiana Law Journal* 590 (1976).

51. Pagitt v. Keokuk, 206 N.W. 2d. 700 (1973)，引自 Speiser, *Recovery for Wrongful Death* 1, p. 515. 经济学家会将儿童未来的所得纳入到对其价值的衡量，而老师也会将孩子的学术"素质"纳入其中。

52. 20 Am. Jur. Trial 697, Allan R. Earl, "The Wrongful Death of a Child," *Trial Diplomacy Journal* 4 (Fall 1981): 37. 同样参见 Leonard Decof, "Damages in Actions for Wrongful Death of Children," 47 *Notre Dame Lawyer* 197 (1971).

53. 20 Am. Jur. Trial 723.

54. Seabord Air Line R. R. v. Gay, 201 So. 2A 241 (1967). 更早些的法案通常规定，在父亲"或死，或抛弃其家庭，或被关入监狱"的情况下，母亲将获得损害补偿。目前的法案则将父亲也包含进了受益人之列。Tiffany, *Death by Wrongful Act*; Speiser, *Recovery for Wrongful Death*, II, pp. 146—47.

55. 251 So. 2d. 18 (1971); Speiser, *Recovery for Wrongful Death* I, p. 335, fn. 36. On Green v. Bittner, 85 N.J. 1, 424 A. 2d. 210, see 7 *Family Law Reporter* 1 (1981). 还见于 Charles R. Johnson, "Wrongful Death and Intellectual Dishonesty," 16 *South Dakota Law Review* 37 (1971); Belfance, "The Inadequacy of Pecuniary Loss".

56. Finkelstein, "Compensation for Wrongful Death," p. 257.

57. Pual Brennan, "Monetary Compensations of Death," *Society* 17 (Nov.-Dec. 1979), p. 62; Simmel, *Philosophy of Money*.

58. Institute of Civil Law, Central Political Juridical Cadre's Shool 339, 引自 Harvey McGregor, "Personal Injury and Death, " *International Encyclopedia of Comparative Law XI*, chapter 9, pp. 20, 103—4.
59. Warren C. Shrempp, "Death of a Child, " Proceedings, Nebraska State Bar Association, 重印于 47 *Nebraska Law Review* 389 (1968). 有关儿童死亡案件中陪审团判决争议的方面，参见 William J. Weinstein, "Jury Verdicts-Excessive or Inadequate, "39 *Michigan SBLJ* 15 (1960) .
60. Lambert, "Damages for Wrongful Death, " p. 308; 20 Am. Jur. Trial, 681.
61. 同上，p. 682.
62. *New York Times*, May 29, 1911, p. 1; Nov. 17, 1909, p. 6.
63. Henri et León Mazeaud and André Tunc, *Traité Théorique et Pratique de la Responsabilité Civile Délictuelle et Contractuelle*, 5th ed. (Paris: Editions Montchrestien, 1957) pp. 390, 392 (personal translation) . 有关道德伤害，参见 Robert H. Brebbia, *El Daño Moral* (Rosario, Argentina: Orbir, 1967) ; Stuart M. Speiser 和 Stuart S. Malawer, "An American Tragedy: Damages for Mental Anguish of Bereaved Relatives in Wrongful Death Actions, " 51 *Tulane Law Review* 1 (1976) . Simmel, *Philosophy of Money*, p. 357.
64. Stanley B. Kent, "Damages in Wrongful Death Actions, " 17 *Clev-Mar. Law Review* 238. 有关儿童死亡案件中迈向更大判决的持续趋势，参见 30 NACCA *Law Journal* 195—98; 49 ALR 3d 935.
65. Fischer, *Los Daños Civiles*, p. 256; Mazéaud and Tunc, *Traité Théorique*, pp. 396—97; Max Le Roy, *Evaluation du Préjudice Corporel* (Paris: Librairies Techniques, 1966) , pp. 105, fn. 19; 112; McGregor, "Personal Injury and Death, " pp. 20, 113—114. 同样参见 Simmel, *Philosophy of Money*, pp. 273, 406.
66. Am. Jur. Trial 721, 726.
67. Decof, "Damages in Actions, " p. 207; 20 Am. Jur Trial 588. 有关情感的社会规制，参见 Arlie R. Hochschild, "Emotion Work, Feeling Rules, and Social Structure, " *American Journal of Sociolgy* 85 (Nov. 1979) : 551—75.
68. 22 *University of Chicago Law Review* 549. 退休老人的意外死亡为儿童死亡的诉讼提供了一个非常强的比照。对于这些上了年纪的人，法院可以参考其过去收入的记录、社会保险的收益或个人养老金计划以及家庭责任等。参见 52 ALR 3d. 289; 81 ALR 2d. 949; 13 POF 2d. 197; Speiser, *Recovery for Wrongful Death* II, pp. 64—67.
69. Simmel, *Philosophy of Money*, p. 369.
70. Custodio v. Bauer, 251 C.A. 2d. 303, 59 Cal. Rpt. 463 (1967). Christensen v. Thornby 192 Minn 123, 255 N.W. 620 (1934). 存在一些非常的历史先例将孩子的出生转变为一件有利可图的事。在18世纪英国保险狂热之际，一些公司为孩子的生养投保。Barry Supple, *The Royal Exchange Assurance*（London: Cambridge University Press, 1970), p. 9.
71. Terrell v. Garcia, 496 S. W. 2d. 124, (Tex. Civ. App. 1973); 192 Minn. 123; 64 Wash. 2d. 247 (1964). 同样参见 Shaheen v. Knight, 11 Pa. D &. C. 2d.41 (1957), 在此，以公共政策为基础，补偿被否决了。一些法院规定的儿童经济成本与其情感收益的合法的差异，导致了一种不可接受的代孕父母关系，这里父母获得了他们的孩子，代孕者及医师付出了成本。83 ALr 3d. 48. in Coleman v. Garrison, 349 A. 2d. 8 (Del.1975)，通过限定怀孕花费带来的损失，儿童价值的测量得以避免。
72. 见 83 ALR 3d. 24; Alexander M. Capron, "Tort Liability in Genetic Counseling," 79 *Columbia Law Review* 618, at 632, fn. 52. 有三种有关"儿童生命"的诉讼行为:（1）由于粗心大意的避孕所导致的情形，父母控告生出健康但"并不想要"的孩子;（2）因为失于怀孕诊断从而未能及时堕胎导致残障儿童的出生，这种情况诉请一定的补偿;（3）孩子自身提出控告，认为自己是被错误地生了下来。我的分析限于"并不想要"的健康孩子的意外出生。
73. Troppi v. Scarf, 31 Mich. App. 240, 187 N.W. 2d 511 (1971).
74. Gerald B. Robertson, "Civil Liability Arising from 'Wrongful Birth' Following an Unsuccessful Sterilization Operation," 4 *American Journal of Law and Medicine* 156 (1978—79); 一些法庭坚持以这样的方式来评判意外出生的合适界定："不是因为被认为不想要或不被爱，而是因为未作计划。"Jackson v. Anderson, 230 So. 2d. 503 (1970).
75. Thomas J. Miller, "Redressing a Blessing: The Question of Damages for Negligently Performed Sterilization Operations," 33 *University of Pittsburgh Law Review* 886 (1972). 同样参见 Dierdre A Burgman, "Wrongful Birth Damages: Mandate and Mishandling by Judicial Fiat,"13 *Valparaiso University Law*

Review 127, at 153, fn. 173。在意外出生案件中，孩子数量降低了价值，比如说，在 Norton v. Argonaut Ins. Co., 144 So. 2d. 249 (1962) 一案中，一个三个月大女婴的损害被减轻为"父母已有另外三个健康的孩子，而他们还未到不能新增一个孩子的地步"。

76. Lynn G. Carey, "Wrongful Conception as a Cause of Action and Damages Recoverable, " 44 *Missouri Law Review* 595.

6　从育婴所到婴儿黑市：儿童市场的变迁

1. *New York Times*, Sept. 6, 1873, p. 4.
2. Mona Gardner, "Traffic in Babies, " *Collier's* 104 (Sept. 16, 1939) : 14.
3. Elizabeth Frazer, "We Have Done It!, " *Saturday Evening Post* 202 (June 21, 1930) : 59, 161.
4. 有关学徒生涯及合同，参见 Homer Folks, *The Care of Destitute, Neglected and Delinquent Children* (New York: Macmillan, 1902) , pp. 3, 8; Grace Abbott, *The Child and the State* I (Chicago: University of Chicago Press, 1938) , pp. 189—94; Robert H. Bremner, ed., *Children and Youth in America* I (Cambridge, MA: Harvard University Press, 1971) , pp. 103—7, 262—63; Edmund S. Morgan, *The Puritan Family*, (New York: Harper & Row, 1966) , pp. 75—77; Joseph F. Kett, *Rites of Passage*, (New York: Basic Books, 1977) , pp. 17—18.
5. Folks, *The Care*, pp. 39, 64; David M.Schneider, *The History of Public Welfare in New York State, 1609—1866*, (Chicago: University of Chicago Press, 1938) , p. 181; Susan Tiffin, *In Whose Best Interest?* (Westport, CN: Greenwood Press, 1982) , pp. 70—71.
6. 有关纽约和其他儿童援助协会，参见 Hastings H. Hart, *Preventive Treatment of Neglected Children* (New York: Russell Sage Foundation, 1910) , pp. 145—193; Miriam Z. Langsam, *Children West* (Madison, WI: State Historical Society of Wisconsin, 1964) ; Catherine J. Ross, "Society's Children: The Care of Indigent Youngsters in New York City, 1875—1903", 博士论文, Yale University, 1977. 有关加拿大的不列颠儿童安置项目，参见 Joy Parr, *Labouring Children* (London:

Croom Helm, 1980).

7. 引自 Henry W. Thurston, *The Dependent Child* (New York: Columbia University Press, 1930), p. 101.
8. Ross, "Society's Children," p. 130; Langsam, *Children West*, p. 25.
9. Bruce Bellingham, "Little Wanderers: A Socio-Historical Study of the Nineteenth Century Origins of Child Fostering and Adoption Reform, based on Early Records of the New York Children's Aid Society", 博士论文, University of Pennsylvania, 1984, p. 119. 该研究提供了对纽约儿童援助协会一个富有洞见的修正主义的解释。
10. 参见 Peter Romanofsky, "Saving the Lives of City's Foundings," *New York Historical Society Quarterly* 61 (Jan.-Apr. 1972): 49—68; Roger Lane, *Violent Death in the City* (Cambridge, MA: Harvard University Press, 1979), pp. 90—100; Paul A. Gilje, "Infant Abandonment in Early Nineteenth-Century New York City: Three Cases," *Signs* 8 (Spring 1983): 580—90. 有关堕胎的社会阶级差异, 参见 James C. Mohr, *Abortion in America* (New York: Oxford University Press, 1978), pp. 93—98.
11. Mary Boyle O'Reilly, "The Daughters of Herod," *New England Quarterly* 43 (Oct 1910): 143. 该文基于新汉普郡儿童农场的调查, 提供了一种非同寻常的视角来看待该项生意。虽然该项调查是在1910年做的, 但是报告反映了儿童农场主传统的实践方式。
12. "Baby-Farming Practices," *New York Times*, July 22, 1880, p. 5. 一些儿童农场还为未婚妈妈提供分娩和母亲之家之类的服务。
13. O'Reilly, "The Daughters of Herod," pp. 144—45.
14. New York Society For the Prevention of Cruelty to Children, 15th *Annual Report*, 1890, p. 32.
15. New York. State Board of Charities. Thirty-first Annual Report, 1897 (New York, 1898), 引自 Bremner, *Children and Youth in America* II, p. 316. 也许是为了捍卫一种额外的优秀品质, 以惩罚非法婴儿的出生, 谴责不道德行为。为了一定的费用, 儿童之家协会纽约分部也从公共或私人代理机构那里接收儿童并将他们安置在认养的家庭之中。
16. *Children's Home Finder* 5 (July 1897): 29; Robert W. Hebberd, "Placing Out

Children: Dangers of Careless Methods," *Proceedings of the 26th National Conference of Charities and Correction*, 1899, p. 176.

17. Homer Folks, "Family Life for Dependent Children," in Anna Garlin Spencer and Charles Wesley Birtwell, eds, *The Care of Dependent, Neglected and Wayward Children* (Baltimore, MD: Johns Hopkins Press, 1894), p. 76.
18. *Proceedings of a Conference on the Care of Dependent and Delinquent Children* (New York: State Charities Aid Association, 1893), p. 33.
19. William Pryor Letchworth, "Report on Pauper and Destitute Children," in *Homes of Homeless Children* (Albany, NY, 1876), p. 12.
20. *New York Times*, Sept. 6, 1873, p. 4. "Baby Butchery,"《纽约时报》第一篇有关儿童农场化的编者按，见于 Aug. 29, 1872.
21. "Slaughter of the Innocents," *New York Times*, Aug. 6, 1874, p. 4.
22. New York Society for the Prevention of Cruelty to Children, 15th *Annual Report*, 1890, p. 31.
23. "Baby-Farming Practices," *New York Times*, July 22, 1880, p. 5. 在 1880 年代至 1890 年代间建立的日间托儿所主要是为那些有工作的母亲们照看小孩，但这在劳工母亲群体中并不盛行。Sheila M. Rothman, *Woman's Proper Place* (New York: Basic Books, 1978), pp. 89—90.
24. Robert H. Bremner, "The Children with the Organ Man," *American Quarterly* 8 (1956) : 277—82. 参见 NYSPCC, 15th *Annual Report*, 1890, p. 31. 关于英格兰反儿童农场运动的精彩分析，参见 George K. Behlmer, *Child Abuse and Moral Reform in England, 1870—1908* (Stanford, CA: Stanford University Press, 1982), chapter 2.
25. *Proceedings of the 29th National Conference of Charities and Correction*, 1902, p. 404. 但是机构通常难于安置。1923 年美国调查局针对儿童安置的一项报告发现，64.2% 的无依无靠、遭受忽视的被照管儿童仍然滞留于收容所之中。有关 20 世纪之交，机构支持者和领养家庭倡导者之间的争议，参见 Martin Wolins and Irving Piliavin, *Institution or Foster Family—A Century of Debate* (New York: Child Welfare League of America, 1964).
26. *Children's Home Finder* 5 (Apr.-May, 1897) : 21.
27. Rev. M. T. Lamb, *The Child and God* (Philadelphia, PA: American Baptist

Public Society, 1905), p. 66.
28. 同上。
29. *Children's Home Finder* 10 (Feb. 1902) : 7, *Delineator* 73 (Mar. 1909) : 508.
30. Bellingham, "Little Wanderers, " p. 68.
31. 引自 Abbot, *The Child and the State* II, P. 39.
32. Edward T. Hall, "Destitute and Neglected Children, " *Proceedings of the 26th National Conference of Charities and Correction*, 1899, pp. 183—84.
33. Martha P. Falconer, *Proceedings of the Conference on the Care of Dependent Children* (Washington: U. S. Government Printing Office, 1909), p. 13. 关于仆人问题，参见 David M. Katzman, *Seven Days a Week* (New York: Oxford University Press, 1978), Chapter 6.
34. O'Reilly, "The Daughters of Herod, " pp. 138, 146.
35. Albert S. White, "Reclamation of Children, " *Proceedings of the 14th Annual Conference of Charities and Correction*, 1887, p. 237.
36. *Children's Home Finder* 11 (Oct. 1903). 同样参见 N. Y. State Charities Aid Association, *Annual Report*, 1900, p. 17.
37. Lamb, *The Child and God*. pp. 84—85.
38. John N. Foster, "Ten Years of Child-Saving Work in Michigan, " *Proceedings of the 11th National Conference of Charities and Correction*, 1884, p. 141.
39. Hart, *Preventive Treatment*, p. 244. 对于常规儿童劳动力来说，农活通常被归类为"好"工作。
40. Children's Home Finder 12 (Feb 1904) : 10.
41. Sophie Van Senden Theis and Constance Goodrich, *The Child in the Foster Home* (New York: New York School of Social Work, 1921), p. 83.
42. "Bound Out, " *Survey* 56 (Apr.-Sept. 1926) : 458. 参见 *Children Indentured By The Wisconsin State Public School*, U. S. Children's Bureau Publication No. 150, 1925. 有关领养孩子的劳动是很难规制的，因为它首先牵涉到家庭劳动和农场劳动，这两个领域都不受童工立法的保护。
43. Thurston, *The Dependent Child*, p. 136.
44. Homer Folks, "Why Should Dependent Children Be Reared in Families Rather Than In Institutions?" *Charities Review* 5 (Jan. 1896) : 141.

45. Katherine P. Hewins, "The Child in the Foster Home, " *Survey* 47 (Mar. 18, 1922) : 964.
46. Theis and Goodrich, *The Child in the Foster Home*, p. 85. 花钱有利于阻止领养孩子犯罪的可能性也作了介绍。*Child Welfare League of America Bulletin* 7 (June 15, 1928) : 4.
47. *The A B C of Foster-Family Care for Children*, U.S. Children's Bureau Publication No. 216, 1933 (first published 1929) ; Katharine P. Hewins and L. Josephine Webster, *The Work of Child-Placing Agencies*, Bureau Publication No. 171, 1927, p. 66—67.
48. *The Child in the Foster Home*, p. 83; Ruth Berolzheimer and Florence Nesbitt, *Child Welfare in New Jersey*, U. S. Children's Bureau Publication No. 175, 1927, pp. 58—59.
49. Miller v. Pelzer, 159 Minn. 375, 199 N. W. 97 (1924) , 9 *Minnesota Law Review* 76 (Dec. 1924) ; *Law Notes* (Jan. 1925) , p. 193; 2 *New York Law Review* 480 (1924) .
50. Fifth Annual Report of the Board of Charities of Massachusetts, January, 1869, 引自 Abbot, *The Child and the State* II, p. 39.
51. Folks, "Family Life for Dependent Children, " p. 78.
52. Herbert W. Lewis, "Terms on Which Children Should Be Placed in Families, " *Proceedings of the 21st National Conference of Charities and Correction*, 1894, pp. 141—42.
53. Edwin D. Solenberger, "Standards of Efficiency in Boarding-Out Children, " *Proceedings of the National Conference on Charities and Correction* 1914, p. 182.
54. C. H. Pemberton, "The Boarding System for Neglected Children, " *Proceedings of the 21st National Conference on Charities and Correction* 1894, pp. 138—39. 膳宿之家还表明了另外一种选择，否则父母会因为经济和健康的问题，将他们的孩子放置到机构之中。
55. Lamb, *The Child and God*, pp. 50, 59.
56. Charles L. Brace, "Placing Out' Plan for Homeless and Vagrant Children, " Proceedings of the National Conference of Charities and Correction, 1876, p. 254.

57. Adelaide A. Calkings, "Boarding Out of Dependent Children in Massachusetts," 引自 Bremner, *Children and Youth in America* II, p. 322.
58. Anne B. Richardson, "The Massachusetts System of Placing and Visiting Children," *Proceedings of the 7th Annual Conference of Charities and Correction*, 1880, p. 198.
59. Pemberton, "The Boarding System for Neglected Children," p. 137.
60. W. H. Slingerland, *Child Placing in Families* (New York: Russell Sage Foundation, 1919), p. 222.
61. C. C. Carstens, Annual Report, Child Welfare League of America Annual Report, 1922—1923, cited in *Foster Home Care for Dependent Children*, p. 11。代理机构同样支持给膳宿之家提供贴补，因为这给他们以更大的权力选择和监控领养家庭。
62. Anne O'Hagan, "The Biography of a Foundling," *Munsey's Magazine* 25 (June 1901): 313—34. 将孩子膳养于外——被当作降低机构中较高婴儿死亡率的一种手段——在19世纪是贴补性领养体系的先驱。在1902年，一位非常著名的儿童专家——Henry Dwight Chapin 设置了 Speedwell 体系，给那些在膳宿之家有需要的孩子以医师和护士的密切照看。
63. Jacob A. Riis, *How the Other Half Lives* (New York: Dover, 1971, 1890), p. 146.
64. Katharine Anthony, *Mothers Who Must Earn* (New York: Survey Associates, 1914), p. 160.
65. New York State Charities Aid Association, *Annual Report*, 1905, pp. 46—47.
66. Ibid., p. 48; Lillian D. Wald, *Boarded-Out Babies* (New York: State Charities Aid Association, 1907).
67. Mary E. Boretz, "The Child in the Boarding Home," in *Foster Home Care For Dependent Children*. pp. 58—59; *The A B C of Foster-Family Care for Dependent Children*, p. 11.
68. 马萨诸塞州是个例外；该州不仅在贴补之家的采用方面走在前面，而且基于此进一步展开对无依无靠儿童的长期和短期照看。
69. *New York Times*, Feb. 5, 1921, p. 5. 显然，欺骗丈夫让其相信收养的孩子是他们的亲生孩子的确非同寻常。比如，参见 Lillian Gaitlin, "Adopting a Baby,"

Sunset 46 (Feb. 1921) : 83.
70. *New York Times*, Oct. 25, 1926, p. 18.
71. C. D. Gibson, "When a Child Adopts You, " *Good Housekeeping* 85 (July 1927) : 133.
72. R. Shaffer, "Child Movie Stars Make Millions—For Others, " *Chicago Sunday Tribune*, July 18, 1937. 卷宗出自纽约公共图书馆表演艺术研究中心。同样参见，"Movie Star's Adoption, " *Law Notes* (Now. 1939) , pp. 20—21.
73. Elizabeth Frazer, "The Baby Market, " Saturday Evening Post 202 (Feb. 1, 1930) , p. 88.
74. Robert Grant, "Domestic Relations and the Child, " *Scribner's Magazine* 65 (May 1919) : 527. 收养最初并没有存在于普通法中。美国第一个收养法案是马萨诸塞州在1851年通过的，它随后成了其他州的模式，参见 Jamil S. Zainaldin, "The Emergence of a Modern Adoption Law: Child Custody, Adoption and the Courts, 1796—1851, " 73 *Northwestern University Law Review* 1038—89 (1979) ; Stephen B. Presser, "The Historical Background of the American Law of Adoption, " 11 *Journal of Family Law* 443—556 (1971) .
75. *New York Times*, May 8, 1927, VII, p. 14. 参见 "Moppets on the Market: The Problem of Unregulated Adoptions, " 59 *Yale Law Journal* 716 (1950). 该增加不仅在于无关系社会成员的领养行为，而且在于亲戚间的领养行为，特别是继父继母的领养行为。到了1962年，1923年替代照看无依无靠儿童的统计情况反转过来：69%的这些孩子接受的是家庭照看（领养之家或膳宿之家），只有31%是在机构之中。Wolins and Piliavin, *Institution or Foster Family*, pp. 36—37.
76. *New York Times*, Mar. 17, 1923, p. 9; Jan. 20, 1925, p. 19; Dorothy Dunbar Bromley, "Demand for Babies Outruns the Supply, " *New York Times Magazine*, Mar. 3, 1935, p. 9.
77. Ada Patterson, "Giving Babies Away, " *Cosmopolitan* 39 (Aug. 1905): 411.
78. *New York Times*, July 7, 1925, p. 1; Aug. 5, 1925, p. 1; Aug. 10, 1925, p. 1.
79. Alice M. Leahy, "Some Characteristics of Adoptive Parents, " *American Journal of Sociology* 38 (Jan. 1933) : 561—62; Sophie Van Senden Theis, *How Foster Children Turn Out* (New York: State Charities Aid Association, 1924) , pp. 60—

63. 有关 1920 年代和 1940 年代英国较高阶级领养父母的增长，参见 Nigel Middleton, *When Family Failed* (London: Victor Gollancz, 1971), p. 240.

80. Arno Dosch, "Not Enough Babies To Go Around," *Cosmopolitan* 49 (Sept. 1910): 431.

81. Spence Alumnae Society, *Annual Report*, 1916, p. 37; Judd M. Lewis, "Dealing in Babies," *Good Housekeeping* 58 (Feb. 1914): 196; *New York Tribune*, 引自 "Cradles Instead of Divorces," *Literary Digest* 77 (Apr. 14, 1923), p. 36; Vera Connolly, "Bargain-Counter Babies," *Pictorial Review* 38 (Mar. 1937), p. 17. 斯宾斯托儿所以及艾丽丝·谢宾收养托儿所，分别组建于 1909 年和 1910 年，成为安置婴儿的领导性代理机构。

82. "Blue-Eyed Babies," *New York Times*, Jan. 17, 1909, VI, p. 7.

83. Mabel P. Daggett, "The Child Without a Home," *Delineator* 70 (Oct. 1907): 510.

84. Dosch, "Not Enough Babies to Go Around," p. 434; Carolyn C. Van Blarcom, "Our Child-Helping Service," *Delineator* 95 (Nov. 1919): 34; *New York Times*, Mar. 12, 1927, p. 3.

85. Hastings H. Hart, *Proceedings of the 29th National Conference of Charities and Correction*, 1902, p. 403.

86. Spence Alumnae Society, *Annual Report*, 1916, p. 38.

87. Frederick A. Given, "Bargains in Babies," *Canadian Magazine* 83 (Apr. 1935): 30; Frazer, "The Baby Market," pp. 25, 86. 关于领养中女孩偏好的分析，参见 H. David Kirk, "Differential Sex Preference in Family Formation," *Canadian Review of Sociology and Anthropology* I (Feb. 1964): 31—48; Nancy E. Williamson, *Sons or Daughters*, (Beverly Hills, CA: Sage, 1976), pp. 111—15.

88. Josephine Baker, "Choosing a Child," *Ladies' Home Journal*, 41 (Feb. 1924): 36.

89. Grant, "Domestic Relations," p. 527, in Tiffin, *In Whose Best Interest?*, pp. 269—70.

90. Gatlin, "Adopting a Baby," p. 84; Ida Parker, *"Fit and Proper"? A Study of Legal Adoption in Massachusetts* (Boston, MA: Church Home Society, 1927), p. 18. 一种针对非法儿童的更宽容的态度相应而生，因为大多数可收养的孩子

都是出生于婚姻之外。

91. Honore Willsie, "When Is a Child Adoptable?," *Delineator* 95 (Dec. 1919) : 35; Honore Willsie, "Not a Boy, Please!," ibid., (July 1919) : 33.
92. Mary Buell Sayles, *Substitute Parents* (New York: Commonwealth Fund, 1936), p. 17.
93. *New York Times*, May 8, 1927, VII, p. 14.
94. George Walker, *The Traffic in Babies* (Baltimore, MD: Norman Remington Co., 1918), p. 151.
95. 同上, pp. 130, 136, 153. 同样参见 Carrington Howard, "Adoption by Advertisement," *Survey* (Dec. 11, 1915) : 285—86。
96. Dosch, "Not Enough Babies To Go Around," p. 435; W. Almont Gates, "Caring For Dependent Children in California," *Proceedings of the 40th National Conference of Charites and Correction*, 1913, p. 309; Arthur Alden Guild, *Baby Farms in Chicago* (Chicago: Juvenile Protective Association, 1917), pp. 24—25.
97. *New York Times*, Apr. 9, 1922, IX, p. 12; Apr. 16, 1922; II, p. 8; Mar. 11, 1923, VIII, p. 14, and NY State Charities Aid Association, *Annual Report*, 1922, p. 20.
98. Parker, *Fit and Proper*, p. 31; Arlien Johnson, *Public Policy and Private Charity* (Chicago: University of Chicago Press, 1931), p. 73.
99. Ernest K. Coulter, "The Baby Farm and its Victims," *National Humane Review* 14 (Jan. 1926) : 3—4; *New York Times*, May 8, 1925, p. 1; May 9, 1925, p. 1; May 21, 1925, p. 1, July 16, 1925, p. 21; July 23, 1925, p. 1.
100. 同上, Apr. 9, 1922, IX, p. 12; Apr. 16, 1922, II, p. 8. 关于儿童安置专业化的很好的概述, 见 Tiffin, *In Whose Best Interest?*, pp. 253—80.
101. *New York Times*, July 23, 1925, p. 1.
102. Parker, *Fit and Proper*, p. 29; Josephine Nelson, "Would You 'Bootleg' a Baby?," *Independent Woman* 15 (Feb. 1936) : 43. 关于儿童安置的规范和收养法, 见 Abbott, *The Child and the State*, II, pp. 17—21; Emelyn Foster Peck, *Adoption Laws in the United States*, U. S. Children's Bureau Publication No. 148, 1925.
103. Connolly, "Bargain-Counter Babies," p. 96.

104. Francis Lockridge, *Adopting a Child* (New York: Greenberg, 1947), p. 7; "Moppets on the Market," p. 715, fa 2, *New York Times*, Jan. 2, 1945, p. 22.
105. Hearings before the Subcommittee to Investigate Juvenile Delinquency of the Committee on the Judiciary. United States Senate. 84th Congress. First Session, 1955, pp. 9, 153.
106. Paul Popenoe, *The Conservation of the Family* (Baltimore, MD: Williams & Wilkins, 1926), p. 95. Wilson H. Grabill, Clyde V. Kiser, and Pascal K. Whelpton, "A Long View," in Michael Gordon, *The American Family in Social-Historical Perspective* (New York: St. Martin's Press, 1973), pp. 393—94, 该书注意到1910年之后，无心的不育在逐渐增加。同样参见，Nancy J. Davis, "Childless and Single-Childed Women in Early Twentieth-Century America," *Journal of Family Issues*, 3 (Dec. 1982): 431—58.
107. Henry F. and Katharine Pringle, "Babies for Sale," *Saturday Evening Post* 224 (Dec. 22, 1951), p. 11. 黑市销售的隐秘性和快捷性也让未婚妈妈感到有吸引力。关于母亲抚恤金运动，参见David M. Schneider and Albert Deutsch, *The History of Public Welfare in New York State, 1867—1940*, pp. 180—99. 对非法儿童高婴儿死亡率的新的关注进一步推动人们设立一些项目来阻止婴儿和他们的未婚妈妈的分离。*The Welfare of Infants of Illegitimate Birth in Baltimore*, U. S. Children's Bureau Publication No. 144, 1925; A. Madorah Donahue, *Children of Illegitimate Birth Whose Mothers Have Kept Their Custody*, U. S. Children's Bureau Publication, No. 190, 1928。
108. 残障和少数族裔儿童也被排除在收养市场之外。只是在最近，一些代理机构才开始严肃地考虑对这些儿童的收养问题。Barbara Joe, *Public Policies Toward Adoption* (Washington, D. C.: Urban Institute, 1979), p. 6. 同样参见，David Fanshel, *Study in Negro Adoption* (New York: Child Welfare League of America, 1957).
109. Hearings before the Subcommittee on Children and Youth of the Committee On Labor and Public Welfare, 94th Congress, 1st Session (1975), pp. 142—45.
110. *New York Times*, Nov. 11, 1934, IV, p. 5.
111. Mona Gardner, "Traffic in Babies," *Collier's* 104 (Sept. 16, 1939): 43.
112. Elisabeth M. Landes and Richard A. Posner, "The Economics of the Baby

Shortage," 7 *Journal of Legal Studies* 339 (June 1978). 代理机构和独立收养绩效之间的相似性，参见 Joe, *Public Policies Toward Adoption*, pp. 48—49; Daniel G. Grove, "Independent Adoption: The Case For the Gray Market," 13 *Villanova Law Review* 123—24 (1967).

113. Hearings Before the Subcommittee on Children and Youth (1975), pp. 2, 3, 580.
114. 参见 Margaret V. Turano, "Black-Market Adoptions," 22 *Catholic Lawyer* 54—56 (1976), "Moppets on the Market," pp. 732—34.
115. Bernard Barber, "The Absolutization of the Market: Some Notes on How We Got From There to Here," in G. Dworkin, G. Bermant and P. Brown,eds., *Markets and Morals* (Washington, D. C.: Hemisphere, 1977), p. 23.
116. Statement by Joseph H. Reid, Executive Director, Child Welfare League of America, in Hearings Before the Subcommittee on Children and Youth (1975), p. 19.
117. "Moppets on the Market," p. 715.
118. Hearings Before the Subcommittee on Children and Youth (1975), p. 4.
119. "Survey of New Jersey Adoption Law," 16 *Rutgers Law Review* 408 (1962) fn 34; Grove, "Independent Adoption," p. 127. 独立的收养的"灰色市场"被认为是对通常高度官僚化和过度劳累化的代理机构的一个必要补充。Robert H. Mnookin, *Child, Family and State* (Boston: Little, Brown, 1978), pp. 621—22. 独立安置的数量明显在萎缩，在1945年只有1/4的非亲属收养是由权威化的儿童安置代理机构操办的，到了1971年，大概80%的非亲属收养是由这些机构安排的。Joseph L. Zarefsky, "Children Acquire New Parents," *The Child* 10 (Mar. 1946): 143.
120. 读者来信, *Child Welfare League of America Bulletin* 20 (Dec. 1941): 9.
121. Georg Simmel, *The Philosophy of Money* (London: Routledge & Kegan Paul, 1978), p. 373.
122. Dorothy Canfield, "Children Without Parents," *Woman's Home Companion* 66 (May 1939): 48.
123. *Child Welfare League of America Bulletin* 20 (Nov. 1941): 9.
124. C. Rollin Zane, "Financial Practices of Children's Agencies," *Child Welfare*

League of America Bulletin 25 (Oct. 1946) : 5.

125. Sybil Foster, "Fees for Adoption Service, " *Child Welfare League of America Bulletin* 26 (May 1947) : 11.

126. Michael Shapiro, *Fees in Adoption Practice* (New York: Child Welfare League of America, 1956), p. 12; Eilene F. Corsier, "Fees for Adoption Service, " in I. Evelyn Smith, *Readings in Adoption* (New York: Philosophical Library, 1963), pp. 381—82. 1975年公共代理机构征收的收养费平均为200美元至400美元之间，而州许可的私立机构则征收450美元至900美元。Turano, "Black-Market Adoptions, " p. 51, fn. 17.

127. 参见"Cost Plus Service, " *Child Welfare League of America Bulletin* (Mar. 1945) : 12, 以及"Board Rates-Agency Payments for Foster Care, "同上（Sept. 1945）: 12. 劳工阶级家庭或免费的领养之家越来越多地使用膳宿之家。关于此，参见 Helen Glenn Tyson, "Care of Dependent Children, " American Academy of Political and Social Science, *Annals* 212 (Nov. 1940) : 173; Alfred Kadushin, *Child Welfare Services* (New York: Macmillan, 1976), p. 425.

128. Lockridge, *Adopting a Child*, pp. 61—63.

129. Joseph Goldstein, Anna Freud, Albert J. Solnit, *Beyond the Best Interests of the Child* (New York: Free Press, 1979) ; Kadushin, *Child Welfare Services*, p. 419; Rosemarie Carbine, *Foster Parenting: An Updated Review of the Literature* (New York: Child Welfare League of America, 1980), pp. 2, 30—31; Mnookin, *Child, Family and State*, p. 536, fn. 40; Joe, *Public Policies Toward Adoption*, pp. 27—28. 关于领养照看中利他主义和自利的非同寻常的混合，见Richard M. Titmuss, *The Gift Relationship* (New York: Vintage, 1971), pp. 215—16.

130. Esther Glickman, *Child Placement Through Clinically Oriented Casework* (New York: Columbia University Press, 1957), p. 180. 同样参见Dorothy Hutchinson, "Casework Implications in the Use of Money in Child Placing, " in *Cherish the Child: Dilemmas of Placement* (Metuchen, NJ: Scarecrow Press, 1972), pp. 67—74; Kadushin, *Child Welfare Services*, p. 417; Alfred Kadushin, "Children in Foster Families and Institutions, " in Henry J. Maas, *Social Service Research: Review of Studies* (Washington, D. C.: National Association

of Social Workers, 1978), p. 123. 关于领养父母的社会阶级，见 Carbino, *Foster Parenting*, pp. 3—4, 大多数领养的孩子来自较低收入的家庭。

131. Simmel, *The Philosophy of Money*, p. 405. 收养贴补指的是为收养身体、情感和智力上有疾障的儿童、少数族群的儿童以及年长些的儿童的父母提供资金上的帮助，它是自 1968 年以来实施的，带来了同样类型的结构化了的情感矛盾。

132. Landes and Posner, "Economics of the Baby Shortage, " p. 343.

133. Quoted in Lynne McTaggart, *The Baby Brokers* (New York: Dial Press, 1980), p. 318.

7 从有用到无用再回到有用？儿童估价的呈现模式

1. E. S. Martin, "Old-Fashioned Children," *Harper's Monthly Magazine* 126 (Jan. 1913):242.

2. Carl N. Degler, *At Odds: Women and the Family in America from the Revolution to the Present* (New York: Oxford University Press, 1980), p. 472.

3. Thomas Crump, *The Phenomenon of Money* (London: Routledge & Kegan Paul, 1981), p. 20.

4. Robert Coles, *Migrants, Sharecroppers, Mountaineers,* vol. 2 of *Children of the Crisis* (Boston: Little, Brown, 1971), p. 63. Lois W. Hoffman 和 Jean D. Manis 在美国进行的有关拥有孩子带来的心理满足感的研究发现，他们样本中 10% 的男性和更少比例的女性提到了孩子的经济实用优势。"The Value of Children in the United States: A New Approach to the Study of Fertility", Journal of Marriage and the Family 41 (Aug. 1979), p. 590.

5. Bennett M. Berger and Bruce M. Hackett, "On the Decline of Age Grading in Rural Hippie Communes," in *Family in Transition*, ed. by Arlene S. Skolnick and Jerome H. Skolnick (Boston: Little, Brown, 1977), pp. 427—41.

6. *New York Times*, Mar. 23, 1981, B15; Sheri Singer and Tom Alderman, "How To Get Your Child in TV Commercials," *Good Housekeeping* 197(July 1983):87. 在其对奥克兰小孩的研究中，Elliot A. Medrich, Judith Roizen, Victor Rubin 和 Stuart

Buckley 在 *The Serious Business of Growing Up* (Berkeley, CA: University of California Press, 1982), 一书中发现, 样本中仅有 15% 有常规性工作, 其中多为报纸递送及照看婴儿, pp. 236, 149. 有关儿童岗位世界在不同阶级中的共性, 同上, p. 138. Bernard Goldstein 和 Jack Oldham, *Children and Work* (New Brunswick, NJ: Transaction, 1979), pp. 78, 发现社会经济地位只带来很小的差异。

7. Vance Packard, *Our Endangered Children* (Boston: Little, Brown, 1983); Neil Postman, *The Disappearance of Childhood* (New York: Laurel Book, 1982); Marie Winn, *Children Without Childhood* (New York: Pantheon, 1983); Letty Cottin Pogrebin, "Do Americans Hate Children?" Ms. 12(Nov. 1983): 47—50, 126—27; Germaine Greer, *Sex and Destiny* (New York: Harper & Row, 1984), p. 2. 同样参见, David Elkind, *The Hurried Child* (Reading, PA: Addison-Wesley, 1981).

8. W. Norton Grubb and Marvin Lazerson, *Broken Promises* (New York: Basic Books, 1982), pp. 51—52, 85. 关于该议题的不同看法, 参见 Gilbert Y. Steiner, *The Children's Cause* (Washington, D.C.; Brookings Institution, 1976).

9. Pogrebin, "Do Americans Hate Children?," pp. 49—50.

10. Packard, *Our Endangered Children*, p. 23.

11. Winn, *Children Without Childhood*, pp. 5, 196. 同样参见 Postman, *The Disappearance of Childhood*.

12. Greer, *Sex and Destiny*, pp. 3—6, 27.

13. Richard Farson, *Birthrights* (New York: Penguin, 1978), pp. 154, 162, 174.

14. Arlene Skolnick, *The Intimate Environment* (Boston: Little, Brown, 1978), p. 331.

15. Sarane Spence Boocock, "Children in Contemporary Society," *in Rethinking Childhood* (Boston: Little, Brown, 1976), ed. by Arlene Skolnick, p. 434; Sarane Spence Boocock, "The Social Context of Childhood," Proceedings of the American Philosophical Society, 119 (Nov. 1975): 428. 同样参见, William Stephens, *Our Children Should Be Working* (Springield, IL: Charles C Thomas, 1979); Elise Boulding, *Children's Rights and the Wheel of Life* (New Brunswick, NJ: Transaction, 1979); David Stern, Sandra Smith, and Fred Doolittle, "How

Children Used to Work," 39 *Law and Contemporary Problems* 93—117 (1975); White House Conference on Children (Washington, D.C., Government Printing Office, 1970).

16. M. Engel, G. Marsden, and S. Woodaman, "Children Who Work and the Concept of Work Style," *Psychiatry* 3o (Nov. 1967): 392—404; and "Orientation to Work in Children," *American Journal of Orthopsychiatry* 38 (Jan; 1968):137—43; Jerome Kagan, "The Child in the Family," *Daedalus* (Spring 1977):43.
17. Beatrice B. Whiting and John W. M. Whiting, *Children of Six Cultures* (Cambridge, MA: Harvard University Press, 1975), p. 106; Glen H. Elder, Jr., *Children of the Great Depression* (Chicago: University of Chicago Press, 1974), PP 71, 80, 291.
18. Alvin Toffler, *The Third Wave* (New York: Bantam, 1980), p. 220; Robert H. Mnookin, *Child, Family and State* (Boston: Little, Brown, 1978), p. 655. 同样参见," Note: Child Labor Laws—Time To Grow Up," 59 *Minnesota Law Review* 575(1975); Peter Edelman, "Child Labor Revisited," *The Nation* 235(Aug. 21—28, 1982): 136—38.
19. 未刊资料 Bureau of Labor Statistics, Mar. 1983; Sheila B. Kamerman and Cheryl D. Hayes, eds., *Families That Work* (Washington, D.C.: National Academy Press, 1982), p. 14; Sheila B. Kamerman and Alfred J. Kahn, *Child Care, Family Benefits, and Working Parents* (New York: Columbia University Press, 1981), p. 8.
20. Valerie Polakow Suransky, *The Erosion of Childhood* (Chicago: University of Chicago Press, 1982), p. 189; Winn, *Children Without Childhood*, p. 121; Postman, *The Disappearance of Childhood*, p. 151.
21. Degler, *At Odds*, p. 461. 参见 Judith Blake, "Is Zero Preferred? American Attitudes Toward Childlessness in the 1970s," *Journal of Marriage and the Family* (May 1979):245—57.
22. Degler, *At Odds*, p. 471.
23. Eleanor Berman, *The Cooperating Family* (Englewood Cliffs, NJ: Prentice-Hall, 1977), PP. 13, 136.
24. 同上，p. 31.
25. Philip Blumstein and Pepper Schwartz, *American Couples* (New York: William Morrow, 1983), p. 146. 然而，一些研究指出，当妻子在外工作，尤其是挣的钱

较多的时候，家务劳动分工中的性别色彩就会淡化。参见 Catherine E. Ross, John Mirowsky, Joan Huber, "Dividing Work, Sharing Work, and In-Between: Marriage Patterns and Depression," *American Sociological Review* 48 (Dec. 1983):809—823 and Laura Lein, *Families Without Villains* (Lexington, MA: Lexington Books, 1984), p. 41.

26. 见 William H. Cauger and Kathryn E. Walker, *The Dollar Value of Household Work*, Information Bulletin 60 (Ithaca, NY: New York State College of Human Ecology, Cornell University, 1977). Medrich 等，在他们对奥克兰、加利福尼亚儿童的非常有价值的研究发现，妈妈有工作的孩子，特别是女孩，在家务劳动中会增加贡献。但是在单亲和双亲家庭之间，他们几乎没有发现儿童家务杂事职责上存在差异。*The Serious Business of Growing Up*, pp. 142—44.

27. Sally Helgesen, "Do Your Parents Ask Too Much of You?," *Seventeen* (Apr. 1982):176—77; Barbara Delaniter, "Should You Pay Your Kids to Help?," *Working Mother* 2(May 1979):44—45.

28. Carrie Tuhy, "The Star Wars Generation Takes on Inflation," *Money* 10 (July 1918):88.

29. 同上，p. 92; Rosalie Radomsky, "Children's Allowances: What the Economists Pay," *New York Times*, Mar. 14, 1982; Medrich et al., *The Serious Business of Growing Up*, p. 149。Coldstein 和 Oldham 发现儿童的贴补数量并不因社会经济地位而存在显著的差异。*Children and Work*, p. 71.

30. "You Can Get a Job!," *Penny Power* 2 (June-July 1982):8; Berman, *The Cooperating Family*, p. 98.

第一版译后记

《给无价的孩子定价》在经验上关注的主要是19世纪70年代到20世纪30年代美国社会关于儿童的社会价值观念的转变过程，换句话说，就是经济上无用而情感上无价的孩子的出现过程。这个过程恰恰是中国社会在短短的过去六十年中所经历的——六十年前，孩子（特别是男孩，又特别是在乡下）的出生被视作是未来劳动力的光临，父母们充满了老有所靠的欣喜；现如今，生养一个孩子就显得太贵了！而且许多为人父母者将来也不指望他们。孩子的价值因此更多地体现为情感上能够给父母带来的满足，但是由于这种满足的所费不菲，异常地不符合如今大行其道的价格逻辑，根据泽利泽在本书中的诠释，孩子的生养进而被独特（在美国也是独立）的社会文化因素建构出了神圣性，而这又进一步影响了有关孩子的各种各样的价格。总之，独立的文化因素是这个过程中不可忽视的重要纽带。

最初从上海大学刘玉照副教授那里拿到这部著作的英文书稿的时候，就深深地为泽利泽巧妙的透视儿童问题的视角所打动。作者关注了19与20世纪之交人们对儿童意外死亡的态度的改变、童工立法的斗争、儿童工作（儿童"好"的工作与童工）的分化过程、儿童保险的推行、儿童意外死亡的赔偿，以及儿童的领养与买卖等。作者的这些探讨非常的细腻，它们共同地指向一个深刻的理论话题,这就是:孩子的社会文化属性、他们在道义上的"无价性",如何在价格机制的重重包围中穿越而出,形成一个非常规的市场,并由非经济的标准来规制和主导。在这个理论话题背后,还有一个更为深切的理论关怀:社会如何"大于"或"交织于"市场?市场又如何屈从于或"迎合于"社会的情感逻辑?这部著作通过关注经济因素和非经济因素的交互关系,社会结构因素和价格、价值的相互影响,来呈现现代社会货币的相对乏力及其重要性(象征性)相伴相生的过程。这就更为细致地回应了齐美尔的经典著作《货币哲学》。

有趣的是,在孩子的问题上,我国的计划生育让泽利泽所表述的情形在中国显得更具压缩性——短短的时间里,积累了大量的素材。但是关于这一点,我国的学者很少有这么深入、细致的研究。此外,泽利泽关于领养问题的事实呈现——富裕的美国人花高价"购买"婴儿,也让我们看到非经济标准规制的儿童市场导致社会流动、社会结构变化的一种可能性。

此外,中国目前一代一代人的差异问题——目前时髦的所谓70年代生人、80后、90后的一系列不同,似乎可以落实到儿童社会价值观念转变的背景之中来看待:70年代生人显然容易被当作"有用的孩子"来看待;80后则成了"情感上无价的孩子"。而根据泽利泽介绍的思路,目前我国青少年面临的诸如网瘾之类的问题,其根源则可能在于:孩子太神圣化了,他们过于远离了社区的现实的生产性活动。所以,不得已,在如今的信息时代,他们在网络中找到了这种显现自己"价值"的方式。

事实上，从泽利泽的这本书不难看到，美国的学者已在1980年代就开始了对"神圣的孩子"的深入反思，并且试图为孩子找回家庭乃至社区生产性活动。当然，参照泽利泽的描述，作为改革开放之后成长起来的中国人，似乎也应该庆幸我们快速城镇化过程中推行的居住方式"小区制"——这一制度很大程度上降低了美国街区制可能带来的儿童意外死亡的风险。

人们对于儿童的社会价值的观念究竟是怎么逐步变化的呢？如今，我们应该如何去对待我们的孩子？随着网络时代的来临，孩子自己以及他们的社会价值将会如何被改变呢？这一系列问题都值得我们在阅读完本书之后深思。

这部著作的翻译和校对工作断断续续，持续了一年半的时间。除了第三章由宋静翻译、第五章由林虹翻译之外，其余的翻译工作（包括全部的注释）和全部校对工作都由王水雄承担。由于能力有限，错误和疏漏之处难免，敬请读者诸君指正，我的联系方式：xiongshui@sina.com。

最后非常感谢编辑田青的耐心和催促！

王水雄

2008年5月14日星期三 初稿

2016年8月28日星期日 略修

再校后记

这部著作的中译本出版迄今为止已有八年之久。八年来，尽管我在"译后记"中留了自己的 Email，但并未收到哪怕是一封关于译文问题的读者来信。我也曾经让自己的硕士生阅读过此书，并问是否有翻译问题，得到的反馈是："挺好的呀，挺通顺的！"这样的结果，有两种可能：一是我的翻译真的不错；二是我寻求指正翻译错误的方式有问题，而非翻译本身没问题。想来，第二种可能的概率应该较大。

怀着不安，我在网上搜索过，发现这本书的中译本还是有一定的美誉度的。当然，其原因主要还是作者的视角较独特，分析有深度；而非归因于翻译多么有水平。也看到网上有个不知姓名的人对翻译有所评论，说："本书的翻译风格刻意求雅，故意的学术化显得胭脂太重。……整体翻译不影响阅读，但个别地方阅读的阻滞感很强。"我仔细看了评论人所举的三个例子，觉得还是有道理的。不过，需要说明的是，其实我（不代表另外两位译者）在翻译时，并非刻意求雅，而是一味求准确，所以原译本读来应该有很强的"死译""硬译"之感。如果按照"信、达、雅"的三字标准来衡量自己的翻译工作，我觉得能够做到"信""达"就不错了；实在不敢奢望"雅"字。

我曾经在写文章时，不客气地指出过别人翻译中存在的问题；看到别人指出自己的翻译问题时，一方面当然"闻过则喜"，另一方面却也有点抱怨读者舍不得费力气"多次回读"。这么想来，自己身上多多少少还是有些王小波笔下花剌子模国国王的味道——喜欢听好消息，而不是坏消息；尽管还未到要杀死送坏消息的信使的地步。

在"译后记"中留下 Email 也并不是毫无收获。华东师范大学出版社的顾晓清老师通过 Email 跟我取得联系，表示该社买下了本书最新的中译本版权，希望我能够对译稿进行更新。尽管知道这一工作（其实包括最初的翻译工作）是件费力不讨好的事，我还是表示欣然同意。同意的原因，一方面在于，如上文所述，基于网络中一位读者的批评意见，我了解到自己的译文存在一定的问题，希望通过这次的再版，对其中的问题有所纠正；另一方面在于，看到有些经典译著一而再、再而三地出版，译文中一些明显的错误却未有更改，自己实在不愿本书的中译本步其后尘。

八年过去了，在此期间，我在美国的访学经历让我更好地了解了美国儿童的领养状况——当时我的室友 Darcy 是联邦检察官，他便领养了一位孩子；在此期间，我国的计划生育政策也发生了巨大的调整和改变；而 2016 年年初，我可爱的女儿出生了，这是我和我老婆的第一个孩子——目前尚不能确定是否会有第二个。所有这些，都让我在再次翻译校对此书时，有不一样的体验和感悟。略举一例，"smile a divine toothless smile"，原来被翻译为"笑不露齿"，在没有切身体验婴儿笑容的魅力之前，不会觉得是一个很明显的错误；在这个译本中，则翻译成了"张开还没有牙齿的嘴露出神性的笑容"——更改这段翻译时，我脑子里满满的都是7个月大的女儿充满神性的笑容。

八年过去了，向我推荐翻译此书的刘玉照副教授早就成了教授。而我则很希望自己在这八年时间里，翻译水平确有提升；当然，这仍然有待读者们的评判。在我的理解里，翻译是一项很重要也很难的工作，稍有不慎，便成败笔。克服败笔的方法，除了自己勤勉认真之外，就只能靠别人指出自己的错误了。所以，我的口号是："广开言路，闻过则喜，拒做花剌子模国王"。

王水雄
2016年8月28日星期日于北京时雨园

图书在版编目（CIP）数据

给无价的孩子定价：变迁中的儿童社会价值／（美）维维安娜·泽利泽著；王水雄译.—上海：华东师范大学出版社，2017
ISBN 978-7-5675-7004-7

Ⅰ.①给... Ⅱ.①维... ②王... Ⅲ.①儿童教育—研究 Ⅳ.① G61

中国版本图书馆 CIP 数据核字（2017）第 255254 号

给无价的孩子定价：变迁中的儿童社会价值

著　　者　维维安娜·泽利泽
译　　者　王水雄　等
责任编辑　顾晓清
项目编辑　李泽坤
封面设计　周伟伟

出版发行　华东师范大学出版社
社　　址　上海市中山北路 3663 号　邮编　200062
网　　址　www.ecnupress.com.cn
邮购电话　021－62869887
网　　店　http://hdsdcbs.tmall.com/

印　刷　者　上海锦佳印刷有限公司
开　　本　890×1240　32 开
印　　张　10.5
字　　数　223 千字
版　　次　2018 年 1 月第 1 版
印　　次　2021 年 8 月第 3 次
书　　号　ISBN 978-7-5675-7004-7／C.251
定　　价　55.00 元

出版人　王　焰

（如发现本版图书有印订质量问题，请寄回本社市场部调换或电话 021-62865537 联系）